U0922720

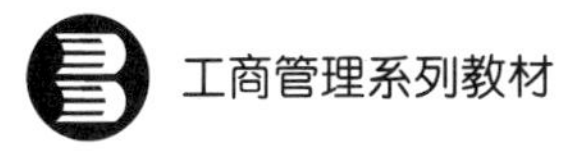

总主编：陆奇岸　阳　芳

现代管理科学研究方法

XIANDAI GUANLI KEXUE YANJIU FANGFA

陆琳——主编

GUANGXI NORMAL UNIVERSITY PRESS
广西师范大学出版社
·桂林·

图书在版编目（CIP）数据

现代管理科学研究方法 / 陆琳主编. -- 桂林 : 广西师范大学出版社，2023.11
工商管理系列教材 / 陆奇岸，阳芳总主编
ISBN 978-7-5598-6382-9

Ⅰ. ①现… Ⅱ. ①陆… Ⅲ. ①管理学－研究方法－高等学校－教材 Ⅳ. ①C93-3

中国国家版本馆 CIP 数据核字（2023）第 179836 号

广西师范大学出版社出版发行
（广西桂林市五里店路 9 号　邮政编码：541004
网址：http://www.bbtpress.com）
出版人：黄轩庄
全国新华书店经销
桂林广大文化发展有限责任公司印刷
（广西桂林市中华路 22 号　邮政编码：541001）
开本：787 mm × 1 092 mm　1/16
印张：14.5　　字数：226 千
2023 年 11 月第 1 版　　2023 年 11 月第 1 次印刷
定价：48.00 元

总　序

教育是国之大计、党之大计。“培养什么人、怎样培养人、为谁培养人”是教育的根本问题，事关中国特色社会主义事业兴旺发达、后继有人，事关党和国家长治久安。教材作为教学的基本依据和知识传播的主要载体，是国家事权、国家意志的集中体现，它承载着教育的重任，是落实立德树人根本任务的重要载体，直接关系人才培养的方向和质量。

新中国成立以来特别是党的十八大以来，国家始终高度重视教材建设。习近平总书记指出：“教材是传播知识的主要载体，体现着一个国家、一个民族的价值观念体系，是老师教学、学生学习的重要工具。教材要坚持马克思主义指导地位，体现马克思主义中国化要求，体现中国和中华民族风格，体现党和国家对教育的基本要求，体现国家和民族基本价值观，体现人类文化知识积累和创新成果。”为更好地适应国家长远发展对人才培养的要求，提高教材建设水平，2010 年 3 月，教育部成立国家基础教育课程教材专家咨询委员会。2017 年，国务院成立国家教材委员会，教育部成立教材局，同时国家教材委员会设立专家委员会。2019 年 1 月，首批国家教材建设重点研究基地建设启动。2020 年 1 月，国家教材委员会印发《全国大中小学教材建设规划（2019—2022 年）》（以下简称《规划》）。《规划》提出，到 2022 年，教材建设全面加强，教材管理体制基本健全、体系基本完备、质量显著提升，更加适应中国特色社会主义发展要求，更具中国特色和国际视野，育人功能显著增强，开创教材建设新局面。党的二十大报告对全面建设社会主义现代化国家、全面推进中华民族伟大复兴进行了战略谋划，为新时代新征程党和国家事业发展、实现第二个百年奋斗目标指明了前进方向、确立了行动指南，强调教育、科技、人才是全面建设社会主义现代化国家的基础性、战略性支撑，并明确提出“加强教材建设和管理”，这就需要围绕基础学科、新兴学科、交叉学科等关键领域，集中打造一批高质量的高等教育核心课程教材。

当前，世界正经历百年未有之大变局，网络新媒体迅速普及，以 ChatGPT 为代表的人工智能方兴未艾，人们生活、学习、工作方式正不断改变，不同价值观念相互碰撞，这些对人才培养提出了新挑战，深刻地影响着教育变革。为贯彻落实党的二十大精神，适应新技术变革的挑战，广西师范大学经济管理学院组织本院相关教师撰写了工商管理系列教材，包括《管理思维》《现代管理科学研究方法》《人力资源管理大数据》《数智时代的薪酬管理》《新媒体营销》《物流系统分析与规划设计》《公共预算管理》《计量经济学实验基础》《期货市场学》等共计 10 本，教材分别从不同层面探讨工商管理学科不同领域的内容。在教材的编写过程中，我们注重体现以下特点。

第一，理论性与实务性的统一。毫无疑问，教科书不能没有理论，但是，对于本科生来说，教材应包含哪些理论，不包含哪些理论，这是我们一开始就考虑的问题。我们以“基本”“合用”为原则，对现有相关教材进行梳理，在此基础上结合学生特点和教学要求适当降低理论的比例，更加偏重对学生技能和方法的训练，以培养学生的实务操作能力。

第二，系统性与趣味性的统一。在教材内容的选择上，我们力求保持内容的系统性，工商管理学科相关领域经过一定时期的发展已形成相关理论并得到理论界的广泛认同，我们根据这些理论框架构建教材的理论体系。同时，在编写过程中，我们还尽量体现趣味性，增强教材的可读性。

第三，重点性与前沿性的统一。在编写过程中，我们努力减少“是什么”的论述，即减少对原理、原则和理论发展史的阐述，而侧重于“怎么样”“如何做”的论述，着重于学生技能的提高。一本好的教材应反映本学科的最新动态，及时吸收最新的研究成果。因此，在编写过程中，我们大量参考国内外同类教材，注意吸收相关研究的最新成果，增强教材的时代性和前沿性。

虽然我们在编写过程中尽可能达到以上要求，但由于水平有限，我们仍然诚惶诚恐，担心“误人子弟”。我们希望老师们在使用的过程中不断完善，以便再版时能更好地满足学生的需要。

本系列教材的出版得到了广西师范大学出版社领导的大力支持和帮助，特别感谢周本燕等各位编辑对本系列教材编写给予的热心指导和辛勤付出，才使我们顺利完成本系列教材的出版。但由于水平有限,书中难免存在谬误和偏差,敬请广大读者不吝赐教。

2023 年 10 月

前　言

在当前社会背景下，现代化管理在实践发展中起着重要的作用，学界和业界越来越重视现代管理科学研究方法，并进行积极的管理科学方法创新。与现实相结合，展开分析后可以发现，管理实践其实是对管理学理论的一种运用。因此，在管理现代化发展的进程中，要注重对管理科学理论的研究，并对管理科学研究方法进行分析，这对于管理理论创新具有重要的意义。

本书主要面向工商管理专业本科生和研究生，重点介绍新商科时代工商管理领域发展出的新理论及其在企业管理中的实际应用，并且基于管理学研究的基本过程，系统地阐述研究方法的基本概念、主导逻辑、适用情境和实用范例等。

本书由陆琳教授担任主编，设计整体结构，并全程指导编撰。本书撰写者及其具体分工如下：

陆琳：第一章绪论，第二章可拓学原理及其应用，第三章定性比较分析及其应用，第四章扎根理论及其应用，第五章涌现理论及其应用，第六章中智集及其应用。

李贝贝：第一章绪论和第四章扎根理论及其应用。

胡嵩：第二章可拓学原理及其应用。

任悦林：第三章定性比较分析及其应用。

康凯：第五章涌现理论及其应用和第六章中智集及其应用。

本书的目的是介绍研究方法在科学研究和管理学研究中的作用。本书从研究方法的类型、选择、步骤和过程，以及如何评价和改进研究方法等方面，全面阐述了研究方法在科学研究和管理学研究中的作用。

本书旨在帮助读者全面了解和掌握研究方法的基本理论和实践技能。通过本书,读者可以提高理论素养和研究技能,以支持和指导管理学的科学研究工作。同时,本书提供了丰富的案例,可帮助读者理论联系实际,更好地运用研究方法解决实际问题,促进科学的发展和创新。

编者

2023 年 6 月

目　录

Contents

第一章

绪论

第一节 管理学及其研究方法

一、管理学发展简单回顾

管理学的发展可以划分为几个时期。从19世纪末到20世纪20年代，是管理学发展的开始阶段，其中最重要的部分是对科学管理和管理职能的分析。从20世纪30年代到50年代是行为科学的发展阶段；60年代到80年代末是现代管理的发展阶段。20世纪80年代至今是当代管理新思想发展的阶段。

管理学作为社会科学的一个重要组成部分，其研究方法非常多样。管理学的性质极其复杂，对管理因素的分析也是多种多样的，因此目前大部分的研究只能采用一些综合性的研究方法。其中，直接实验法一般是最有科学依据的，但由于管理学是一门复杂的学科，这种方法往往是无效的；演绎法是指对某一特定问题获得最充分的理解，然后对其发展的线索进行组合和研究，它也是管理学中最有效的方法之一。上述方法是管理学中最常用的方法，它们相辅相成，共同促进管理学的发展。近年来，学者们还采取了多学科的研究方法，使得管理学的研究方法和趋势越来越多样化。

二、管理学发展需要推进三个融合

管理学无疑是发现和提炼人类管理规律的科学，但一些主流的管理学研究只注重效率和效益，忽视了人的因素。管理学与文化密不可分，西方管理学始于科学管理、泰勒管理职能和马克斯·韦伯的层级官僚制理论，这些理论都将社会和组织视为机械关系，如分工、科学管理和追求效率。直到 20 世纪六七十年代，沙因教授撰写了《组织文化与领导力》一书，引起了人们对文化的关注，从此西方才慢慢更多注意到了人的因素。然而，在更大的范围内，文化这一无形的、非物质的因素在很大程度上是被管理学界所忽视的，直到最近几十年，西方管理学界才开始意识到文化的作用。

在新时代，有意识地挖掘优秀传统文化的元素和有效养分，为当代管理理论和实践提供更好的路径，应该是研究者和研究刊物的任务和目标。任何一门学科，如果没有哲学的指导，就是没有基础的木头。哲学应该是一个民族文化的核心理念，是一切经济和组织行为的基础，我们应该有这样的使命感，努力实现追求的目标，为弘扬中国文化和管理创新尽一份力。

中国管理学的未来发展，可以从三个方面进行融合：

第一，东西方融合。西方的管理学往往是理性的、机械的、精密的，缺乏宏观经济的、综合的、整体的意识和观念。十几年前，中国主要的管理期刊上描述性、认识论和学术性的内容较多，分析性、科学性和演绎性的内容较少。如今，一些期刊已经从一个极端走向另一个极端，即对实际数据的分析解释较多，但宏观内容较少。东方讲究融合、和谐、大局，西方讲究分析、逻辑；东西方应该相互融合，各取所长，扬长避短。

第二，古今融合。我们今天面临的许多问题也是古人曾经面临的。我们今天面临的一些高科技问题，古人可能没有遇到过，但文化是不以人的意志为转移的，它有很大的惯性。人们一直在生产和改进食物、衣服、住所和运输工具。毋庸置疑，传统文化中也有好的东西，应该继续传承下去。许多传统理论在历史长河中具有实用价值，我们要吸收中国传统文化的精华，冷静地学习、研究和分析。

第三，学科融合。在过去，文学、哲学、科学等是没有分开的，但近代以来，这些学科分开了。近代以来，管理学界有一批有学术造诣的人，从事跨学科的交流学习和研究，这一点应该继续鼓励。

三、管理学的研究方法

基于系统理论的研究方法。系统理论是从 20 世纪 30 年代发展起来的一种新科学理论,管理学的理论是其发展的基础。基于系统理论的研究方法是对管理学的各种要素进行分析,以得出最佳解决方案,实现最合理的管理目标的方法。系统方法是一个整体的、相关的和有机的实体,是各个层次的元素的合理组合。

基于控制论的研究方法。控制论思想蕴含在管理学的各个方面,强调方法论方面的控制和对物理内容的反馈。这种方法包括一系列的具体方法,最重要的是反馈控制、模拟控制和辨别控制。

基于信息理论的研究方法。信息理论是在 20 世纪 40 年代发展起来的,它是一种非常普遍的信息传输方法,包括信息的传输、信息的整合和信息的分析。它包含众多与信息和功能有关的方法和理论。

基于系统自组织理论的研究方法。这种方法的主要方法论是系统的发展和演变,揭示其固有的机制和组织方法。它主要包括三个部分:协调与整合理论、机构组合理论、突变与进展理论。

四、研究方法的重要性

(一)研究方法在科学研究中的作用

研究方法在科学研究中起着至关重要的作用。作为科学研究的基石,研究方法指导研究人员收集、处理和分析数据,以确保其结论的科学性和可靠性。只有通过科学的研究方法,才能获得准确和可重复的研究成果,从而促进科学的进一步发展。

首先,研究方法帮助研究者确定研究问题。科学研究始于一个明确的研究问题或假设,研究方法帮助研究者澄清这个问题,并确定适当的研究设计和方法来回答这个问题。

其次,研究方法为数据收集和分析提供了工具和技术。无论是实验还是调查,研究方法可以指导研究者如何收集数据,并使用适当的统计分析方法来解释数据、得出结论。

再次,研究方法可以帮助研究人员控制可能的混杂变量,以确保结果的准确性和可靠性。例如,在实验性研究中,研究方法可以提供随机分配参与者的技术，以消除内部和外部混杂变量的影响。

最后，研究方法还可以帮助研究者解释和说明研究的结果。通过使用适当的统计分析方法，研究者可以从数据中推断出一般规律，并得出适当的结论，然后，这些结论可以用于理论建设、政策制定和实际应用。

简而言之，研究方法在科学研究中起着至关重要的作用，它为获取和解释数据提供了一种系统而可靠的方法，并确保了研究结果的有效性和可重复性。研究方法不仅可以使科学研究更加可信和可靠，还为研究人员回答科学问题和扩展知识提供了指导和支持。

（二）研究方法在管理学研究中的作用

在管理学研究中，研究方法更加重要。管理学涵盖了广泛的领域，如组织行为、战略管理和市场营销，只有在科学研究方法的帮助下，才能准确分析和解决问题。研究方法可以帮助研究人员收集和分析相关数据，并提供合理的结论和建议，促进企业发展和创新。

首先，研究方法有助于明确研究问题和目标。在管理学研究中，研究人员通常受复杂的问题和多个变量的影响，研究方法可以帮助研究者明确研究的范围、目标和关注点，以确保研究的有效性和有用性。

其次，研究方法提供了数据收集和分析的工具和技术。无论是通过问卷调查、实地观察还是实验设计，研究方法都可以帮助研究者选择适当的数据收集方法，并应用适当的统计分析方法来解释数据并得出结论。

再次，研究方法还有助于控制潜在的混杂因素。在管理学研究中，可能存在许多混杂因素和混杂变量，研究方法可以帮助研究人员设计实验或采取其他措施来减少这些因素对研究结果的影响，从而提高结果的可信度和准确性。

最后，研究方法还可以帮助研究人员解释和推断研究结果。通过使用适当的数据分析方法，研究人员可以从数据中找出相关模式、趋势和关联，并得出结论和建议，这些结论和建议可以影响管理决策，对组织实践产生重大影响。

简而言之，研究方法对管理学研究至关重要。它帮助研究人员澄清问题，收集和分析数据，控制混杂因素，并解释和推断研究结果。研究方法不仅可以提高研究的可信度和准确性，还可以为管理实践提供科学依据。

五、研究方法的种类和选择

（一）理论研究方法

理论研究方法是在一个理论框架内进行的研究，主要通过文献回顾和理论分析来研究问题。这种方法适用于对现有理论的整合、延伸和创新。

理论研究方法是一种构建、发展和验证理论的系统方法，它基于对现有理论、概念和模型的全面分析和整合，以促进该领域的进步和知识的积累。

下面介绍一些常见的理论研究方法：

（1）文献综述：文献综述是对相关文献、期刊、书籍和研究报告进行全面分析和评估，以梳理该领域现有的理论框架、概念和思想，并提出自己的见解的过程。文献综述是理论研究的起点，有助于了解研究领域的现状，找出研究差距。

（2）概念分析：概念分析是对某一特定概念进行深入分析和定义的过程，它试图通过揭示一个概念的内涵和构成要素，以及它与其他相关概念的关系来界定其意义和范围。概念分析是理论研究的核心部分，有助于提高理论的准确性和逻辑性。

（3）理论建设：理论建设是在现有理论和观点的基础上，结合实证研究的结果和该领域的实践经验，构建新的理论框架或扩展现有理论的过程。理论建设的目的是解释和预测某些现象、关系或模式，并对研究对象进行深入了解。

（4）理论模型：理论模型是一种正式描述和以图形表示理论思想和概念的工具，它通过抽象和简化现实世界的复杂性，在理论和实践之间提供了一种联系。理论模型可以是一个数学、图形或概念模型，用于推导、预测和检验理论的假设。

（5）理论验证：理论验证是通过实证研究和数据分析来检验和确认理论假设有效性和可靠性的过程，它通常包括使用统计分析、实证调查和实验设计来检验理论是否能够解释和预测某些现象，并对理论进行修正和改进。

上述方法只是一些常见的理论研究方法，在实际研究过程中，根据具体问题和研究对象的不同，还可能涉及其他方法。在进行理论研究时，研究者需要综合运用不同的方法来促进学科的发展和理论的创新。

（二）实证研究方法

实证研究方法是基于观察和经验数据的研究方法，通过收集和分析现实数据来检验或反驳假设。实证研究方法可以通过问卷调查、实地观察等方式进行。

实证研究方法是基于实证主义哲学观点的科学研究方法，它通过对现象进行观察、测量和分析，以获得事实数据，在此基础上得出系统的结论、解释和预测。下面介绍一些常见的实证研究方法：

（1）观察性研究：通过直接观察和记录现象来获得客观事实性数据的研究方法。观察可以是无结构的、自由的观察，也可以是有结构的、有目的的观察。观察性研究可以用来收集定性数据（描述性的、非数字的）或定量数据（可量化的、数字的）。

（2）实验研究：通过控制和操纵变量来确定因果关系的一种研究方法。在实验中，研究人员对实验组和对照组进行不同的处理，以比较它们之间的差异。在实验研究中，参与者通常被随机分配到不同的实验条件中，以确保结果的可靠性。

（3）调查研究：通过问卷、采访和访谈来收集数据，了解人们的态度、行为和意见的研究方法。调查研究可以采用随机抽样或目的性抽样的方式进行，以获得具有代表性的样本，并对样本进行统计分析和解释。

（4）参与式观察研究：在参与式观察研究中，研究者参与到研究对象所在的场景中，观察并记录这一现象。研究者尽量融入研究对象的日常生活中，以获得更深入、真实的数据。

（5）实证分析：一种基于现有数据和理论的研究方法，包括通过统计分析、回归分析、因素分析等方法来处理和解释数据。实证分析的目的是检验和验证理论假设，深入了解所研究的现象。

实证研究方法强调使用客观的、可观察的数据进行科学研究，以评估理论的有效性并提出符合逻辑的结论，它通常用于社会和自然科学、医学和教育的研究。

（三）比较研究方法

比较研究方法是对某类事物、现象在不同时间、不同空间、不同领域的表现进行比较研究，以找到其相似点和不同点的研究方法。比较研究方法可以揭示问题的本质和规律。

比较研究方法按照不同的标准可以分成不同的类型：

（1）同类比较研究与异类比较研究。同类比较研究是比较多种同类事物，通过鉴别其异同来认识事物发生、发展的特殊性和该事物共同规律的方法。异类比较研究是通过对两种以上性质相反的事物或一个事物的正反两方面进行比较，发现它们在不同表征下的异同的方法。

（2）纵向比较研究与横向比较研究。纵向比较研究是对同一事物在不同时期的状况进行比较。横向比较研究是对同时存在的事物或现象进行比较。

（四）实践研究方法

实践研究方法侧重于将研究结果应用于实际过程，并在实践中得到验证和检验。这种方法适用于解决实际问题和提出具体建议。

实践研究方法是一种探索性的研究方法，主要通过实践活动来获取和产生知识，通常被用来解决实际问题或检验理论的有效性。实践研究方法包括以下步骤：

（1）问题定义：确定研究的目标和问题，确定要解决的实际问题。

（2）文献回顾：对相关领域的现有研究进行回顾和研究，了解现有理论和实践。

（3）实践活动设计：根据研究问题设计实践活动，如实验、观察、调查等。

（4）数据收集：开展实践活动的数据收集工作，采用定性或定量的方法收集和记录相关数据。

（5）数据分析：根据研究问题，采用适当的统计方法或定性分析方法对收集的数据进行分析、处理和解释。

(6)结果解释:根据数据分析的结果解释实践活动的影响,回答研究问题并提出结论。

(7)结果应用:将研究结果应用于解决实际问题或验证理论,并提供建议和指导。

需要注意的是,实践研究方法强调实践与理论的结合,通过实际行动验证理论,并将研究结果应用于实际问题。这种方法可以帮助解决实际问题,为理论研究提供经验支持。同时,实践研究方法也要求研究者具有一定的实践经验和能力,能够系统地进行数据收集和分析。

(五)综合研究方法

综合研究方法是将几种研究方法和技术结合起来,以便从不同的角度和层面对研究对象进行全面深入的调查研究。综合研究方法的目的是更好地理解和解决复杂的问题,产生更准确和全面的研究成果。

综合研究方法通常包括以下几个方面:

(1)文献回顾:对现有文献和研究结果进行系统的综合和分析,以了解当前研究领域的最新发展和现有的理论框架。

(2)参与观察:通过参与研究对象所在的实际环境进行观察和记录。可以承担观察者的角色,进行现场观察并记录相关行为、语言和其他重要信息。

(3)问卷调查:问卷的设计和发放是为了以定量的方式获取大量参与者的观点和意见。通过问卷调查可以获得全面的数据,以支持研究结果和结论。

(4)深入访谈:选择一些关键的研究参与者进行面对面的深入访谈,以获得更详细和深入的信息。深入访谈可以帮助研究者了解受访者的思维过程、态度和意见,获得更具体、更详细的信息。

(5)实验研究:计划并进行实验,通过比较组与实验组的比较,检验假设或理论的有效性。实验研究可以对变量进行控制,从而更准确地确定因果关系。

(6)定量和定性数据的整合:整合和分析定量和定性数据,结合不同的数据分析方法,如统计分析和内容分析,以获得全面和准确的结果。

综合研究方法的优点是可以从多角度、多维度对研究问题进行深入分析,充分发挥不同方法的优势,提高研究的可靠性和可信度。然而,综合研究方法也要求研究者具备广泛的研究技能和知识,同时也需要更多的时间和资源。因此,具体的综合研究方法的选择和应用必须灵活,并适应研究目标和问题的特点。

六、管理学研究的一般过程

(一)管理学研究的过程与逻辑

1.管理学研究的过程和方法

科学研究的过程是一个不断从现象到本质的探究过程,也是一个不断认识世界、发现规律的过程,更是一个从认识论到方法论的过渡过程。管理学研究作为科学研究的一个领域,遵循科学研究的三段式研究范式:提出问题、分析问题和解决问题。

管理学研究具有科学性和规范性,需要科学和规范的研究方法。管理学研究方法论描述了管理学中研究工作的基本原则、方法和过程。管理学研究方法论是在总结以往经验的基础上,提出管理学研究工作的有效规范,它是提高研究工作的效率和质量的重要保证,也是受到专业训练的标志。

2.管理学研究的逻辑和常用方法

管理学研究的逻辑包括归纳逻辑和演绎逻辑,其既包括案例研究等定性研究方法,也包括统计研究等定量研究方法。不同研究方法的研究过程和规范要求是完全不同的,它们适用于不同的情况。管理学研究方法没有好坏之分,只有适用条件的不同。不同研究方法的目的都是围绕研究问题展开的,它们都是管理学研究的必要基础,是保证管理学研究科学性和规范性的基本要求。

管理学研究是一个科学研究的领域,所以科学研究认识和解决问题的三段式研究范式也适用于管理学研究的过程,但是,由于管理学研究属于社会科学研究的范畴,其研究过程和行为也具有相对的特点。

(二)提出问题阶段

1.衡量标准

提出问题是管理学研究的第一步,也往往是最重要的一步。提出一个好的、重要的研究问题往往比随后的分析和解决问题更为关键和困难。提出问题的第一步是考虑和澄清:研究问题的结果对现有相关理论的贡献;研究问题的结果对现实世界有什么导向和价值。根据这一标准,管理学研究的问题首先必须是一个科学问题,而不是一个伪科学问题或伪命题,如"永动机是如何产生的"这样的问题。

2.好的研究问题及其来源

在确定了需要使研究问题有意义这一首要标准后,我们需要进一步思考:如何才能使研究问题有意义?这个问题又分为两个子问题:

(1)什么是一个好的研究问题?

(2)这样的研究问题从何而来?

这两个子问题确实密切相关。第一个子问题可以这样回答:一个好的研究问题是一个具有重大理论和实践意义的问题,因此,好的研究问题的两个重要标准可以归纳为以下两点:

(1)当前的问题,即目前社会上出现的、具有普遍意义的问题。

(2)理论前沿,即该领域的学者目前正在研究的最新理论问题。

调查当前普遍关注的话题,使研究具有针对性和意义;调查当前理论中的重要话题,使研究具有理论贡献和意义。

此外,一个好的管理学研究问题还必须是一个合适的研究问题。合适的研究问题有两层含义:第一,研究问题在现有的知识储备和技术资源下应该是可行的,否则再好的问题也无法进行研究,比如一百多年前有人想设计一台计算机,以当时的技术水平是不可能实现的;第二,研究问题不能太大,如果一个研究问题太大,往往会导致研究过于宽泛和肤浅。学术研究的初学者最常犯的错误就是选择一个过于庞大的课题,就像带着拯救世界和发现宇宙的普遍真理的雄心壮志去做研究,但最后却一无所获。例如,研究治疗所有疾病的方法不如研究治疗感冒的方法,而研究治疗风热引起的感冒显然相较于研究治疗感冒的方法而言更有针对性和实用性。因此，在管理学研究中，建议“小题大做”，而不是“大题小做”，也就是说，要为某一现象或问题选择一个小的起点，并试图深入研究它。

对好的研究问题的第二个子问题的回答，对应着好的研究问题的两个重要来源：

(1)了解理论前沿。只有通过收集现有研究课题的最新、最权威的理论研究，才能了解该领域的最新理论发展，提出当前主流研究尚未解决的问题。

(2)保持对现实的敏感性。通过了解国内外最新的政策动向，对企业、机构和个人的生活进行采访和研究，可以准确地发现当前政府、企业、机构和个人所关注的问题，为我们寻找有价值的研究问题提供思路。

(三)分析问题阶段

一旦提出一个重要的、有价值的问题，管理学研究的第二阶段就开始了：对问题的分析，即知道“是什么或为什么”，这需要采取严格的、科学的方法，在第一阶段提出研究问题后，必须在第二阶段选择正确的方法来分析问题。

在一步步认识世界的过程中，人类必须使用正确的方法来回答问题和解答疑惑，以便找到真理。例如，在古代，当人们看到天上打雷的自然现象时，由于认知能力有限，他们只能用神灵的愤怒来解释，这种对现象的理解没有建立在科学方法的基础上，其实际结果是不可信的，也是无效的。后来，科学证明了打雷是一种放电现象。

(四)解决问题阶段

解决问题阶段是管理学研究的最后阶段，在对所提出的问题运用研究方法后，有可能发现问题和现象的本质和原因，获得“实际上是什么”和“到底为什么”的答案。解决问题，为现有的理论基础增加新的知识，并为人类对世界的不断认识作出贡献。

在解决问题的阶段，要完成和报告的工作重点是两个方面：

(1)研究的理论贡献：研究得出了什么结论？对该领域的现有研究有什么贡献？

(2)研究的实际贡献:研究结果的影响是什么？这些结果对公司、政府等的实际工作有什么价值？

解决问题阶段的这两个方面是衡量一项研究价值的标准,与提出问题阶段的理论和实践方面相对应。

七、管理学研究的选题与创新来源

(一)管理学研究的选题来源

选择管理学研究的课题,可以是出于对现实焦点的关注,保持现实的敏感性,也可以是出于对理论局限性的关注,保持理论的敏感性。无论采用哪种选题方法,都强调选题要有理论和实践意义,都强调选题时不要“大题小做”。

(二)管理学研究的创新来源

管理学研究强调传承的重要性,即要博古通今,熟悉本领域的重要研究文献,强调研究结论方面的创新,因此,在进行管理学研究时,问题的界定和分析过程必须首先建立在文献检索、文献阅读和文献综述的基础上,然后以前人的研究为基础,深化研究或弥补当前研究的不足。这个过程类似于早期只有“馒头”,我们想在此基础上发展,但一开始我们可能连馒头是怎么做的都不知道,所以我们首先要了解馒头的原料和制作过程。例如,其所用的原料是什么？将面粉揉成面团需要多少水？为什么要用蒸锅高温蒸制？弄清楚这些后,我们就可以思考如何在馒头中加入更多的配料,配料的变化就是一种创新。如果我们减少原料的数量,把面团做得更薄,就可以将其做成馄饨。这些与管理学研究中的创新是一样的,我们可以改变研究的方法、内容和角度来创新。

八、研究方法的评价和改进

(一)研究方法的评价标准

对研究方法可以从不同角度进行评价,包括科学性、可靠性和实用性等。从科学性的角度出发可以评价研究方法是否符合科学原理和标准;从可靠性的角度出发可以评价研究方法能否保证数据的准确性和稳定性;从实用性的角度出发可以评价研究方法能否为实际决策和问题解决提供依据。

研究方法评价标准是评价和判断研究过程中使用的方法是否科学、适当和有效的标准。以下标准常被用来评价研究方法。

1. 研究设计的适当性

研究设计是研究过程中最重要的部分。在评价研究方法时,必须考虑研究设计是否适合研究目的,包括研究人群、样本量、研究期限、调查问卷和实验程序等。

2. 数据收集的可靠性

数据收集是研究方法的一个重要方面。在评价研究方法时,必须考虑数据收集的可靠性,包括数据来源的可靠性、数据收集方法的科学性、数据收集工具的有效性和数据处理的准确性。

3. 数据分析的严谨性

数据分析是研究方法的一个重要因素。在评价研究方法时,有必要考虑数据分析的严谨性,包括数据分析的方法是否恰当,数据分析的结果是否准确,以及是否考虑到了可能的偏差和错误。

4. 研究结论的可信度

研究结论是研究方法的一个重要成果。在评价研究方法时,有必要考虑结论的可信度,包括结论的逻辑结构是否清晰,结论是否合理,结论是否普遍有效等。

5. 研究成果的可操作性

研究成果也是研究方法的一个重要成果。在评价研究方法时,必须考虑到研究成果的实用性,包括研究成果是否具有实际应用价值,是否能解决实际问题,是否能促进学科和社会的发展等。

总之,在评价研究方法时,应考虑多个方面,包括研究设计的适当性、数据收集的可靠性、数据分析的严谨性、研究结论的可信度以及研究成果的实际应用性。一个好的研究方法应该是科学的、合理的、有效的,并能够产生具有实际应用价值的研究成果。

（二）研究方法的改进途径和措施

研究方法的改进可以通过优化研究设计，提高数据收集和处理的准确性，以及提高分析方法的科学性来实现。此外，不断监测研究方法的最新发展和变化，及时应用新的研究方法也是重要的改进方式。

随着科学技术的不断发展，研究方法也在不断地更新和完善。研究方法的改进是为了更好地满足科学研究的要求，进一步拓展本学科的研究领域，提高研究成果的质量和效率。现将改进研究方法的一些途径和措施介绍如下。

1. 改进技术手段

科学技术是改进研究方法的重要手段。随着计算机、网络、数据处理、多媒体等技术的不断发展，科学研究的手段也越来越多样化，效率越来越高。因此，我们可以通过学习和掌握新技术、不断提高科学研究的技术水平来取得更好的研究成果。

2. 加强团队合作

在科研中，团队合作是非常重要的。我们可以通过加强团队合作来改善研究人员之间的沟通和协调情况，使研究工作变得更加集中和高效，同时，团队合作也可以充分发挥每个研究人员的特长，使研究成果更加丰富多彩。

3. 持续创新

研究方法的创新是推动科学研究发展的重要动力。通过对研究思路和方法的不断创新，我们可以开辟新的研究领域，提高研究成果的质量和水平。此外，不断创新还可以激发科研人员的研究热情，为科研工作注入新的活力和动力。

4. 加强理论研究

理论研究是改进研究方法的重要基础。通过加强理论研究，我们可以对研究方法进行深入探讨和研究，发现和解决其中存在的问题，提高研究成果的可靠性、有效性和可行性。

总之，改进研究方法需要我们在学习和实践中不断探索和突破。只有不断紧跟时代发展，掌握新的技术手段，加强团队合作，不断创新和加强理论研究，才能不断提高研究成果的水平和质量，为科学进步作出更大的贡献。

第二节 管理学研究的发展

一、管理理论的发展

管理理论的发展按时间顺序可分为以下几个阶段:一是古典管理阶段,由泰勒、法约尔和韦伯在19世纪末20世纪初倡导,其核心内容是科学管理思想和管理过程与职能分析、组织理论等。第二阶段是人际关系理论,由梅奥在20世纪30年代至50年代倡导,后来发展为行为科学理论。在20世纪60年代,进入现代管理学阶段,孔茨称之为“管理理论的丛林”。现代管理理论采用了古典管理理论的方法论取向,并移植了数学、计算机科学与技术、其他自然科学、统计学、系统论等诸多学科,形成了包括决策理论、系统理论、管理科学和权变理论在内的学派。

综上所述,管理理论的发展与生产力的发展和生产组织的变化紧密相连,这些因素决定了管理理论的发展和变化,现代管理学在实践中前进,在实践中发展,解释实践,指导实践。

二、管理学研究的基本特点

(一)管理学研究的对象和范围

管理学研究涵盖组织、人力资源、决策和战略等。其范围很广,涵盖了各个层次和各个领域的管理问题,对这些问题的研究可以提高管理人员的决策和管理技能,从而促进管理学的发展。

管理学关注的是如何合理组织和使用资源以实现目标。管理学的研究对象包括组织、决策、计划、控制和领导,范围从企业管理到公共管理、项目管理、人力资源管理、营销管理和许多其他领域。

在组织管理领域,管理学的研究重点是组织结构、组织文化和组织行为,目的是提高组织的效率、适应性和竞争力。

在决策管理方面,管理学的研究重点是决策过程、决策方法和技术,以帮助管理人员作出明智的决策。

在计划管理方面,管理学的研究重点是战略规划、项目规划等,以确保长期发展和实现组织目标。

在控制管理领域,管理学的研究重点是关注、监测和评估一个组织的运作,以便及时采取纠正措施。

在领导力领域,管理学的研究重点是关注领导者的行为、影响和管理技能,以提高组织领导力和团队凝聚力。

除上述领域外,管理学还被用于各种具体的管理领域,如生产管理、质量管理、项目管理、供应链管理和风险管理等,以提高管理效率,实现商业目标。

(二)管理学研究的目的和任务

管理学研究的主要目的是解决实际管理问题,为决策提供科学依据,其任务包括分析管理问题,研究管理方法和工具并提出改进和创新建议。

管理学研究的主要任务是发现和应用管理规律,帮助组织和个人更有效地管理资源,提高效率和质量,实现经济增长和社会进步。其任务包括:

(1)管理问题的研究。对组织中存在的各种管理问题进行研究,包括组织结构、人力资源管理、决策、资源配置等。

(2)管理理论的发展。在案例研究和现实世界数据的基础上,发展能够解释和指导管理实践的管理理论,帮助组织更有效地进行管理。

(3)探索管理方法。研究和开发新的管理方法和技术,帮助组织更有效和创新地进行管理。

(4)改进管理实践。通过管理学研究,提出改进组织管理实践的建议和措施,帮助组织加强内部管理制度,优化工作流程,提高工作效率和效果。

(5)促进管理教育。将管理学的研究成果应用于管理教育,培养具有先进管理理念和实践能力的人才,促进管理实践的不断发展和进步。

(三)管理学研究的特点

管理学研究具有实用性、相关性和系统性的特点,它强调实际问题,注重解决管理实践中的困境。管理学研究还需要有系统的分析和研究方法,以便得出科学和实用的结论。

管理学是一门关注组织、决策和资源分配的学科,其研究对象包括公司、政府、非营利组织和其他形式的组织。管理学的特点是具有高度的实践性和操作性,其目的是提高组织的效率和效益,增强其竞争力。以下是管理学研究的一些特点:

(1)实证性:管理学研究强调实证和数据分析,注重以数据和事实来支持决策。研究人员必须使用科学方法来收集和分析大量数据,从中得出客观结论,为组织决策提供依据。

(2)综合性:管理学研究需要综合应用不同学科的理论和方法,如经济学、心理学和统计学。研究人员必须有机地结合这些学科的知识和理论来研究组织管理的各个方面。

(3)实用性:管理学是一门以实践为导向的学科,强调理论与实践之间的密切联系。研究人员必须将研究结果应用于实际的组织管理,并不断优化和改进组织管理的方法和手段。

(4)可行性:管理学研究强调可行性和实用性,即研究结果必须被组织管理者接受和应用。研究人员必须将研究结果转化为实际建议,以帮助组织管理者更好地解决实际问题。

在进行管理学研究时,必须遵循一种正式的研究风格。首先,研究人员必须坚持学术规范,严格遵循研究伦理,以确保研究结果的可靠性和准确性。其次,研究人员在进行研究时必须使用科学方法,如数据收集和经验分析。同时,研究人员必须注意研究结果的可行性和实用性,以确保研究结果能够在实践中得到应用和传播。最后,研究人员要重视研究结果的传播和应用,用通俗易懂的语言表述,让更多人理解和接受。

三、管理学对科学方法的运用

科学方法是一种通过系统观察获得知识的方法。科学方法并不完美,也不可能应用于每个领域,但它是对更新和扩大人类知识库作出最大贡献的求知模式,它是客观的、实证的、规范的和一般的,它以事实为基础,依靠可以在实践中检验的信息。因此,不同地方和不同时间的不同人可以用同样的方法得出同样的结论,它允许研究结果以标准化的语言和结构来表达,以便其可以被更广泛地接受和应用。

数学模型或统计信息是科学方法所必需的。在《理解现代经济学》一文中,钱颖一教授写道,从理论研究的角度来看,诉诸数学模型至少有三个好处:第一,前提假定可以用数学语言清楚地描述;第二,逻辑推理严谨、准确,可以防止漏洞和错误;第三,可以应用现有的数学模型或数学定理来推导出新的结果,得出仅凭直觉无法或不容易得出的结论。当数学模型被用来讨论经济问题时,学术上的争议可能是基于不同意对方的假设,发现对方论证中的错误,或者发现改变原来模型的假设会导致不同的结论。因此,在经济学的理论研究中使用数学模型可以减少无用的争论,使后人更容易在现有的研究基础上进行研究,也使人们有可能在更深的层次上发现看似无关的结构之间的联系,这同样适用于管理学。

管理学不同的学派都在一定程度上利用了科学方法。泰勒的科学管理的巨大影响已经渗透到现代管理范式中,并主导了人们管理世界的方式。伴随着科学方法对管理领域的渗透,赫伯特·西蒙指出,对科学方法的过度使用导致了新范式的发展。应用科学方法来产生普遍的管理理论和模式是现代管理学者最重要的理想和任务之一。这种趋势在第二次世界大战期间尤为明显和突出,部分原因是受到了泰勒的科学管理范式的深刻影响,部分原因是管理学研究中出现了高度复杂的问题,导致新兴的管理科学和运筹学派更多地利用数学和定量分析来寻找确定性的最佳模型和有效决策。

对科学方法的推崇是管理理论中完全理性主义的表现。西蒙于 1978 年对企业决策的分析表明,现实生活中的人在复杂的社会经济情况下并不像传统的"经济人"所假设的那样完全理性地行动,假设人们是复杂的计算机,在任何情况下都能以最佳方式行事是不合理的。有界理性理论强调,"理性在缺乏全知的情况下是有界的"。在实践中,人们的决策标准与他们的期望"满足"有关。人们不是在寻找最有价值的战略决策,而是在寻找一个足够令人满意或"足够好"的行动方案。在管理学研究中,有界理性指出:(1)传统管理理论研究中的"经济人"工作假设存在问题;(2)以理性为特征的模型模拟和数学分析并没有失去其理论和意义，其应该被视为现实世界中某一令人满意的战略的近似值，但不是现实的最优选择。

西蒙强调，在管理中，模型模拟和数学分析等科学方法只是现实决策的一种工具，基于逻辑和现实的管理理论应该作为一种战略选择，是现实管理的指南之一。西蒙认为，管理理论作为一种从管理实践需要中产生的实践性理论，在后来的发展中并没有过多关注管理实践，而是沿着泰勒确立的科学管理方向，过于注重用科学的手段和方法来描述管理，巩固了管理已经取得的科学地位，使管理理论走向科学化，这种倾向导致了管理理论与管理实践逐渐脱钩，并使从业人员远离了管理理论的量化表述，一些管理理论也逐渐沦为没有内容、说教式的规章制度，导致管理者拒绝甚至否定这些管理理论。

对现代科学方法的强调，是管理学受到两个现代哲学流派影响的结果：理性主义和普遍主义。罗珉和李永强（2002）指出，对基于理性的现代文明的信仰及其对幸福的承诺，意味着自泰勒的科学管理时代以来，管理学著作“几乎都是围绕着管理理性主义和管理普遍主义这两条主线展开的”。理性主义强调科学的客观研究方法和理论体系固有的自洽性，而普遍主义则认为我们通过科学方法获得的管理知识是超然的、普遍适用的。然而，实践表明，根据理性主义和普遍主义原则建立的管理理论，在快速变化的环境面前是不合适的。管理理论领域的一些研究者认为，管理的方法论，管理理论的有用性、完整性和系统性，目前正受到严重挑战。经典的管理理论和以经典牛顿物理学为基础的组织理论知识体系，在涉及现代快速变化的市场经济中企业的实际运作和活动时，已经逐渐失去了原有的解释和预测能力，管理理论与实践之间存在着一定的差异。管理学界以及来自哲学、社会学等其他人文社会科学的批评，使管理理论及其研究方法出现了多元交融的趋势。

第三节 现代管理学研究方法的特点

一、现代管理学从其他学科基础上发展起来

谈到管理学研究方法的特点,我们首先应该看到管理学与其他科学的区别和联系。社会科学关注的是人类行动的功能和效果,而不单是人类行动本身的意义。管理学是对有组织的人类活动和构成这些活动的系统的研究,是对管理活动规律的提炼和概括,是关于有组织的管理活动的系统化和专业化的理论知识集合。

管理学是对不同学科的理论和方法进行系统整合的结果,并在整合众多不同学科理论的基础上不断创新发展。一般来说,管理学的发展涉及数学、系统科学、经济学和心理学的综合运用,这四门学科构成了管理学研究的理论基础。近年来,计算机科学和信息技术的快速发展极大地促进了组织结构的变化、管理手段的创新和商业方法的革命,管理学的未来发展仍然依赖于许多不同学科的重叠和整合,以及相关学科的支持。

由于管理学是一门应用学科,其研究必须着眼于实际存在的一般管理问题,从现象到本质,从具体到一般,才能抽象出科学问题,制定研究目标。一个想象的、自成一体的研究是没有科学价值的。同时,管理学研究还应该注意研究方法的规范化,注意多用实证的、实验的、定量的研究方法,少用不科学的、辩证的、归纳的、定性的研究方法,以提高研究的价值。

二、管理学形成多学科发展特点的原因

现代管理学发展的特点是,在该学科的一些发展基础上,其具有强烈的模仿性。所谓模仿性,是指管理学的发展在最常见的三种研究方法(即归纳法、实验法和演绎法)之外,还不断采用多种科学研究方法,以不断创新管理方法,并进一步优化。从这些年管理学的发展来看,其之所以具有多学科的发展特

点，是因为以下几个方面：首先，管理学起源于人类社会的不断发展，它的产生和不断发展是与人类社会的长期发展分不开的。为此，管理学的研究需要采用多学科的综合方法，以便对其进行量化。其次，从事管理学研究的人员大多来自人文学科。自管理学出现以来，许多人文学科的学者加入其中，对人文学科有不同认识的研究者使管理学的研究有了自己的光泽和色彩。在 21 世纪初，互联网飞速发展，学者们开始更新管理学的研究方法，用量化的方法来进行更多的研究。但与此同时，也存在着一个严重的问题：许多管理学家过于迷信数学原理，没有对其进行理性的分析，所以直接应用数学原理，导致结论不符合科学规律。实际上，管理学是许多学科的交集，我们对此学科的规律没有一个理性的认识，管理学的许多知识难以量化，可能导致我们无法掌握最重要的循环规律。但如果我们不能准确分析，不能用科学的方法作出合理的判断，那么在实际工作中就会出现非常大的偏差，损失也会非常大，这已经成为管理学最尖锐的问题之一。

三、从学术理论探究管理学研究方法的内质特点

管理学不仅与其他学科密切相关，而且也与其他学科有很大的不同，这必然要求在理论探究的基础上对管理学进行科学定位，以便更深入地了解管理学本身所固有的社会科学特征。社会科学关注的是人类活动的能效，而不是其内在的重要性，而管理学关注的是人们的组织活动和他们形成的系统。

管理学是一门跨学科的应用学科，是在吸收各种不同理论的基础上通过创新发展起来的。但是，现代科技和信息技术的快速发展，客观上导致了管理学内部结构的变化，如网络组织、流程再设计、电子商务等，这些都导致了管理学方法和手段的创新和革命，客观上说明管理学的发展趋势仍然是以多学科互动和跨学科融合为支撑的。

作为一个应用科学体系，中国未来的管理学研究应始终牢牢抓住现实中普遍存在的管理问题作为研究的核心，并以此为出发点对其进行深入的调查和探究，由外而内，透过现象看本质，由具体到一般，然后对科学管理问题进行抽象总结，确定最终的调查目标。这种研究方式在客观上也反对了封闭式的研究方法。在此基础上，管理学的研究方法也应注重其规范性、合理性，积极

增加实证、实验研究方法的使用,尽量减少辩证、归纳和定性研究方法的使用,因为它们本身的科学性就比较弱,只有正确使用管理学的研究方法才能不断提升研究的价值。

第四节　现代管理学研究方法的发展趋势

一、与现代科学技术相结合

随着科学技术的不断进步,管理学研究也受益于科技进步的成果,利用现代技术不断提高管理学研究的效率。例如,计算机技术的发明和进步加快了管理学研究模型中变量的计算速度,大数据时代的到来提高了管理学研究的准确性,加快了管理学研究的进程。

现代科学技术的快速发展不断推动着管理学研究方法的现代化,特别是计算机硬件和软件的发展,使得利用计算机快速计算各种管理模型中数百个变量成为可能。大数据时代的到来将极大地促进管理学研究方法向科学化、精确化方向发展。

二、与人文管理方法相结合

科学管理离不开对人的主观思维的研究,人文管理对人的研究可以提高科学管理的效率;人文管理方法也离不开科学管理方法,二者的片面发挥有可能导致人类智力的内部冲突。因此,21 世纪将是科学管理与人文管理相互融合发展的时代。随着东西方文化的不断融合,科学管理与人文管理必将继续融合,21 世纪无疑将是一个更加开放的世纪。

三、与哲学联系更加紧密

管理学研究的方法与其他学科的方法一样，可以分为归纳法和演绎法。这两种方法都体现了哲学方法论中“从个别到一般，再从一般到个别”的方法。哲学是一种高层次的理论思维，它以最高层次、最一般的范畴体系来揭示事物的本质，事物之间的联系以及事物的发展过程和规律，以最高的理性境界来考察现象，展示人类的未来。此外，哲学强调遵循事物的发展规律，分析事物的本质，可以为管理学研究提供更加理性和客观的指导，提高管理学研究的效率，因此，哲学是对管理活动进行深入理性分析的重要基础。

四、注重跨国文化的分析

在 21 世纪，商业的全球化使世界各国之间的联系更加紧密，文化的全球化也将不可避免地继续发展，各国之间的文化接触将更加频繁。基于对管理理论的跨文化分析，我们可以肯定，没有一种管理理论能够超越所有的文化背景。在过去，管理学研究可以基于单一国家的文化，这样可以得到更客观和准确的结论。然而，商业的全球化和频繁的文化交流使得管理学研究必须注重跨文化的分析，这样得出的结果才会更加客观和具有情景性。换句话说，管理学研究不能像以往那样以单一的文化背景为基础，使管理学理论的发展无法超越文化背景。

五、与经济学分析方法相结合

一般来说，管理学研究的问题与经济学研究的问题有本质的不同。从哲学的角度来看，管理学侧重于“如何做事”的问题，而经济学则侧重于“为什么做事”的问题。然而，众所周知，经济学和管理学之间的联系非常广泛，管理学的研究与经济学的研究密不可分。由于经济学和管理学的相互渗透、重叠和融合，因此很难区分纯经济学和纯管理学，因为大多数关于管理学的研究和讨论都出现在经济学研究文献中。有许多社会经济问题需要经济学和管理学来研究，只要能够解决这些问题，就没有必要在学科之间划定界线。因此，未来的管理学研究应该更充分地吸收经济学的见解和研究方法。

重要术语

科学　科学研究　管理学研究

复习思考题

1.管理学发展需要推进哪三个融合？

2.研究方法的种类有哪些？

3.管理学研究的一般过程是什么？

4.现代管理学研究方法的特点是什么？

5.现代管理学研究方法的发展趋势有哪些？

参考文献

[1]杨漫龙.管理科学研究方法的必要性与发展趋势[J].经贸实践,2017(5):192.

[2]张红丽.管理科学研究方法的必要性与发展趋势[J].现代企业,2016(5):29-30.

[3]马成樑,王国进.当代管理科学研究方法评述[J].现代管理科学,2004(3):32-34.

[4]谢雅儒,史成君.跨国企业管理问题分析及对策研究——以吉百利公司为例[J].商场现代化,2022(8):119-121.

[5]罗珉,李永强.西方后现代管理思潮评述[J].财经科学,2002(3):16-20.

[6]赵丹.中国管理学发展问题与展望[J].现代工业经济和信息化,2014(22):91-92.

[7]陈佳贵.管理学百年与中国管理学创新发展[J].经济管理,2013(3):195-199.

[8]赵娜,王黎明.近代管理学发展趋势探析[J].价值工程,2019(24):288-290.

第二章

可拓学原理及其应用

第一节　可拓学概述

可拓学(原称物元分析)是由我国学者于1983年提出的一门原创性横断学科,它以形式化的模型,探讨事物拓展的可能性以及开拓创新的规律与方法,并用于解决矛盾问题。所谓矛盾问题,就是指在现有条件下无法实现人们要达到的目标的问题。

现实生活中矛盾问题比比皆是,例如,如何从数米高的树顶摘到果子?如何将宽过房门的家具运入屋内?如何让荒无人烟的沙漠获得水源?处理这些初次遇到的矛盾问题是只能依靠智慧的灵光一现,还是有规律可循?能否借助一套科学的理论方法快速地获得最优解,甚至进一步利用计算机程序化地协助人们处理问题?可拓学的研究由此出发。

作为数学、哲学和工程交叉的新兴学科,可拓学与控制论、信息论和系统论一样,是一门跨领域的学科,有着广泛的项目。正如有数量关系和空间形式的地方就有数学一样,有矛盾问题的地方就有可拓学的一席之地。它在各个学科和工程中的应用目的不在于发现新的实验事实,而在于提供一种新的思维方式和方法。

可拓论、可拓方法及其应用——可拓工程共同组成了可拓学,而可拓论作为可拓学的基本理论支撑,是以基元理论、可拓集理论和可拓逻辑为核心支柱建立理论框架的,如图2-1所示。

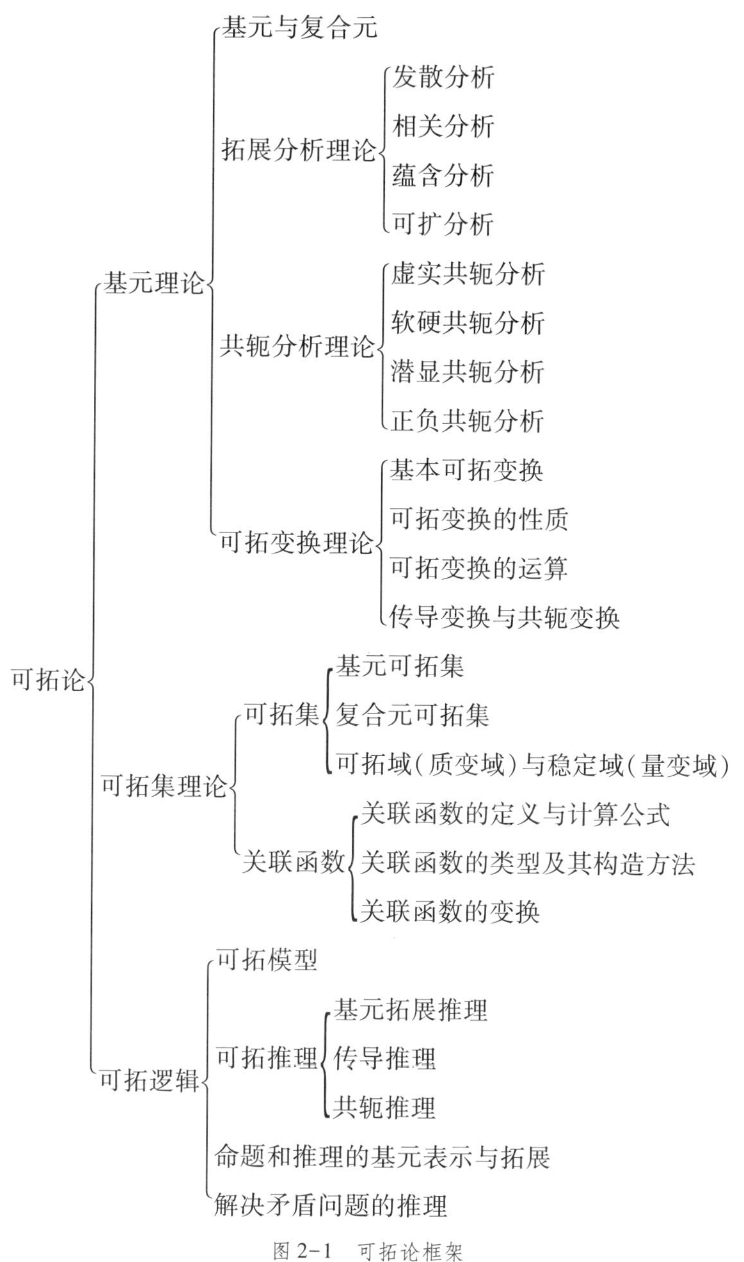

图 2-1　可拓论框架

可拓论用基元提供了描述事物性质特征的形式化描述方法，使用可拓集和关联函数定量地表达物变化的集合及其量变质变关系，最后通过可拓逻辑再结合辩证逻辑思维的优点和形式化逻辑的特征，为计算机理解和操作矛盾问题的变换推理提供程序化基础。在可拓论之后,可拓方法则是系统地描述矛盾问题转化的基本方法。由于可拓方法特别适合用于创新,故其也被称为可拓创新方法,其方法体系如图 2-2 所示。

无论是哪个学科,当矛盾问题出现,可拓学就有了用武之地,可拓论和可拓创新方法与若干个领域交叉融合,就产生了解决该领域矛盾问题的可拓工程方法。目前,可拓工程的相关工作已经在多个领域取得了初步成果,伴随着学者们的深入挖掘探索,可拓工程有望在科学技术上取得重要突破。

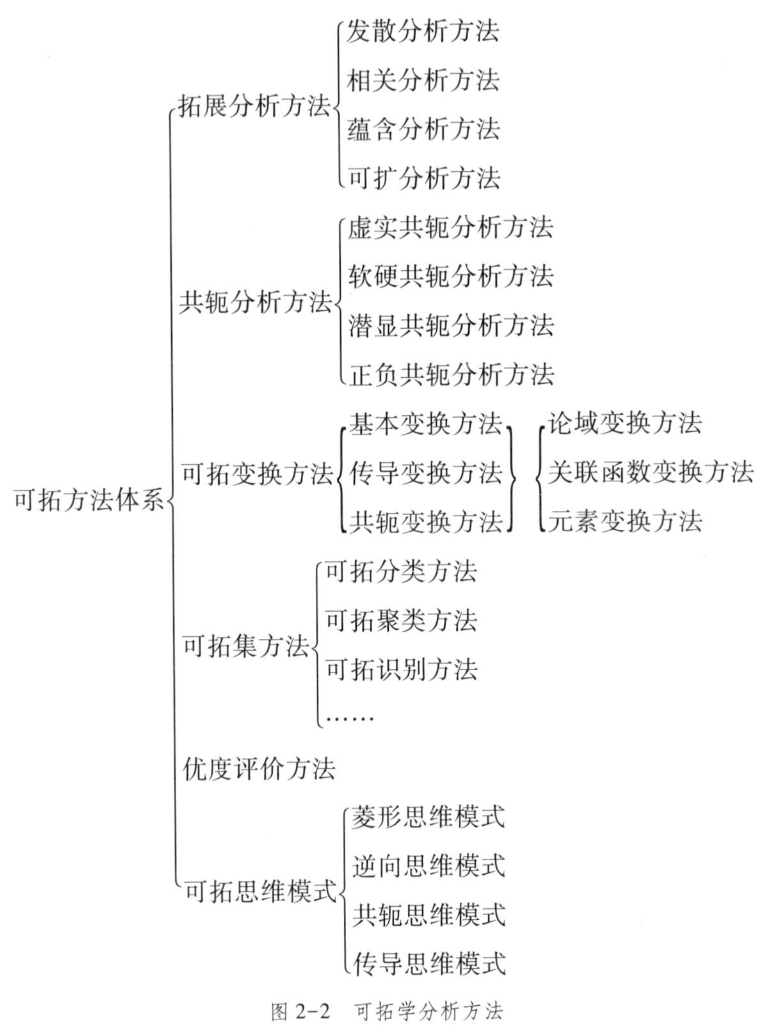

图 2-2　可拓学分析方法

第二节　可拓论

一、基元与复合元

基元是可拓学让计算机也可以理解和使用的描述事物的形式化语言工具，它将所有的事物和联系分为了物、事与关系三大类，并用对应的物元、事元和关系元进行描述，它们作为可拓学的基本逻辑细胞被统称为基元。接下来我们将对物元、事元和关系元的概念和简单运算逻辑进行介绍。

（一）基元

1. 一维物元

以物 O_m 为对象，c_m 为特征，O_m 关于 c_m 的量值 v_m 构成有序三元组：

$$M=(O_m,c_m,v_m)。$$

这样描述某一个物体的一种特征的量值的物元被称为一维物元，O_m，c_m，v_m 三者被称为该物元 M 的三要素，其后两者 c_m 与 v_m 构成的二元组(c_m,v_m)被称为物 O_m 的特征元。

以日常生活中的物品为例，$M=$（桌子 D，高度，78 cm）就是一个以（高度，78 cm）为特征元的一维物元。很明显这个一维物元并不能给我们一个清晰的桌子的形象以及其他特征：桌子有多宽？是什么颜色的？是圆桌还是方桌？是木质拼接还是石料雕刻？由于一个物体具有多个性质，一维物元无法给出完整的答案，因此，为了更加清晰明确地描述对象特征，我们需要引入多维物元概念。

2. n 维物元

以物 O_m 为对象，其有 n 个特征 $c_{m1},c_{m2},\cdots,c_{mn}$，$O_m$ 关于 $c_{mi}(i=1, 2, \cdots, n)$的量值 $v_{mi}(i=1, 2, \cdots, n)$所构成的阵列

$$\boldsymbol{M}=\begin{bmatrix} O_m, & c_{m1}, & v_{m1} \\ & c_{m2}, & v_{m2} \\ & \vdots & \vdots \\ & c_{mn}, & v_{mn} \end{bmatrix}=(O_m, C_m, V_m)$$

称为 n 维物元,其中:

$$C_m=\begin{bmatrix} c_{m1} \\ c_{m2} \\ \vdots \\ c_{mn} \end{bmatrix},\ V_m=\begin{bmatrix} v_{m1} \\ v_{m2} \\ \vdots \\ v_{mn} \end{bmatrix}。$$

还是以桌子为例:

$$\boldsymbol{M}_1=\begin{bmatrix} \text{桌子}D_1, & \text{长度}, & 65\ \text{cm} \\ & \text{宽度}, & 45\ \text{cm} \\ & \text{高度}, & 76\ \text{cm} \\ & \text{颜色}, & \text{棕色} \\ & \text{材质}, & \text{木材} \end{bmatrix}。$$

物体并不是一成不变的,随着时间、温度、压力等条件的变化,物体也会发生变化,例如,需要考虑时间条件变化的物体,可用物元

$$M(t)=(O_m(t), c_m, v_m(t))$$

来描述。为了清楚地描述此类随条件变化而发生变化的物元,需要规定参变量物元。

3. 参变量物元

在对象 $M=(O_m, c_m, v_m)$ 中,若 O_m 和 v_m 是关于参数 t 的函数,则称 M 为参变量物元,记作

$$M(t)=(O_m(t), c_m, v_m(t))。$$

例如,在一个大气压下水的状态会随着温度变化而发生变化,当温度低于 0 ℃时其是固态的冰,当温度高于 100 ℃时是其气态的水蒸气。

$$\boldsymbol{M}_1=\begin{bmatrix} \text{水}D_3(t), & \text{温度}, & v_1(t) \\ & \text{状态}, & v_2(t) \\ & \text{折射率}, & v_3(t) \end{bmatrix}。$$

液态水的温度可以是 5 ℃也可以是 50 ℃，对于特征 c_{mi} 的量值 v_{mi} 并不一定要求其是一个固定的值，而可以是一个取值范围，其被称为量域 $V(c_m)$，其考虑的是所有可能的取值。

$$V(\text{温度})=\langle -273\ ℃,+\infty)。$$

与量域的定义相似，量值域则是物 O_m 对于特征 c_{mi} 的取值范围，与前一个定义不同的是，当它被限定在某个物体后，特征的取值范围区间可能相对更加狭窄，例如对于特征高度的取值范围，考虑到世界最高山峰的特征元为（高度，⟨0,8 848.86 m⟩），但是若限定到人类这一主体上，其特征元则是（高度，⟨0,2.5 m⟩）。

注：与经典数学不同，可拓学的区间统一用 $\langle a,b\rangle$ 表示，它可以表示开区间、闭区间或者半开半闭区间的任意一种。

4. 事元和关系元

与物元概念类似，事元和关系元也是通过一维或多维的三元组进行表示，事元表示的是物与物之间的相互作用，如

$$\boldsymbol{A}=\begin{pmatrix}\text{推}, & \text{支配对象}, & \text{门}\\ & \text{施动对象}, & \text{手}\end{pmatrix}。$$

其基本特征包括支配对象、施动对象、接受对象、时间、地点、程度、方式、工具等；而关系元则是描述了物与物、事与物、事与事、物与关系等之间的相互联系的现象，如

$$\boldsymbol{R}=\begin{pmatrix}\text{支撑关系}, & \text{前项}, & \text{石柱}\\ & \text{后项}, & \text{屋顶}\end{pmatrix}。$$

5. 某类事物的表述方式

了解了物元、事元和关系元后，我们已经学会对某个指定的物、事或是关系的基元进行表示的方法，通过形式化语言来描绘事物的关系，我们可以表述手边的笔，手中的书，眼前的电脑，但是研究并不是针对具体的某个特例，而是对一类事物现象的总结。下面介绍对某类事物的表述方式：

给定一类对象$\{O\}$，若对任一 $O\in\{O\}$，关于特征 $c_i(i=1,2,\cdots,n)$，有 $v_i=c_i(O)\in V_i$，则称基元集

$$\{B\}=\begin{bmatrix}\{O\}, & c_1, & V_1\\ & c_2, & V_2\\ & \vdots & \vdots\\ & c_n, & V_n\end{bmatrix}=(\{O\},C,V)$$

为类基元，其中 V_i 为类对象$\{O\}$关于特征值 c_i 的量值域。例如类物元

$$\{M\}=\begin{bmatrix}\{\text{学生}\}, & \text{年龄}, & V_1\\ & \text{学历}, & V_2\\ & \text{专业}, & V_3\\ & \text{爱好}, & V_4\end{bmatrix},$$

或者类事元

$$\{A\}=\begin{bmatrix}\{\text{捕捉}\}, & \text{支配对象}, & V_1\\ & \text{施动对象}, & V_2\\ & \text{时间}, & V_3\\ & \text{地点}, & V_4\end{bmatrix}。$$

（二）基元的逻辑运算法则

基元作为可拓学的形式化逻辑细胞，必然存在基元之间的逻辑运算，正如我们所熟悉的基本逻辑运算概念，基元也存在“与”“或”“非”的运算。给定基元 $B_1=(O_1,c_1,v_1)$ 和 $B_2=(O_2,c_2,v_2)$：

（1）B_1 和 B_2 的“与”运算表示既取 B_1 又取 B_2，记作 $B=B_1\wedge B_2$。

（2）B_1 和 B_2 的“或”运算表示至少取 B_1 和 B_2 中的一个，记作 $B=B_1\vee B_2$。

例如对以下两个事元：

$$\boldsymbol{A}_1=\begin{bmatrix}\text{养殖}, & \text{支配对象}, & \text{鸡}\\ & \text{施动对象}, & \text{养殖场}\\ & \text{数量}, & 100\end{bmatrix},$$

$$\boldsymbol{A}_2=\begin{bmatrix}\text{养殖}, & \text{支配对象}, & \text{鸭}\\ & \text{施动对象}, & \text{养殖场}\\ & \text{数量}, & 20\end{bmatrix},$$

$\boldsymbol{A}_1 \wedge \boldsymbol{A}_2$ 表示养殖场同时养殖 100 只鸡、20 只鸭。

$\boldsymbol{A}_1 \vee \boldsymbol{A}_2$ 表示养殖场养殖 100 只鸡或 20 只鸭。

显然，$A_1 \wedge A_2 = A_2 \wedge A_1$，$A_1 \vee A_2 = A_2 \vee A_1$，基元的“与”“或”运算遵循交换律。

(3) 对于基元 $B=(O,c,v(t))$，$v(t) \in V_0$，记作 $B=(O,c,V_0)$。当 $B_1=(O,c,u)$，$u \notin V_0$ 时，称 B_1 为 B 的非基元，记作 $\bar{B}=B_1$；当 $V_0=\{O\}$ 时，$\bar{B}=(O,c,u)$，$u \neq v_0$，把基元 B 变为 $\bar{B}$ 的运算称为基元的非运算，记为 $\neg B_1$。

例如，若 $A_1=$(种植，支配对象，v)，$v \in$ {农作物}，

则 $\neg A_1=$ {(种植，支配对象，u)，$u \notin$ {农作物}}。

就像人可以划分成一个个组织器官，组织器官可以划分为一个个微细胞，事物并不是单个基础要素简单而重复地叠加，而是可以划分为一个个复杂但相互联系的基本单元，这并不是单纯地增加基元维度所能够表述的。为了描述这些复杂的对象，就需要用到复合元的概念。

(三)复合元

复合元，顾名思义，就是复合的基元，根据描述事物的结构不同，可以由多个和多种基元组合形成。常见的复合元包括：

1. 物元和物元形成的复合元

若 $M=(O_m,c_m,v_m)$，$M_1=(O_{m1},c_{m1},v_{m1})$，则 $M'=(M_1,c_m,v_m)=((O_{m1},c_{m1},v_{m1}),c_m,v_m)$ 为复合元。

例如，$D=$((鸟，特征，白色)，位置，树顶)表示位于树顶的一只白色的鸟。

2. 物元和事元形成的复合元

若 $M=(O_m,c_m,v_m)$，$A=(O_a,c_a,v_a)$，则 $A(M)=(O_a,c_a,M)$，$M_v(A)=(O_m,c_m,A)$ 以及 $M_O(A)=(A,c_m,v_m)$ 为物元与事元结合成的复合元。

例如，$A=$((厂房，面积，100 m^2)，租赁时长，1 年)表示租赁 100 m^2 的厂房 1 年。

其他还有物元与关系元形成的复合元、事元与事元形成的复合元、事元与关系元形成的复合元、关系元与关系元形成的复合元等，表现形式类似，在此不一一赘述。

二、拓展分析

基元的拓展分析原理被分为4类，分别是发散分析原理、相关分析原理、蕴含分析原理、可扩分析原理。复合元与基元具有类似的拓展性，这其实就像人们思维中常见的发散、联想、解析、放大缩小的灵活运用。接下来我们将对这4类拓展分析的原理和创新应用进行讲解。

（一）发散分析

发散分析原理是根据“一物多征”“一征多物”等引申而来的。对于一个基元的三元组，固定其中的一元或是二元并拓展变化其他元形成一个新的基元三元组就是发散分析方法的核心。由基元 $B=(O,c,v)$ 对特征元的特征和量值进行发散可以得到多个同对象基元，且同对象基元集一定是非空集合，即

$$B=(O,c,v)\dashv\begin{bmatrix}O, & c, & v\\ & c_1, & v_1\\ & \vdots & \vdots\\ & c_n, & v_n\end{bmatrix}。$$

例2-1 对于一杯水 D，常见的功能就是“解渴”，它可以表示为

$$M=(\text{水}\ D,\text{解渴},v_m)=(O_m,c_m,v_m)。$$

那么我们对水的功能事元进行拓展发散可以得到

$$M_1=(\text{水}\ D,\text{灭火},v_{m1}),\ M_2=(\text{水}\ D,\text{灌溉},v_{m2}),$$

$$M_3=(\text{水}\ D,\text{折射},v_{m3}),\ M_3=(\text{水}\ D,\text{冷却},v_{m4}),$$

即

$$M\dashv\begin{bmatrix}\text{水}\ D, & \text{灭火}, & v_{m1}\\ & \text{灌溉}, & v_{m2}\\ & \text{折射}, & v_{m3}\\ & \text{冷却}, & v_{m4}\end{bmatrix}。$$

进一步地，从一个基元出发，只改变基元的特征，可以发散出同对象同量值的基元：

$$M=(\text{摆件},\text{高度},v_m)\dashv\left\{\begin{array}{lll}(\text{摆件}, & \text{宽度}, & v_m)\\(\text{摆件}, & \text{厚度}, & v_m)\\(\text{摆件}, & \text{半径}, & v_m)\\(\text{摆件}, & \text{周长}, & v_m)\end{array}\right\}。$$

又或是只改变基元的量值,可以发散出同对象同特征的基元:

$$B_1=(\text{学生},\text{身高},130\text{ cm})\dashv\left\{\begin{array}{lll}(\text{学生}, & \text{身高}, & 160\text{ cm})\\(\text{学生}, & \text{身高}, & 170\text{ cm})\\(\text{学生}, & \text{身高}, & 180\text{ cm})\end{array}\right\}。$$

同理,从一个基元出发,不改变基元的特征,可以发散出多个同征基元,即

$$B=(O,c,v)\dashv\left\{\begin{array}{lll}(O_1 & c & v_1)\\(O_2 & c & v_2)\\ & \cdots & \\(O_n & c & v_n)\end{array}\right\}。$$

例如:

$$A=(\text{运输},\text{支配对象},\text{产品})\dashv\left\{\begin{array}{lll}(\text{装卸}, & \text{支配对象}, & \text{原料})\\(\text{拼接}, & \text{支配对象}, & \text{零件})\\(\text{拆除}, & \text{支配对象}, & \text{设备})\\(\text{售卖}, & \text{支配对象}, & \text{道具})\end{array}\right\}。$$

进一步地,从一个基元出发,只改变基元的对象,可以发散出多个具有同特征元的基元:

$$M=(\text{扫帚},\text{功能},\text{清洁})\dashv\ \&$$

$(\text{吸尘器},\text{功能},\text{清洁})\ \&(\text{清洗剂},\text{功能},\text{清洁})$。

此外,考虑到某些基元可以随着参数变化,在不同参数下,对于此类基元也可以拓展出同对象、同特征、不同量值的基元。

结合以上发散分析的方法,我们可以总结出发散分析具有如下形式:

$$R=(O_r,C_r,V_r)\begin{array}{l}\dashv\{(O_{r1},C_r,V_r),\quad (O_{r2},C_r,V_r),\quad (O_{r3},C_r,V_r),\quad \cdots\}\\ \dashv\{(O_r,C_{r1},V_r),\quad (O_r,C_{r2},V_r),\quad (O_r,C_{r3},V_r),\quad \cdots\}\\ \dashv\{(O_r,C_r,V_{r1}),\quad (O_r,C_r,V_{r2}),\quad (O_r,C_r,V_{r3}),\quad \cdots\}\\ \dashv\{(O_r,C_{r1},V_{r1}),\quad (O_r,C_{r2},V_{r2}),\quad (O_r,C_{r3},V_{r3}),\quad \cdots\}\\ \dashv\{(O_{r1},C_{r1},V_r),\quad (O_{r2},C_{r2},V_r),\quad (O_{r3},C_{r3},V_r),\quad \cdots\}\\ \dashv\{(O_{r1},C_r,V_{r1}),\quad (O_{r2},C_r,V_{r2}),\quad (O_{r3},C_r,V_{r3}),\quad \cdots\}\end{array}$$

可以看出,发散出来的基元像是一颗横过来的大树,随着基元的发散,新的基元如同枝干一般扩展,而在解决矛盾问题时,存在需要对问题和条件多次使用多个发散原理找寻问题解决路径的情况,发散的路径如同树枝一样不断扩展延伸。因此,我们将利用发散分析原理寻找矛盾问题解决路径的方法称为发散树法,其基本步骤如下:

(1)列出矛盾问题的目标(条件)基元 B;

(2)根据问题的关键矛盾要素选择发散分析原理进行发散分析;

(3)列出发散出来的备选基元 $B_1,B_2,B_3,\cdots,B_n$;

(4)带入备选基元并判断是否找到矛盾问题解决的发散路径,若找到则结束发散,否则进入下一步;

(5)对 B_i 继续进行发散,直到找到矛盾问题的解决路径。

例 2-2 某酒店大堂的走廊上,有两根空心的大圆柱,大圆柱只起装饰作用,不承重,占地方而无法获利。下面利用发散树法研究解决这一问题的路径。

$$M=(\text{大圆柱},\text{位置},\text{大厅走廊})\triangleq(O_m,\text{位置},\text{大厅走廊})$$

$$M\dashv\begin{cases}M_1=(O_m,\text{作用},\text{装饰})\dashv M_{11}=(O_m,\text{作用},\text{陈列物品})\\ \qquad\qquad\qquad\qquad\dashv M_{111}=(\text{多棱柱},\text{作用},\text{陈列物品})\\ M_2=(O_m,\text{内部结构},\text{实心})\dashv M_{21}=(O_m,\text{内部结构},\text{空心})\\ \qquad\qquad\qquad\qquad\dashv M_{211}=(\text{陈列柜},\text{内部结构},\text{网格})\\ M_3=(O_m,\text{使用方},\text{酒店})\dashv M_{31}=(\text{陈列柜},\text{使用方},\text{租赁人})\\ M_4=(O_m,\text{形状},\text{圆柱体})\dashv M_{41}=(O_m,\text{形状},\text{多棱体})\\ \qquad\qquad\qquad\qquad\dashv\begin{cases}M_{411}=(\text{多棱柱},\text{形状},\text{多棱体})\\ M_{412}=(\text{陈列柜},\text{形状},\text{多棱体})\end{cases}\end{cases}$$

根据上述分析可得发散树：

$$M \dashv \begin{cases} M_1 \dashv M_{11} \dashv M_{111} \\ M_2 \dashv M_{21} \dashv M_{211} \\ M_3 \dashv M_{31} \\ M_4 \dashv M_{41} \dashv \begin{cases} M_{411} \\ M_{412} \end{cases} \end{cases},$$

即将酒店大圆柱改成网格的多棱柱陈列柜,用于租赁给租赁人陈列商品。由于租赁行为需要支付费用,因此产生了收益。美国有一家著名酒店就是利用了这种思路经营其酒店大堂走廊上的两根大圆柱,出租大圆柱的收入是每年1 400万美元。

发散树法作为可拓创新方法的一种,自然不仅仅可以解决矛盾问题,还能够在产品和方法创新中提供助力。产品想在市场上占领一席之地,避免太多的竞争者抢占市场,选择良好的目标市场就极为重要。然而,市场调研并不是盲目地询问消费者想要什么,问题的设置必须在保证代表性的前提下强化针对性,此时发散树法可以为产品开拓市场提供良好的借鉴。

例 2-3　利用发散树法,对人们对“耳机”的需求进行发散分析,设计出新的耳机产品。

耳机的物元一般可以表示为事元

$$\boldsymbol{B}=\begin{bmatrix} 播放, & 支配对象\ c_{a1}, & 音乐 \\ & 接受对象\ c_{a2}, & 人 \\ & 地点\ c_{a3}, & 户外 \end{bmatrix}。$$

此时根据发散树法对其进行发散：

$$
B \dashv \left\{ \begin{array}{l}
\begin{bmatrix} \text{播放}, & \text{支配对象}\ c_{a1}, & \text{音乐} \\ & \text{接受对象}\ c_{a2}, & \text{中学生} \\ & \text{地点}\ c_{a3}, & \text{教室} \end{bmatrix} \dashv \begin{bmatrix} \text{播放}, & \text{支配对象}\ c_{a1}, & \text{听力测试} \\ & \text{接受对象}\ c_{a2}, & \text{中学生} \\ & \text{地点}\ c_{a3}, & \text{考场} \end{bmatrix} \\
\begin{bmatrix} \text{彰显}, & \text{支配对象}\ c_{a1}, & \text{时尚} \\ & \text{接受对象}\ c_{a2}, & \text{青年} \\ & \text{地点}\ c_{a3}, & \text{街头} \end{bmatrix} \\
\begin{bmatrix} \text{改变}, & \text{支配对象}\ c_{a1}, & \text{声音} \\ & \text{接受对象}\ c_{a2}, & \text{人} \\ & \text{地点}\ c_{a3}, & \text{户外} \end{bmatrix} \dashv \left\{ \begin{array}{l} \begin{bmatrix} \text{放大}, & \text{支配对象}\ c_{a1}, & \text{声音} \\ & \text{接受对象}\ c_{a2}, & \text{老年人} \\ & \text{地点}\ c_{a3}, & \text{户外} \end{bmatrix} \\ \begin{bmatrix} \text{缩小}, & \text{支配对象}\ c_{a1}, & \text{环境音} \\ & \text{接受对象}\ c_{a2}, & \text{音乐人} \\ & \text{地点}\ c_{a3}, & \text{室内} \end{bmatrix} \end{array} \right. \\
\begin{bmatrix} \text{接收}, & \text{支配对象}\ c_{a1}, & \text{电话} \\ & \text{接受对象}\ c_{a2}, & \text{司机} \\ & \text{地点}\ c_{a3}, & \text{车内} \end{bmatrix} \dashv \begin{bmatrix} \text{接收}, & \text{支配对象}\ c_{a1}, & \text{指示} \\ & \text{接受对象}\ c_{a2}, & \text{服务员} \\ & \text{地点}\ c_{a3}, & \text{餐厅} \end{bmatrix} \dashv \begin{bmatrix} \text{接收}, & \text{支配对象}\ c_{a1}, & \text{指示} \\ & \text{接受对象}\ c_{a2}, & \text{警卫员} \\ & \text{地点}\ c_{a3}, & \text{警戒区} \end{bmatrix} \\
\begin{bmatrix} \text{保护}, & \text{支配对象}\ c_{a1}, & \text{头部} \\ & \text{接受对象}\ c_{a2}, & \text{人} \\ & \text{地点}\ c_{a3}, & \text{户外} \end{bmatrix} \dashv \begin{bmatrix} \text{保护}, & \text{支配对象}\ c_{a1}, & \text{头部} \\ & \text{接受对象}\ c_{a2}, & \text{外卖配送员} \\ & \text{地点}\ c_{a3}, & \text{公路} \end{bmatrix}
\end{array} \right.
$$

根据以上的发散结果可以得到多个产品方案,在对市场进行问卷调查和分析后,发现具有蓝牙耳机播报功能的摩托车头盔独具市场,在外卖配送员中具有较高的需求量,可以尝试与几大外卖平台合作,获取大量订单,开辟广阔的市场。

(二)相关分析

万事万物不可能完全独立存在,其必然与某些事物存在联系,相关分析就是根据物、事和关系的关联,对各个基元之间的关系进行分析。通过对一个事物的关联性分析可以寻找其影响以及受到影响的作用机制,从动态的关联中掌握事物的变化。

首先我们需要初步掌握可拓学中相关的定义：

给定两个基元集$\{B_1\}$和$\{B_2\}$，若对于任意$B_1 \in \{B_1\}$，至少存在一个$B_2 \in \{B_2\}$，使得B_1与B_2对应，则称$\{B_1\}$和$\{B_2\}$是相关的，记作$\{B_1\} \tilde{\rightarrow} \{B_2\}$。一般情况下，在没有特别指定关系的方向性时，均用“～”直接表示相关。

基元的三元组中每一元都可能存在相关关系，不同事物之间可能存在相关关系，例如树上的花与果存在相关关系，季节与气温存在相关关系，不同事物之间的关系随处可见。同样的，同一对象的某些评价特征之间也存在相关关系，例如人的体重与人的健康程度、酒店的装修投入与酒店的评价口碑、钟表内齿轮的转速与指针的行走速度等。

若$c_0(B_2)=f[c_0(B_1)]$，且$c_0(B_1)=g[c_0(B_2)]$，则称$\{B_1\}$与$\{B_2\}$关于评价特征c_0互为相关，记作$\{B_1\} \sim c_0 \{B_2\}$。其表述的是关于同一个评价特征的相关关系，自然也存在关于两个不同评价特征的相关关系：当$c_{01}(B_1)=f[c_{02}(B_1)]$时，且$c_{02}(B_1)=g[c_{01}(B_1)]$时，则称评价特征$c_{01}$和$c_{02}$关于基元集$\{B_1\}$互为相关，同理也可定义有向相关。

正如之前所说的，事物不可能独立存在，因此对于任何基元我们都至少能找出一个与之相关的基元，这就为解决问题提供了新的思路。当出现问题且在当前的条件下难以找到解决方法时，不妨通过相关分析的思维方式来寻找解决方法：围魏救赵的故事大多数人都耳熟能详，魏国围攻赵国都城，赵国向齐国求救，然而此时齐国如果赶去赵国支援恐怕为时已晚，因此齐军趁魏国精锐部队在赵国，引兵攻袭魏都大梁，逼迫魏国从赵国退兵。相关分析可以表现为如下思维过程：

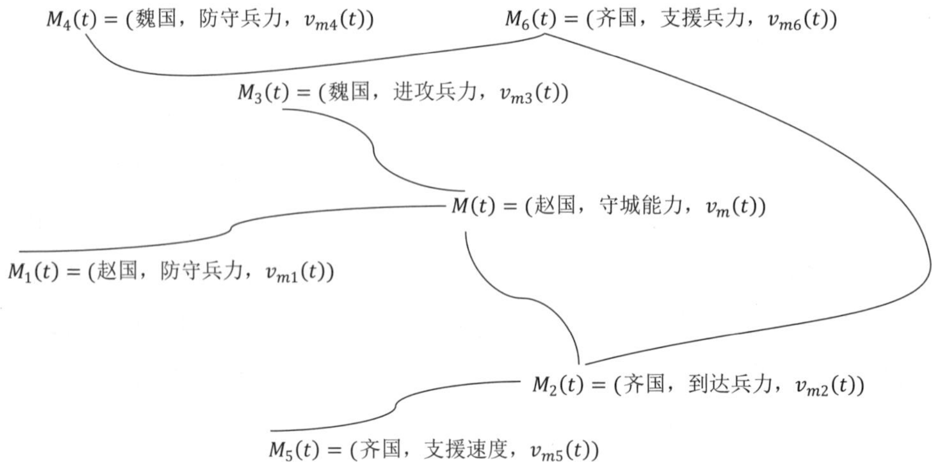

可以看出,想要支援赵国,除了支援兵力增强赵国的守城能力以外,还可以减弱魏国的进攻兵力,使赵国原本的防守兵力足以应对问题,而魏国的进攻兵力与魏国的防守兵力是直接相关的,通过进攻魏国,逼迫魏国撤军回防增加防守兵力就能够达到目的。

相关分析将事物看成一个个节点,它们通过相关关系这条线互相连接形成一张密集的网络,节点受到的外力作用会随着网络传导,并间接影响到其他节点,相关网就是依照这一原理提出的。

相关网中任何一个基元的改变都会引发其他关联基元的变化。一般来说相关网都是动态的,但是在给定的时刻,对给定的基元,它的相关网是唯一确定的。通过相关网寻找解决矛盾问题的路径的方法被称为相关网方法,其基本步骤如下:

(1)写出要分析的基元 B;

(2)利用相关分析原理和专业知识列举出基元 B 的相关网;

(3)利用相关网确定引起基元 B 变化的基元 B_i,或由于基元 B 的变化而变化的基元 B_i;

(4)选择应用相关网中的基元 B_i 去解决矛盾问题。

例 2-4　某零售连锁店 O_m 近几期的营业额都有所下降,长此以往可能导致亏损甚至倒闭,现在利用相关网方法对其原因进行分析。

营业额下降代表着客户的店内消费降低,作为一个连锁零售超市其货物的订购成本和销售定价是相对稳定的,并不是单件产品的利润出现了问题,因此就要从产品销售量方面着手分析问题,其基元可以表示为

$$M=(O_m,\text{销售量 }c,v)\text{。}$$

根据市场销售的专业知识,列举出与基元 M 的评价特征 c_1 存在相关关系的其他物元,具体如下所示:

$$M_1=(O_m,\text{客户需求 }c_1,v_1)\text{,}$$

$$M_2=(O_m,\text{商品品牌 }c_2,v_2)\text{,}$$

$$M_3=(O_m,\text{店内环境 }c_3,v_3)\text{,}$$

$$M_4=(O_m,\text{分布位置 }c_4,v_4)\text{,}$$

$$M_5=(O_m,\text{服务体验 }c_5,v_5)\text{,}$$

$$M_6=(O_m,\text{便捷程度 }c_6,v_6)\text{,}$$

$$M_7=(O_m,\text{员工培训 }c_7,v_7)\text{。}$$

其可以构成如下相关网:

$$M\sim\begin{cases}M_1\sim M_6\\M_2\\M_4\\\left.\begin{matrix}M_3\\M_5\end{matrix}\right\}\sim M_7\end{cases}\text{。}$$

客户的需求量下降是现代网购的便捷性导致的,客户总体数量的流失和购买数量的下降,与店铺的便捷性有关,而店内的购物环境和购物体验则受到员工培训的影响。通过相关网可以看出,这家连锁零售实体店想要改善销售表现、提升销售额,需要从多方面进行改良,包括借助快捷支付、送货到家等服务提升零售店的便捷程度,进货时选择客户喜爱的商品品牌,将人流量多的地方作为店铺地址,增强员工培训以保持整洁卫生的购物环境,提升员工服务意识和服务态度以优化客户体验等。

例 2-5　某城市拟定政策吸引大量应届大学生人才在本市就职,用相关网分析此政策将对哪些方面产生影响。

首先将人才引进通过物元表示为

$$M=(\text{城市 } O_1,\text{引进人才 } c,v)\text{。}$$

根据专业知识分析,可以得出如下具有相关关系的基元:

$$M\sim\begin{cases}M_1=(O_1,\text{就业岗位 } c_1,v_1)\\M_2=(O_1,\text{人口总量 } c_2,v_2)\\M_3=(O_1,\text{经济增长 } c_3,v_3)\\M_4=(O_1,\text{科技发展 } c_4,v_4)\\M_5=(O_1,\text{就业人数 } c_5,v_5)\\M_6=(O_1,\text{创业人数 } c_6,v_6)\end{cases},$$

$$M_1\sim\begin{cases}M_5\begin{cases}M_{51}=(\text{教育业 } O_{51},\text{就业人数 } c_5,v_{51})\\\left.\begin{array}{l}M_{52}=(\text{建筑业 } O_{52},\text{就业人数 } c_5,v_{52})\sim M_{521}=(O_{521},\text{城市建设 } c_{521},v_{521})\\M_{53}=(\text{服务业 } O_{53},\text{就业人数 } c_5,v_{53})\sim M_{531}=(O_{531},\text{服务项目 } c_{531},v_{531})\\M_{54}=(\text{商业 } O_{54},\text{就业人数 } c_5,v_{54})\sim M_{541}=(O_{541},\text{生产销售 } c_{541},v_{541})\end{array}\right\}\sim M_3,\end{cases}\\M_6=(O_1,\text{创业人数 } c_6,v_6)\sim M_4\end{cases}$$

$$M_2\sim\begin{cases}M_{21}=(O_1,\text{住房需求 } c_{21},v_{21})\sim M_{521}\\M_{22}=(O_1,\text{教育需求 } c_{22},v_{22})\sim M_{51}\\\left.\begin{array}{l}M_{23}=(O_1,\text{穿着需求 } c_{23},v_{23})\\M_{24}=(O_1,\text{饮食需求 } c_{24},v_{24})\end{array}\right\}\sim\begin{cases}M_{531}\\M_{541}\end{cases}\\M_{25}=(O_1,\text{出行需求 } c_{25},v_{25})\sim M_{251}=(O_1,\text{道路交通 } c_{251},v_{251})\end{cases}\text{。}$$

根据以上分析可以得到相关网:

$$M\sim\begin{cases}M_1\sim\begin{cases}M_5\begin{cases}M_{51}\\ \left.\begin{matrix}M_{52}\sim M_{521}\\ M_{53}\sim M_{531}\\ M_{54}\sim M_{541}\end{matrix}\right\}\sim M_3\end{cases}\\ M_6\sim M_4\end{cases}\\ M_2\sim\begin{cases}M_{21}\sim M_{521}\\ M_{22}\sim M_{51}\\ \left.\begin{matrix}M_{23}\\ M_{24}\end{matrix}\right\}\sim\begin{cases}M_{531}\\ M_{541}\end{cases}\\ M_{25}\sim M_{251}\end{cases}\end{cases}。$$

城市政府应该在出台人才引进政策后联系考虑到其他各相关产业的改善，才能避免人才引进后的流失并最大限度地发挥人才引进带来的发展活力。

(三)蕴含分析

蕴含分析，顾名思义，是对事、物和关系之间相互包含状态的分析。与相关关系不同，相关关系注重基元之间的联系，二者并不存在上下级区分。而蕴含分析则关注物与物之间包含与被包含的关系，有明显的上下级层次。

那么什么是基元的蕴含？

设 B_1、B_2 为两个基元，若 B_1 实现必有 B_2 实现，则称基元 B_1 蕴含基元 B_2，记作 $B_1 \Rightarrow B_2$。通常 B_i 的“实现”可记为“$B_i@$”$(i=1,2)$。若是在条件 l 下，$B_1@$ 必有 $B_2@$，则称在条件 l 下 B_1 蕴含 B_2，记作 $B_1 \Rightarrow (l) B_2$。

无论是无条件下的 $B_1 \Rightarrow B_2$，还是存在条件的 $B_1 \Rightarrow (l) B_2$，我们都把 B_1 称为下位基元，B_2 称为上位基元。

从横向来看，蕴含关系的上下位基元一般并不只有一个，一台电脑由芯片、电路板、散热器、电阻等多个组件共同组成，点亮一间房间可以由电灯、煤油灯、火把中的任意一件实现。一个基元可以蕴含多个基元，也可以由多个基元共同蕴含某个基元，具体表达如下：

(1)若 B_1 与 B_2 同时实现时必有 B 实现，则称 B_1、B_2 与蕴含 B，记作

$B_1 \wedge B_2 \Rightarrow B$，进一步，可以推广为$\wedge_{i=1}^{n} B_i \Rightarrow B$。

(2)若B_1或B_2任一个实现时必有B实现，则称B_1、B_2或蕴含B，记作$B_1 \vee B_2 \Rightarrow B$，进一步，可以推广为$\vee_{i=1}^{n} B_i \Rightarrow B$。

(3)若B实现时必有B_1与B_2同时实现，则称B与蕴含B_1、B_2，记作$B \Rightarrow B_1 \wedge B_2$，进一步，可以推广为$B \Rightarrow \wedge_{i=1}^{n} B_i$。

(4)若B实现时必有B_1或B_2实现，则称B或蕴含B_1、B_2，记作$B \Rightarrow B_1 \vee B_2$，进一步，可以推广为$B \Rightarrow \vee_{i=1}^{n} B_i$。

从纵向来看，蕴含关系并不只有一层，而是可以顺阶而下层层嵌套的，就如地球上有多个大陆板块，大陆板块上有多个国家，国家内有多个省，省内还有多个市，那么地球是否蕴含多个市？答案必然是肯定的，用可拓学的语言来表述，即若有基元$B_1 \Rightarrow B_2$，$B_2 \Rightarrow B_3$，则$B_1 \Rightarrow B_3$。

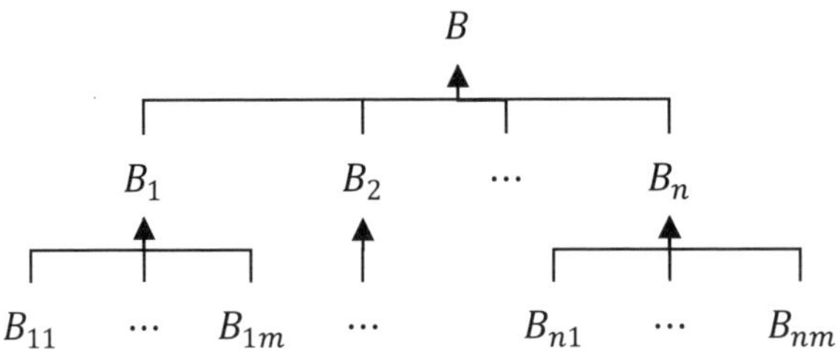

将横向与纵向结合起来就形成了蕴含关系的复杂系统，其在可拓学中称为蕴含系，类似于发散树，但是其更像是由上而下不断延伸的根系系统。

这个蕴含系可以是与蕴含系，也可以是或蕴含系，还可以是与或蕴含系，由此可以看出蕴含系的纵向层次是多层的。当原问题基元难以实现时，我们可以通过蕴含系推导下位基元找出易于实现的方案，也可以从下位基元反向推导上位基元发现问题的切入点。

蕴含系作为蕴含分析在解决矛盾问题中的具体运用方法，用于对矛盾问题的目标或者条件进行分析，以寻找解决矛盾问题的方法路径，其基本步骤如下：

(1)列出要分析的基元、变换或问题；

(2)根据蕴含分析原理和专业知识建立蕴含系；

(3)根据解决问题的过程中出现的新信息，在蕴含系的某层增加或者截断

蕴含系,若无新信息则进入下一阶段;

(4)通过实现最下位基元、变换或问题,使最上位基元、变换或问题实现,从而找到解决矛盾问题的路径。

例 2-6　某市区开发商正准备建立一片以高中学区房为卖点的小区,并在小区周边建立商业区,此时你准备入驻该商业区,请用蕴含系分析可以做哪些业务。

购买学区房的事元可以表示为 A=(购买,支配对象 c_1,学区房) 。

对事元 A 进行蕴含分析:

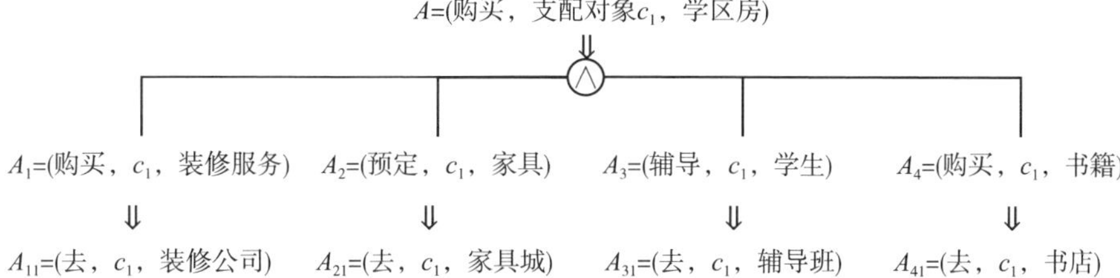

从蕴含系中可以看出,在该小区购房的人会去装修公司、家具城、书店和辅导班,为此可以根据市场情况在该小区商业区建立店铺。

(四)可扩分析

可扩分析并非仅仅是字面意思上将基元扩大的分析方法,而是针对物、事、关系之间组合、分解、扩缩的可能性进行总结,其可组合性、可分性和可扩缩性统称为可扩性。

水和土组合可以形成泥,不同颜料的组合可以形成新的颜料,沙了和石灰以及水组合可以形成混凝土,这就是组合性;手机可以分解出电池、芯片和电路板等,植物可以分解成根茎、枝干和叶片,这就是分解性;一粒沙扩大数量可以形成沙漠,大海缩减面积也能变成湖泊,这就是扩缩性。通过对对象的组合、分解和扩缩,能够为解决问题提供新的可行思路。

1. 可组合分析

若对于给定基元 $B_1=(O_1,c_1,v_1)$,至少存在一个基元 $B_2=(O_2,c_2,v_2)$,使 B_1 和 B_2 可以组合成 B,则称 B_2 是 B_1 的可组合基元。B_1 与它的可组合基元集 $\{B_2\}$ 中的任意基元组合为 $\{B_1 \oplus B_2\}$,则把 B_1 与 B_2 组合称为可组合分析,记作

$B_1 \dashv \{B_1 \oplus B_2\}$，则有

$$B = B_1 \oplus B_2 = \begin{cases} (O_1, c_1 \oplus c_2, v_1 \oplus v_2), & \text{当 } O_1 = O_2, c_1 \neq c_2 \text{ 时}, \\ (O_1 \oplus O_2, c_1, v_1 \oplus v_2), & \text{当 } O_1 \neq O_2, c_1 = c_2 \text{ 时}, \\ \begin{bmatrix} O_1 \oplus O_2, & c_1, & v_1 \oplus c_1(O_2) \\ & c_2, & v_2 \oplus c_2(O_1) \end{bmatrix}, & \text{当 } O_1 \neq O_2, c_1 \neq c_2 \text{ 时。} \end{cases}$$

2. 可分解分析

在任意条件 l 下对基元 $B=(O,c,c(O))$ 针对特征 c 分解有

$$(O,c,c(O))//(l)\{(O_1,c_1,c(O_1)),(O_2,c_2,c(O_2)),\cdots,(O_n,c_n,c(O_n))\},$$

记作 $B//\{B_1,B_2,\cdots,B_n\}$，其中 $B_i=(O_i,c_i,c(O_i))$，则把 B 分解为 B_i 称为可分解分析。

3. 可扩缩分析

在任意条件 l 下，对基元 $B=(O,c,c(O))$ 必有大于 0 的实数 α，可以使 $\alpha B=(\alpha O,c,\alpha v)$，当 $0<\alpha<1$ 时称基元 B 可缩小为 αB，当 $\alpha>1$ 时称基元 B 可扩大为 αB。

实际上，无论是基元的组合、分解还是扩缩，都可能影响到基元对象 O，从而导致拓展后基元发生本质上的变化。最广为人知的就是滴水穿石、聚沙成塔、铁杵成针等故事。例如，一滴滴的雨水汇聚成为溪流，溪流汇聚成为江河，江河汇聚成为大海，在这些过程中，水滴的性质并没有改变，但是结合起来形成的对象及其性质却发生了巨大的变化。

物元的可组合分析并不只有简单的两物叠加，随着组合状态的不同其可以分为两类，一类是可加分析，一类是可积分析。可加分析相对简单，最常见的如超市内大瓶饮料促销活动时绑在饮料上赠送的杯子、篮子等物品，当饮料对顾客的吸引力不足时，通过追加杯子装水的功能等来提升产品对顾客的吸引力。又如曾经一度流行的附有滑轮的休闲鞋，将滑轮鞋的娱乐功能和休闲鞋的日常保护功能进行融合，增添了鞋子的娱乐功能以吸引更多的消费者。这类可加性都是将两个不同的对象或者同对象的不同性质组合在一起，其并没形成一个系统，因而对象本身没有发生实质性的变化。

与可加分析不同，可积分析具有更深层次的变化。对给定的物元

$M_1=(O_{m1},c_{m1},c_{m1}(O_{m1}))$，至少存在一个同维物元 $M_2=(O_{m2},c_{m2},c_{m2}(O_{m2}))$，使得 M_1 和 M_2 构成一个新的物元，其中 O_{m1} 和 O_{m2} 可以构成系统，此时称 O_{m1} 与 O_{m2} 是可积的，即

$$M_1\otimes M_2=\begin{cases}(O_{m1}\otimes O_{m2},c_{m1}\otimes c_{m2},c_{m1}(O_{m1})\otimes c_{m2}(O_{m2})), & \text{当 } c_{m1} \text{ 与 } c_{m2} \text{ 可积时；}\\ \begin{bmatrix}O_{m1}\otimes O_{m2}, & c_{m1}, & c_{m1}(O_{m1}\otimes O_{m2})\\ & c_{m2}, & c_{m2}(O_{m1}\otimes O_{m2})\end{bmatrix}, & \text{当 } c_{m1} \text{ 与 } c_{m2} \text{ 不可积时。}\end{cases}$$

特别地，当 $O_{m1}\neq O_{m2},c_{m1}=c_{m2}$ 时，有

$$\begin{aligned}M_1\otimes M_2&=(O_{m1}\otimes O_{m2},c_{m1},c_{m1}(O_{m1})\otimes c_{m1}(O_{m2}))\\&\triangleq(O_{m1}\otimes O_{m2},c_{m1},c_{m1}(O_{m1}\otimes O_{m2}))。\end{aligned}$$

当 $O_{m1}=O_{m2},c_{m1}\neq c_{m2}$ 时，有

$$M_1\otimes M_2=\begin{cases}(O_{m1},c_{m1}\otimes c_{m2},c_{m1}(O_{m1})\otimes c_{m2}(O_{m1})), & \text{当 } c_{m1} \text{ 与 } c_{m2} \text{ 可积时；}\\ \begin{bmatrix}O_{m1}, & c_{m1}, & c_{m1}(O_{m1})\\ & c_{m2}, & c_{m2}(O_{m1})\end{bmatrix}, & \text{当 } c_{m1} \text{ 与 } c_{m2} \text{ 不可积时。}\end{cases}$$

通过可积分析的思路，我们可以发现生活中有不少的可积对象，如充电线与插头组合成的充电器，灯管与灯座组合成的日光灯，扇叶与电热丝组合成的吹风机，等等，它们任一单个对象都无法实现什么功能，但在构成系统后却成了方便生活的有用工具。

从可积分析的思路逆向思考，既然可积的两物组成系统会构成新的物体，那么已是系统的某一物体分解后同样可能产生特征和量值的变化。以量值为例，对于 $O_m//\{O_{m1},O_{m2},\cdots,O_{mn}\}$，对任一特征 c_m 有

$$(O_m,c_m,c(O_m))//$$
$$\{(O_{m1},c_m,c(O_{m1})),(O_{m2},c_m,c(O_{m2})),\cdots,(O_{mn},c_m,c(O_{mn}))\},$$

此时可能有 $c(O_m)<\sum_{i=1}^{n}c(O_{mi})$，$c(O_m)>\sum_{i=1}^{n}c(O_{mi})$，$c(O_m)=\sum_{i=1}^{n}c(O_{mi})$ 三种情况。

例 2-7　我们常见的粗绳一般都是由几根细绳相互缠绕形成的，通过物元可表示为

$$O_m=O_{m1}\otimes O_{m2}\otimes O_{m3}。$$

对于承重强度特征 c_1，记 $M=(O_m,c_1,v_1)$，$M_i=(O_{mi},c_1,v_{1i})$，$i=1,2,3$，则有

$$v_1 > \sum_{i=1}^{3} v_{1i}。$$

对于重量特征 c_2，记 $M=(O_m, c_2, v_2)$，$M_i=(O_{mi}, c_2, v_{2i})$，$i=1,2,3$，则有

$$v_2 = \sum_{i=1}^{3} v_{2i}。$$

对于长度特征 c_3，记 $M=(O_m, c_3, v_3)$，$M_i=(O_{mi}, c_3, v_{3i})$，$i=1,2,3$，则有

$$v_3 < \sum_{i=1}^{3} v_{3i}。$$

将可扩分析原理运用到矛盾问题的解决中，其所总结出来的方法就是分合链。通过对基元的组合分解以寻找解决矛盾问题的有效途径，其步骤如下：

(1)将某个矛盾问题的目标和条件用基元 B 表示；

(2)利用发散树方法寻找 B 的可组合基元 B_i，或是将 B 分解为若干基元 $\{B_i\}$；

(3)考察组合后的基元和分解后的基元是否可用于解决矛盾问题，若否则进入下一步；

(4)对 B 进行发散分析、蕴含分析或相关分析，得到一组基元 $\{B_j\}$，若该组基元无法解决矛盾问题，则考虑寻找它们的可组合基元或可分解基元；

(5)考察组合后的基元或分解后的基元是否可用于解决矛盾问题。

可以看出，分合链方法实际上是发散树、相关网和蕴含系的结合，它展现了可拓创新方法在解决矛盾问题时的灵活性。之前的三个方法的相关例题大多是运用单个创新方法解决问题，但是在日常实际中的矛盾问题内容复杂、限制繁多，此时运用某个可拓创新方法在思路上就略显单一，这时就需要我们把从发散树、相关网和蕴含系中拓展出的基元要素进行组合、分解和扩缩，并在组合分解过程中充分考虑多个对象形成系统或是系统分离后可能发生的变化，以达到更灵活且有效地解决问题的目的。

三、共轭分析与可拓变换

共轭分析是可拓学更加全面了解和分析物的结构的工具，它从物的物质性、系统性、动态性和对立性四个方面进行分析。这种分析方式有助于分析者避免固定思维带来的局限性，从多个角度认识物的结构，更深刻地揭示物的发

展变化的本质。四种性质在可拓学中分别对应了虚实、软硬、潜显、正负四对概念，它们统称为物的共轭部。

（一）物的共轭性

1. 物的虚部、实部和虚实中介部

我们对物体的利用并非只限于物体本身，就像是手边装水的茶杯，我们并不是在利用茶杯这个物体，不是要用杯子去打击、触碰、遮挡，而是利用茶杯中间的这层空间来盛放液体，包括房子、衣柜、船等物体，我们都是使用其非实体的内部空间，这在可拓学中称为虚部，对应的实体部分就称为实部。虚部不仅包括内部空间，任何对象所具有的非实体部分都是虚部，如产品的品牌形象、服务体验等。

虚部与实部并不是恒定不变、相互分离的，物体在变化过程中也存在虚部与实部之间的相互变换，例如，许多知名品牌产品本身的价值可能并不高，但是由于品牌的影响，其价格会有较高的溢价，这一过程就是品牌声誉这一虚部向金钱这一实部的转化。处于变换过程中的部分称为虚部与实部的中介部分，即虚实中介部，在装水的过程中，茶杯虚部的空间被逐渐转换为具有实体的水，其包含水的空间就称为茶杯的虚实中介部。

2. 物的软部、硬部和软硬中介部

从系统性来分析物的结构，如同将物看成人的骨骼框架，硬部类似人体的一块块骨头，代表了物体的组成部分，软部则是连接骨头的关节和软骨，代表了物体内部组成部分之间的关系。如果将软部和硬部分离开来，单独看硬部则“骨头”会因缺乏联系而散落倒塌，单独看软部则“关节”会因没有支撑而无法成型。同样是各部分的连接，有的组织系统有条不紊运转高效，有的系统相形见绌举步维艰，“三个和尚没水吃”和“三个臭皮匠赛过诸葛亮”的故事人人耳熟能详，同样是三个部分组成的系统，软部的关联方式不同导致他们的最终效果截然相反。

系统中有些组成部分是硬部，同时也可能是用于其他部分之间作连接的软部，包括连接电脑主机和显示器的信号线，连接电器和电源的开关，连接每一页书页的书脊等，我们称这些部分为系统的软硬中介部。

对事物的分析不能只看软部或是硬部，而是要将两者结合起来，硬部支撑系统基础，软部提供发展潜能，软部硬部相互协作才能将系统功能充分发挥，实现“1+1>2”的效果。

3. 物的潜部、显部和潜显中介部

对物的动态性分析，是对物体发展变化过程的理解。伴随着事物发展，物体内部某些尚未表现出来的特征会慢慢显现，物体原本具备的某些特征则可能隐藏起来，发展变化的物体显化的部分称为物体的显部，潜藏的部分称为物体的潜部。果树尚未结果前，其果实就是它的潜部，枝干树叶就是它的显部，当果树成功开花结果后，其果实就成为果树的显部。果树结出果实的过程是一个动态的发展过程，这个结果并不是必然产生的，如果在开花授粉过程中出现了问题，果树就会无法结果；疾病在人体出现症状也需要一个过程，如果在前期进行了预防工作，让病毒无法在体内大范围繁殖扩散，那么疾病的症状就可能不会表现出来，这表明潜部的显化是需要一定的条件的，并非一个必然的结果。

潜部与显部转换过程也存在中介部分。事物的发展转化是一个过程，从蝌蚪变成青蛙、从感染到发病都存在过程，过程中必然存在某个临界是潜部向显部转化的中间部分，这就是潜显中介部。

4. 物的正部、负部和正负中介部

可拓学把物体关于某特征取正值的部分称为正部，取负值的部分称为负部。“正负”与“利弊”的定义有所不同，企业内部员工福利会增加企业成本，因此对于企业利润来说，是企业的负部；但是员工福利的存在增加了员工积极性、提升了企业社会形象，对企业又是有利的，因此物体关于某个特征的负部既可以是对物有利的部分，又可以是对物有弊的部分。

(二)共轭分析

根据物的共轭性进行分析称为共轭分析，包括了虚实共轭分析、软硬共轭分析、潜显共轭分析、正负共轭分析四种方法。

根据不同共轭分析方法，物可以分为三个部分，例如使用虚实共轭分析，我们可以把物分为虚部、实部和虚实中介部三个部分，并且这三个部分之和必

须等于原本的实物。还是以之前的茶杯为例，一个装了半杯水的茶杯 O_m，其实部是整个杯体 $re(O_m)$，虚部是未装水的杯子上半空间 $im(O_m)$，而装了水的下半空间以及水本身就是它的虚实中介部 $mid_{re-im}(O_m)$，则有

$$O_m=re(O_m)\oplus im(O_m)\oplus mid_{re-im}(O_m)。$$

软硬、潜显、正负共轭分析法同理：

$$\begin{aligned}O_m&=sf(O_m)\oplus hr(O_m)\oplus mid_{sf-hr}(O_m)\\&=lt(O_m)\oplus ap(O_m)\oplus mid_{lt-ap}(O_m)\\&=ng(O_m)\oplus ps(O_m)\oplus mid_{ng-ps}(O_m)。\end{aligned}$$

任何物体的每一共轭部都有无数特征，且每一共轭部都可由多维基元或者其组合形式表示。并且在任何物体的一对共轭部中，某一共轭部至少有一个特征与其对应的共轭部中的某一特征是相关的。

（三）可拓变换

解决矛盾问题的工具就是可拓变换。这些变换就是通常所说的点子、窍门和办法。可拓学中使用的变换统称为可拓变换：设对象 $\Gamma_0\in\{M,A,R,C_O,k,U\}$（$\Gamma_0$ 为物元、事元、关系元、准则、对象、论域中的任意对象），将 Γ_0 改变为另一同类对象 Γ 或多个同类对象 $\Gamma_1,\Gamma_2,\cdots,\Gamma_n$ 的变换，称为对象 Γ_0 的可拓变换，记作

$$T\Gamma_0=\Gamma$$

或

$$T\Gamma_0=\{\Gamma_1,\Gamma_2,\cdots,\Gamma_n\}。$$

可拓变换的基本变换形式有多种，包括：置换变换 $T\Gamma=\Gamma'$，增删变换 $T\Gamma=\Gamma\oplus\Gamma_1$ 和 $T\Gamma=\Gamma\ominus\Gamma_1$，扩缩变换 $T\Gamma=\alpha\Gamma$，分解变换 $T\Gamma=\{\Gamma_1,\Gamma_2,\cdots,\Gamma_n\}$，以及复制变换 $T\Gamma=\{\Gamma,\Gamma^*\}$，这些都是拓展分析方法和共轭分析方法运用过程中的常见变换。以分解变换为例：

$$T=\begin{bmatrix}\text{分解}, & \text{支配对象}\ c_{T1}, & \Gamma\\ & \text{接受对象}\ c_{T2}, & \Gamma\\ & \text{变换结果}\ c_{T3}, & \{\Gamma_1,\Gamma_2,\cdots,\Gamma_n\}\\ & \vdots & \vdots\end{bmatrix},$$

$$T[\text{运动水杯}\ D,\quad \text{功能},\quad \text{装水}]=\begin{cases}[\text{杯盖}D_1,\quad \text{功能},\quad \text{遮挡}]\\ [\text{橡皮圈}D_2,\quad \text{功能},\quad \text{防漏}]\\ [\text{系带}\ D_3,\quad \text{功能},\quad \text{便携}]\\ [\text{杯身}D_4,\quad \text{功能},\quad \text{保温}]\end{cases}$$

与可扩分析方法中的可分解分析一样,通过分解变换将对象的结构进行分解,可以获得所需的特征功能或者变换出所需对象特征的量值。

作为形式化语言,可拓学的变换必然存在基本运算逻辑,包括积运算、与运算、或运算和逆运算四种。与数学逻辑相似:若 $T\Gamma_0=T_2(T_1\Gamma_0)=T_2\Gamma_1=\Gamma_2$,则称 $T=T_2\ T_1$ 为变换T_2 和T_1 的积,称为积变换。其他变换同理,在此不一一赘述。

四、可拓集

可拓集概念是可拓学的重要理论支柱之一,是基于经典集合模糊集发展起来的另一种集合概念。由于世间万物处在动态的发展变化中,特征各有不同,因此人脑思维对客观事物的识别和分类并不是只有一种模式,因而描述这种识别和分类的集合论也不是唯一而是多种多样的。可拓集描述的是事物的可变性,用$(-\infty,+\infty)$ 中的数来描述事物具有某种性质的程度,用可拓域描述事物“是”与“非”的相互转化。

接下来我们以体育生选拔为例,通俗地了解可拓集的概念:

假设 A 校有一批待选拔的体育生,论域 U 代表他们全体,$u\in U$ 代表任何一名体育生,$y=k(u)$ 表示体育生对选拔标准的符合程度,则论域 U 的可拓集为

$$\widetilde{E}(T)=\{(u,y,y')\mid u\in U,y=k(u)\in \mathbf{R};\ T_u u\in T_U U,y'=T_k k(T_u u)\in \mathbf{R}\},$$

其中 $y=k(u)$ 为 $\widetilde{E}(T)$ 的关联函数,$y'=T_k k(T_u u)$ 为 $\widetilde{E}(T)$ 的可拓函数,$T=(T_U,T_k,T_u)$ 为实施的某一变换,T_U、T_k、T_u 分别为对论域 U、关联函数 k 和对象 u 的变换,$\mathbf{R}$ 为实数域。

(1)当不实施变换 T 时,$\widetilde{E}$ 的正域为

$$E_{+}=\{(u,y)\mid u\in U,y=k(u)>0\},$$

表示这批体育生中所有符合选拔条件的全体。而 $\widetilde{E}$ 的负域为

$$E_{-}=\{(u,y)\mid u\in U,y=k(u)<0\},$$

表示这批体育生中所有不符合选拔条件的全体。零界为

$$E_{0}=\{(u,y)\mid u\in U,y=k(u)=0\},$$

表示这批体育生中既符合又不符合选拔条件的全体,例如运动能力已经达到选拔标准,专业资格证书已经合格但尚未下发的体育生。

(2)首先对对象 u 实施变换 T_u。例如考核中 1 000 m 长跑项目有部分体育生无法达标,因此在正式测试前一周对全体体育生实施长跑专项训练。此时正可拓域

$$E_{+}(T_u)=\{(u,y,y')\mid u\in U,y=k(u)\leqslant 0;T_u u\in U,y'=k(T_u u)>0\},$$

表示原本不达标但在接受专项训练后达标的体育生全体。同时,专项训练的高强度练习可能会导致部分体育生疲劳或者伤病,因身体状况不佳而被淘汰,负可拓域

$$E_{-}(T_u)=\{(u,y,y')\mid u\in U,y=k(u)\geqslant 0;T_u u\in U,y'=k(T_u u)<0\},$$

表示原本达标但在接受专项训练后被淘汰的体育生全体。正稳定域

$$E_{+}(T_u)=\{(u,y,y')\mid u\in U,y=k(u)\geqslant 0;T_u u\in U,y'=k(T_u u)>0\},$$

表示原本达标且在接受专项训练后依然达标的体育生全体。负稳定域

$$E_{-}(T_u)=\{(u,y,y')\mid u\in U,y=k(u)\leqslant 0;T_u u\in U,y'=k(T_u u)<0\},$$

表示原本不达标且在接受专项训练后依然被淘汰的体育生全体。

(3)如果其他条件不变,对关联函数 k 实施变换 T_k。此时关联函数就是选拔标准,原本是以 1 000 m 长跑成绩作为选拔标准,在变化后可以是以短跑成绩、跳高成绩、游泳成绩、投篮成绩等其他标准进行选拔,此时可拓集为

$$\widetilde{E}(T)=\{(u,y,y')\mid u\in U,y=k(u)\in\mathbf{R},\ y'=T_k k(u)\in\mathbf{R}\}。$$

(4)如果其他条件不变,对论域 U 实施变换 T_U。原论域 U 是当前 A 校全体体育生,变换后既可以扩大为该市所有学校全体体育生,也可以缩小为 A 校某年级的全体体育生,又或是变成 B 校全体体育生。此时可拓集为

$$\widetilde{E}(T)=\{(u,y,y')\mid u\in U,y=k(u)\in\mathbf{R};\ u\in T_U U,y'=k'(u)\in\mathbf{R}\},$$

其中

$$k'(u)=\begin{cases}k(u)\ ,u\in U\cap T_U U\\ k_1(u)\ ,u\in T_U U-U\end{cases}。$$

当变换后选拔对象 u 依然是 A 校体育生时,选拔条件不变,当变换后选拔对象 u 为 A 校以外的体育生时,选拔条件需要相应地进行调整。可以看出,可拓集量化地表述了事物的转化,利用它可以对动态的事物进行分类。在上述案例中,有些原本不合格的体育生在经历专项训练这一变换后就合格了,有些原本合格的体育生在经历专项训练这一变换后就因伤病不合格了,有些原本合格的体育生虽然依然合格但成绩变好或变差,不同的变换会导致不同的可拓域。特别规定:

$$y'=T_k k(T_u u)\triangleq k(u,T)\ 。$$

(1)当 $k(u)k(u,T)<0$ 时,称 T 为质变变换。

(2)当 $k(u)k(u,T)>0$ 时,称 T 为量变变换。

(3)当 $k(u)<k(u,T)$ 时,称 T 为增效变换。

(4)当 $k(u)>k(u,T)$ 时,称 T 为减效变换。

五、关联函数

在上一节中我们以关联函数 $k(u)$ 来表示具有某种性质的程度,因此本节将具体介绍关联函数的计算公式。通过关联函数,可以定量、客观地表述元素具有某种性质的程度,并在动态的变换中通过关联函数具体数值的变动展现量变到质变的过程。

(一)可拓距

在构建关联函数公式前,我们先了解可拓距的概念。对于实轴上的任意一点 x,有区间 $X=\langle a,b\rangle$ 为实域上的任一区间,

$$\rho(x,X)=\left|x-\frac{a+b}{2}\right|-\frac{b-a}{2}\ 。\tag{2.1}$$

与经典数学中距离的定义不同,对于 $x\in\langle a,b\rangle$ 的情况,可拓距的概念把点与区间的位置关系用定量的形式精确刻画,清晰地表述了事物从量变到质

变的过程。当 x 在数轴上从区间$\langle a,b\rangle$内运动到区间外的过程中,可拓距数值 $\rho(x,X)$ 随之由原本的正数变化,在 x 过区间边界点 a 或 b 的时候变为 0,并在到达区间外后变为负数。

可拓距有以下性质:对于给定区间 $X=\langle a,b\rangle$,有

(1)点 $x\in X$,且 $x\neq a,b$ 的充要条件是 $\rho(x,X)<0$;

(2)点 $x\notin X$,且 $x\neq a,b$ 的充要条件是 $\rho(x,X)>0$;

(3)点 $x=a$ 或 $x=b$ 的充要条件是 $\rho(x,X)=0$。

若 X_1 和 X_2 是实轴上的两个区间,有 $X_1\subset X_2$,且无公共端点,则对任意 x 有

$$\rho(x,X_2)<\rho(x,X_1)\text{。}$$

实际的生活中除了点与区间的距离,还要考虑区间与区间的距离以及点与两个区间之间的距离。以某精密机械中的部件为例,生产该精密部件对尺寸有严格的要求,假设合格的部件尺寸范围为$\langle a,b\rangle$,此时生产了一个尺寸为 x 的部件,当 $x\in\langle a,b\rangle$时 $\rho(x,X)\leqslant 0$,该部件就被称为合格品;当 $x\notin\langle a,b\rangle$时 $\rho(x,X)<0$,该部件就被称为不合格品。合格产品之间以及不合格产品之间并非没有区别,作为精密部件,其虽然在尺寸范围为$\langle a,b\rangle$内都可以使用,但是尺寸越靠近 b 值的部件越大,可能导致与其他部件接触过密产生多余的磨损,尺寸越靠近 a 值的部件越小,可能导致部件松动,传动效率不佳。那么必然存在一个区间$\langle a_0,b_0\rangle\subset\langle a,b\rangle$,当 $x\in\langle a_0,b_0\rangle$时部件的大小既不会导致过度磨损又不会影响传动效率。两个区间嵌套形成区间套,此时点与两个区间的关系被称为位值。

设 $X_0=\langle a_0,b_0\rangle$,$X=\langle a,b\rangle$,且 $X_0\subseteq X$,则点 x 关于区间 X_0 和 X 组成的区间套的位置关系,即位值为

$$D(x,X_0,X)=\rho(x,X)-\rho(x,X_0)\text{。}\tag{2.2}$$

当区间 X_0 和 X 无公共端点时,$D(x,X_0,X)<0$;当区间 X_0 和 X 至少有一个共端点时,$D(x,X_0,X)\leqslant 0$。

例 2-8　假设有 $X_0=\langle 4,8\rangle$,$X=\langle 2,10\rangle$,分别求 $x=2,4,6$ 时关于 X_0 与 X 的区间套的位值,则有

$$D(2,X_0,X)=\rho(2,X)-\rho(2,X_0)$$
$$=\left|2-\frac{2+10}{2}\right|-\frac{10-2}{2}-\left|2-\frac{4+8}{2}\right|+\frac{8-4}{2}$$
$$=4-4-4+2=-2$$
$$D(4,X_0,X)=\rho(4,X)-\rho(4,X_0)$$
$$=\left|4-\frac{2+10}{2}\right|-\frac{10-2}{2}-\left|4-\frac{4+8}{2}\right|+\frac{8-4}{2}$$
$$=2-4-2+2=-2$$
$$D(6,X_0,X)=\rho(6,X)-\rho(6,X_0)$$
$$=\left|6-\frac{2+10}{2}\right|-\frac{10-2}{2}-\left|6-\frac{4+8}{2}\right|+\frac{8-4}{2}$$
$$=0-4-0+2=-2$$

（二）可拓域

在之前的精密部件的例子中，我们了解到合格品可以包含两个区间，一个是合格区间也称为可接受区间$\langle a,b\rangle$，一个是满意区间$\langle a_0,b_0\rangle$。当不实施任何变换时，对象关于某一特征的量值在可接受区间$\langle a,b\rangle$内，表示对象具有某种性质，并用$(0,+\infty)$的数值来表示具有该性质的程度，其构成了可拓域中的“正域”$X=\langle a,b\rangle$；其不在区间$\langle a,b\rangle$内的对象用$(-\infty,0)$的数值来表示，其构成了可拓域中的“负域”；当对象关于特征取值在a或b时，就构成了可拓域中的“零界”。对于正域中在区间$\langle a,b\rangle$的这部分对象，由满意品构成的区间$X_0=\langle a_0,b_0\rangle$被称为标准正域，属于可接受区间但不在满意区间$X_+=\langle a,a_0\rangle\cup\langle b_0,b\rangle$被称为过渡正域。与之相对，负域也存在标准负域和过渡负域。例如许多食品超过安全年限后并没有立刻变质，此时的食品虽然可以吃但是变质的概率已经大大增高，只有在超过安全年限一定时期后食品才会完全变质无法食用，即从零界到完全不具有某种性质是存在一个过渡过程的。

在实域$\mathbf{R}$内，过渡负域为$X_-=\langle c,a\rangle\cup\langle b,d\rangle$，令$\hat{X}=X+X_-$，则标准负域为$\overline{X}=\mathbf{R}-\hat{X}$。如同一个层层嵌套的圆圈，论域被划分为了5个部分，如图2-3所示：

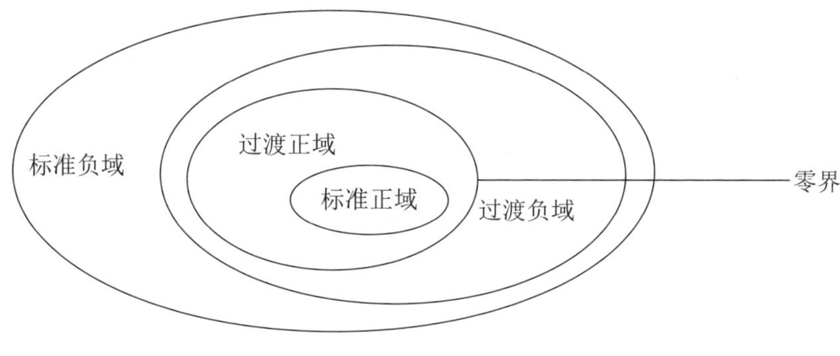

图 2-3　论域 U 的划分

(三)初等关联函数

理解了可拓学对论域的划分,就可以接触构建初等关联函数了。根据最优点的不同,关联函数可以分为最优点在区间中点的初等关联函数和最优点不在区间中点的初等关联函数。

1. 最优点在区间中点的初等关联函数

$$k(x)=\begin{cases}\dfrac{\rho(x,X)}{D(x,X_0,X)},D(x,X_0,X)\neq 0,x\in X\\[2ex]\dfrac{\rho(x,X)}{D(x,X,\hat{X})},D(x,X,\hat{X})\neq 0,x\in \mathbf{R}-X\\[2ex]-\rho(x,X_0)+1,D(x,X_0,X)=0,x\in X_0\\[1ex]0,D(x,X_0,X)=0,x\notin X_0,x\in X\\[1ex]-\rho(x,\hat{X})-1,D(x,X,\hat{X})=0,x\in \mathbf{R}-X\end{cases}\tag{2.3}$$

其中 $D(x,X_0,X)=0$ 表示标准正域 X_0 与正域 X 存在公共端点,同理 $D(x,X,\hat{X})=0$ 表示正域 X 与 $\hat{X}$ 存在公共端点的情况。通过计算初等关联函数,可以用数值来清晰地表明对象关于某个标准的符合程度或是具有某个性质的程度:当对象 x 到达中间的最优点时,其关联函数达到最大正值;当对象 x 位于负域时,其关联函数呈现对应的负值;数值的大小清晰表现了不同对象之间的偏差,避免了主观上的偏差和模糊。

2. 最优点不在区间中点的初等关联函数

在满意区间内最优点不在区间中点的情况在日常生活是很常见的,并非所有的标准都像之前的精密仪器一样都是在尺寸标准的中点最适合,例如高考的分数线在一本线内的分数自然是越高越好、满分最佳,又比如论文的查重率,在重复率标准以下越低越好。由于此时区间中点并不是最优点,关联函数在中点的取值也并不是最大值,因此面对这类情况就需要建立其他形式的初等关联函数。

3. 侧距

为了应对最优点不在区间中点的情况,就需要引入侧距的概念。

(1)左侧距。给定区间 $X=\langle a,b\rangle$,$x_0\in(a,\frac{a+b}{2}\rangle$,称

$$\rho_l(x,x_0,X)=\begin{cases}a-x,x\leqslant a\\ \dfrac{b-x_0}{a-x_0}(x-a),x\in\langle a,x_0\rangle\\ x-b,x\geqslant x_0\end{cases} \tag{2.4}$$

为 x 与区间 X 关于 x_0 的左侧距。

特别地,当 $x_0=a$ 时,取

$$\rho_l(x,a,X)=\begin{cases}a-x,\ x\leqslant a,\\ a_z,\ x=a,\\ x-b,\ x\geqslant a,\end{cases}$$

$$a_z=\rho_l(a,a,X)=\begin{cases}0,\ a\notin X,\\ a-b,\ a\in X。\end{cases}$$

(2)右侧距。给定区间 $X=\langle a,b\rangle$,$x_0\in\langle\frac{a+b}{2},b)$,称

$$\rho_r(x,x_0,X)=\begin{cases}a-x,\ x\leqslant x_0,\\ \dfrac{a-x_0}{b-x_0}(b-x),\ x\in\langle x_0,b\rangle\\ x-b,x\geqslant b\end{cases} \tag{2.5}$$

为 x 与区间 X 关于 x_0 的右侧距。

特别地,当 $x_0=b$ 时,取

$$\rho_r(x,b,X)=\begin{cases}a-x,x\leqslant b,\\b_z,x=b,\\x-b,x\geqslant b,\end{cases}$$

$$b_z=\rho_r(b,b,X)=\begin{cases}0,\ b\notin X,\\a-b,\ b\in X。\end{cases}$$

可以看出当位于区间中点即 $x_0=\frac{a+b}{2}$时，侧距公式就变成了可拓距公式，拓距是侧距的特例。左侧距和右侧距统一表示为 $\rho(x,x_0,X)$ 。

将侧距公式代到最优点在中点的初等关联函数公式中的可拓距公式，就形成了最优点不在中点的初等关联函数公式：

$$k(x)=\begin{cases}\dfrac{\rho(x,x_0,X)}{D(x,X_0,X)},D(x,X_0,X)\neq 0,\ x\in X,\\\dfrac{\rho(x,x_0,X)}{D(x,X,\hat{X})},D(x,X,\hat{X})\neq 0,\ x\in \mathbf{R}-X,\\-\rho(x,x_0,X)+1,D(x,X_0,X)=0,\ x\in X_0,\\0,D(x,X_0,X)=0,x\notin X_0,\ x\in X,\\-\rho(x,x_0,\hat{X})-1,\ D(x,X,\hat{X})=0,\ x\in \mathbf{R}-X。\end{cases}\tag{2.6}$$

(四)简单关联函数

简单关联函数，顾名思义，就是结构相对简单的关联函数，相较于初等关联函数需要计算与标准正域和正域两个区间的距离，简单关联函数只考虑对象与正域之间的距离。

1. 正域为有限区间 $X=\langle a,b\rangle$，最大值点 $M\in\langle a,b\rangle$，x 关于区间 X 的简单关联函数为：

$$k(x)=\begin{cases}\dfrac{x-a}{M-a},\ x\leqslant M,\\\dfrac{b-x}{b-M},\ x\geqslant M。\end{cases}$$

特殊地，当 $M=\frac{a+b}{2}$时，

$$k(x)=\begin{cases}\dfrac{2(x-a)}{b-a}, & x\leqslant\dfrac{a+b}{2},\\ \dfrac{2(b-x)}{b-a}, & x\geqslant\dfrac{a+b}{2}。\end{cases}$$

例 2-9　某运动器材的合格重量规格 $X=\langle 19.98,\ 20.02\rangle$，最优点 $M=20.00$。建立它的关联函数公式并计算 $x_1=19.95$，$x_2=20.02$ 的关联函数值。

可以看出该关联函数最优点在位于区间中点即 $x_0=\dfrac{a+b}{2}$，因此建立的关联函数为

$$k(x)=\begin{cases}\dfrac{2(x-19.98)}{0.04}, & x\leqslant 20.00,\\ \dfrac{2(20.02-x)}{0.04}, & x\geqslant 20.00。\end{cases}$$

对于 $x_1=19.95$，$k(x_1)=\dfrac{2(19.95-19.98)}{0.04}=-1.5$；

对于 $x_2=20.02$，$k(x_1)=\dfrac{2(20.02-19.98)}{0.04}=2$。

2. 正域为有限区间 $X=\langle a,b\rangle$，最大值点 M 为点 a 或点 b。

(1) 当 $M=a$ 时，

$$k(x)=\begin{cases}\dfrac{x-a}{b-a}, & x\leqslant a,\\ \dfrac{b-x}{b-a}, & x\geqslant a。\end{cases}$$

(2) 当 $M=b$ 时，

$$k(x)=\begin{cases}\dfrac{x-a}{b-a}, & x\leqslant b,\\ \dfrac{b-x}{b-a}, & x\geqslant b。\end{cases}$$

3. 正域为无限区间 $X=\langle a,+\infty)$，最大值点 $M\in X$。

$$k(x)=\begin{cases}\dfrac{x-a}{M-a}, & x\leqslant M,\\ \dfrac{M}{2x-M}, & x\geqslant M。\end{cases}$$

特例 1　当 $M=a$ 时,

$$k(x)=\begin{cases}x-a, & x\leqslant a,\\ \dfrac{a}{2x-a}, & x\geqslant M。\end{cases}$$

特例 2　若 $k(x)$ 在 $X=\langle a,+\infty)$ 没有最大值,则取 $k(x)=x-a$。

4. 正域为无限区间 $X=(-\infty,b\rangle$,最大值点 $M\in X$。

$$k(x)=\begin{cases}\dfrac{M}{2x-M}, & x\leqslant M,\\ \dfrac{x-b}{M-b}, & x\geqslant M。\end{cases}$$

特例 1　当 $M=b$ 时,

$$k(x)=\begin{cases}b-x, & x\leqslant a,\\ \dfrac{b}{2b-x}, & x\geqslant M。\end{cases}$$

特例 2　若 $k(x)$ 在 $X=(-\infty,b\rangle$ 没有最大值,则取 $k(x)=b-x$。

5. 正域为无限区间 $X=(-\infty,+\infty)$,最大值点 $M\in X$。

$$k(x)=\begin{cases}\dfrac{1}{1+M-x}, & x\leqslant M,\\ \dfrac{1}{x+1-M}, & x\geqslant M。\end{cases}$$

特殊地,若函数 $k(x)$ 在 $X=(-\infty,+\infty)$ 没有最大值,则可取 $k(x)=e^{x}$ 或 $k(x)=e^{-x}$。

(五)离散关联函数

除以上提到过的几种连续型的特征区间以外,在日常生活的评价标准中为了便于区分,也存在多段离散型的特征区间,例如水果的规格分为小果、中果、大果、特大果,成绩划分为优、良、中等、差,灯光的亮度分为低、中、高,等等,许多评价特征取值是采用 1 到 4 的整数而不是一个连续的区间,针对这类特征论域,就需要用到离散关联函数来计算。

一般的离散型关联函数的表达式为:

$$k(x)=\begin{cases} A_1(>0), & x=a_1; \\ A_2(>0), & x=a_2; \\ \qquad \vdots \\ A_n(>0), & x=a_n; \\ \qquad 0; \\ B_1(<0), & x=b_1; \\ B_2(<0), & x=b_2; \\ \qquad \vdots \\ B_m(<0), & x=b_m。 \end{cases}$$

六、优度评价

关联函数的应用,让我们能够计算并评价对象关于某个特征的程度,这为客观精确地评价对象提供了基础,但是在现实生活中我们评价一个事物不会只衡量一个指标,而是综合多个指标进行评价。例如高考成绩需要综合语文、数学、英语、文综或理综多门成绩,评价一款电子产品需要考虑外观、芯片性能、耐用度、保修服务、电池容量、屏幕色彩、摄像清晰度等多方面,企业实力要衡量专利技术、产品质量、持有资金、人才数量、材料供应、开发水平等,可以看出只有对多个衡量指标进行综合才能得出最终评价结果。

通过可拓学的形式化语言架构,衡量指标可以表示为 $MI_i=\{MI_1,MI_2,\cdots,MI_n\}$,其中 MI_i 通过特征元的形式表示为 $MI_i=(c_i,V_i)$,c_i 为评价特征,V_i 为该评价特征对应的数量化的量值域($i=1,2,\cdots,n$)。

针对已经确定的衡量指标 MI,通过计算评价对象 Z 关于指标特征的数值与该特征量值域区间的关联函数 $K(z)$,可以表示对象 Z 与衡量指标 MI 的符合程度,即关联度。

衡量指标 MI 可能存在多个层级,例如企业综合实力这个一级指标,其内容就过于笼统和广泛,为此我们需将这个一级指标划分为企业的研发能力、财务能力、人力资源、市场竞争力等多个二级指标,进一步地,二级指标还可以划分为三级指标,例如研发能力可划分为研发投入、技术人才、专利技术等,并最终形成可以明确通过某个数据表达的具体指标。在这些具体的衡量指标中，必然会存在某些指标更加重要而另一些指标的重要性偏低的情况，此时就需要我们根据实际情况对该衡量指标 MI_i 赋予权重系数α_i，以表示这一衡量指标在整体的评价中占据的重要性比例。

考虑到不同指标的衡量数值的体量不同，例如研发投入可能是以百万为单位，技术人才数量则是以几十、几百为单位，当计算关联度函数时，可能会导致对象关于某些指标的关联度函数很高，对最终的评价结果产生过大影响，而另一些指标的关联度函数极低，对最终的评价结果影响过于微小这一情况出现。为此我们需要将关联度函数标准化，排除关联函数本身对综合评价产生的影响，我们称之为 Z 关于衡量指标 MI_i 的规范关联度：

$$k_i(z) = \frac{K_i(z)}{\max\limits_{x \in V} |K_i(x)|}。$$

根据实际需求来计算对象 Z 关于所有指标的综合评价结果的方法被称为优度，根据评价需求的不同可以分为以下几种情况：

（1）若评价要求关于所有衡量指标MI_i 的综合关联度大于 0 时才符合要求，则优度公式为 $C(Z) = \sum\limits_{i=1}^{n} \alpha_i k_i(z)$ 。

（2）若评价要求关于所有衡量指标MI_i 的关联度都必须大于 0 时才符合要求，则优度公式为 $C(Z) = \wedge_{i=1}^{n} \alpha_i k_i(z)$ 。

（3）若评价要求关于任何一个衡量指标MI_i 的关联度大于 0 都符合要求，则优度公式为 $C(Z) = \vee_{i=1}^{n} \alpha_i k_i(z)$

（4）若评价中某一个或某几个指标的关联度函数必须大于某个阈值 λ，否则就不符合要求，此时该指标被称为“必须满足的指标”，那么就需要先针对该指标进行计算，当满足要求后，再根据以上三种方法计算优度。

总结以上内容，可以得到优度评价的基本步骤如图 2-4 所示：

图 2-4 优度评价方法基本流程

在进行优度评价的各个环节中,还存在多个需要注意的要点。

(一)确定衡量指标环节

由于衡量指标对于能否正确有效地评价对象十分重要,因此指标选取要遵循以下原则:

1. 目的性

衡量指标必须能够服务于对象评价的目标,例如要评价一款汽车的行驶性能,可以选取它的发动机、轮胎抓地力、传动效率、运行风阻等指标进行评价,而它的颜色、反光率、车载收音机等指标对于评价目的就毫无作用,不应该纳入评价指标体系。

2. 全面性和代表性

优度评价是对事物的综合评价,因此需要采用更加全面的评价指标体系才能体现评价对象的综合结果,如果指标选取不够全面,很容易导致以偏概全的情况出现,从而影响到评价结果的准确性。当然,评价体系的全面性并不代表要将全部可能影响综合评价结果的要素都考虑到,这样可能导致评价体系过于臃肿，不利于评价结果的获得。因此，在保证全面性的基础上，需要选取具有代表性的评价指标，对于影响程度十分轻微、可以忽略的评价指标就可以省去，通过简明扼要且覆盖全面的指标体系来有力地支撑评价结果。

3. 可行性

为了能够方便进行数据计算，应选取易于衡量的评价指标，保证数据计算的准确性和质量。

4. 稳定性

部分指标由于对象特征的性质，可能会出现较大的波动，极易受到其他外部偶然因素的影响，对于这部分指标应该舍去，选取变化更加具有规律性的指标。

（二）确定权系数环节

权系数代表了该指标的重要程度，也体现了评价指标对评价结果的影响程度。对于必须满足的评价指标一般用指数 Λ 表示，其他评价指标的权系数应该在区间(0,1] 之间，且同一级别评价指标的权系数之和应等于 1。即对评价对象$Z_j(j=1,2,\cdots,m)$ 的某级衡量指标$MI_i(i=1,2,\cdots,n)$ ，它的权系数记为

$$\alpha=(\alpha_1,\alpha_2,\cdots,\alpha_n)\text{。}$$

其中若$\alpha_{i0}=\Lambda$，有

$$\sum_{\substack{k=1 \\ k\neq i0}}^{n} \alpha_k - 1\text{。}$$

（三）计算优度环节

对事物的评价不仅可以从好的方面进行，也可以从不好的方面进行，这实际上就是选取了对象的负面指标进行评价，对于该类指标，如果对评价目标产生了负面影响，自然就是越低越好，因此在计算优度后，需要根据评价指标的内容来确定是优度大的方案好还是优度小的方案好。例如评价一家工厂的社会贡献程度时，当是以它的产品质量、社会岗位供应、员工福利保障、社会公益等项目的指标来计算优度后，对于排污影响、空气质量影响、碳排放量、噪声影响等指标，则使用关联函数的负值计算最终优度。

可拓学在探索矛盾问题的解决方法中,产生了可拓策略生成方法和转换桥法等实用方法,在与众多领域结合应用的过程中,产生了包括策略生成、数据挖掘、营销、策划、设计、控制与检测、识别、诊断、搜索等领域的应用技术。在未来,伴随着可拓学的进一步发展,其将在更多领域深度结合应用,如通过人工智能技术结合可拓学的程式化语言,设计智能解决矛盾问题的创新方案,发展前景十分广阔。

第三节 疫情背景下解决食品短缺问题的可拓策略生成

2020 年春节前后,在某市突然爆发某种具有极强传染性且致死率高的未知传染病,突发疫情下,地方政府迅速采取政策预防疫情进一步扩散。为避免交叉感染,人口密集的城市和村庄都采取了居家隔离的防疫手段,极大程度抑制了人口流动和接触,控制了疫情的传播速度,为之后疫情的进一步控制和清除提供了保障。但在严格的限制下,大量城市居民无法出门采购生活必需的食品,又没有其他的获取蔬菜等生鲜食品的渠道,且大多数南方居民冬季没有储备大量食品的条件和习惯,许多人在小区封闭一定时间后面临生活困难的问题。为此,地方政府采用了以小区为单位,安排志愿者统一负责管理并进行采购需求的统计和配送,在解决了居民生鲜食品配送问题的同时也避免了人员大量流动造成的传染风险。此应急手段在当时看来确实解决了城市居民食物需求这一重要问题,但是也存在难以解决的矛盾。针对这一现象,我们首先要分析矛盾问题中的目标和条件,并提取其中关键的核问题:

在疫情防控期间,为了避免人员接触、阻断疫情传播,某小区居民通过微信群完成生鲜食品需求提交和货款支付。志愿者使用微信群公告可以购买的生鲜食品和对应价格,通知微信群内各户居民以"接龙"的方式提交需要购买的食品清单,并预先转账支付货款。所有住户的需求提交完毕后,志愿者再对接龙各户的需求清单进行人工统计,形成总需求清单,用电话或短信的方式向供货商提交采购需求,微信作为信息统计平台只具有需求收集的功能。

提取出矛盾中核心问题的条件基元 L_1 和目标基元 G_1:

$$L_1=\begin{bmatrix}\text{微信平台 }M_1, & \text{信息追溯}, & 1\\ & \text{响应时长}, & 5\text{ h}\end{bmatrix},$$

$$G_1=\begin{bmatrix}\text{信息交互}, & \text{接受对象}, & \text{居民需求}\\ & \text{信息追溯}, & \langle 3,5\rangle\\ & \text{响应时长}, & \langle 0,2\rangle\text{h}\end{bmatrix}。$$

为了清晰地体现生鲜食品供应链内信息追溯的效率和可见性,将信息追溯效率的差、较差、中等、良好、优秀的数值体现为1—5(最优为5),时长使用需求信息从上传开始到上游完成接龙统计的时间,最优为0.5 h,相容度函数 K_{12} 可表示为

$$K_{12}=k(x)=\begin{cases}1,\ x=5,\\ 0.5,\ x=4,\\ 0,\ x=3,\\ -0.5,\ x=2,\\ -1,\ x=1。\end{cases}$$

此时对供需信息交互平台 M_1 进行蕴含分析:

$$M_1\Leftarrow\begin{cases}M_{11}=(M_{11}, & \text{统计方式}, & \text{人工}),\\ M_{12}=(M_{12}, & \text{平台类型}, & \text{聊天软件}),\\ M_{13}=(M_{13}, & \text{平台功能}, & \text{需求收集})。\end{cases}$$

可算得目标 G_1 与条件 L_1 关于信息追溯和响应时长的相容度函数 $K_{11}=-1$,$K_{12}=-2$,相容度为负形成不相容问题,问题模型记作 $G_1\uparrow L_1$,为此对 M_{11}、M_{12}、M_{13} 进行发散分析:

$$M_{11}\dashv\begin{cases}M_{111}=(M_{111}, & \text{统计方式}, & \text{人工}),\\ M_{112}=(M_{112}, & \text{统计方式}, & \text{半智能}),\\ M_{113}=(M_{113}, & \text{统计方式}, & \text{智能}),\end{cases}$$

$$M_{12} \dashv \begin{cases} M_{121}=(M_{121}, & \text{平台类型}, & \text{聊天软件}), \\ M_{122}=(M_{122}, & \text{平台类型}, & \text{电商平台}), \\ M_{123}=(M_{123}, & \text{平台类型}, & \text{自建平台}), \end{cases}$$

$$M_{13} \dashv \begin{cases} M_{131}=(M_{132}, & \text{平台功能}, & \text{需求统计}), \\ M_{132}=(M_{133}, & \text{平台功能}, & \text{需求上传}), \\ M_{133}=(M_{133}, & \text{平台功能}, & \text{需求收集}\oplus\text{统计}\oplus\text{上传})。 \end{cases}$$

结合疫情防控期间的对于居民生鲜食品需求的交互平台的功能需要，选取以下发散出来的要素作为方案元素：

$$TM_1=\begin{cases} M_1'=\begin{cases} M_{112}=(M_{112}, & \text{统计方式}, & \text{半智能}), \\ M_{122}=(M_{122}, & \text{平台类型}, & \text{电商平台}), \\ M_{133}=(M_{133}, & \text{平台功能}, & \text{需求收集}\oplus\text{统计}\oplus\text{上传}), \end{cases} \\ M_1''=\begin{cases} M_{113}=(M_{113}, & \text{统计方式}, & \text{智能}), \\ M_{123}=(M_{123}, & \text{平台类型}, & \text{自建平台}), \\ M_{133}=(M_{133}, & \text{平台功能}, & \text{需求收集}\oplus\text{统计}\oplus\text{上传}), \end{cases} \end{cases}$$

$$L_1'=\begin{cases} T_{11}L_1=L_{11}=\begin{bmatrix} M_1', & \text{信息追溯}, & 4 \\ & \text{响应时长}, & 1\ \text{h} \end{bmatrix}, \\ T_{12}L_1=L_{12}=\begin{bmatrix} M_1'', & \text{信息追溯}, & 5 \\ & \text{响应时长}, & 0.1\ \text{h} \end{bmatrix}。 \end{cases}$$

借助现有的生鲜电商平台 L_{11} 进行信息交互，信息追溯的相容度函数 $K_{111}=0.5$，响应时长的相容度函数 $K_{121}=0.67$；而重新自建平台 L_{12} 的相容度函数 $K_{112}=1$，$K_{122}\approx 0.2$，发散结果 L_{11} 和 L_{12} 与目标 G_1 相容度函数都为正，即 $G_1 \downarrow L_1$，可以作为备选的解决方案基元。将两个发散物元带入实际情况中可以形成两种方案：

（1）直接利用现有的电商平台收集、统计、上传居民的需求；

（2）政府新建智能化需求交互平台。

第四节　可拓策略辅助生成软件的应用流程

1. 建立项目

用户新建项目,填写问题信息,并对问题进行相关描述。

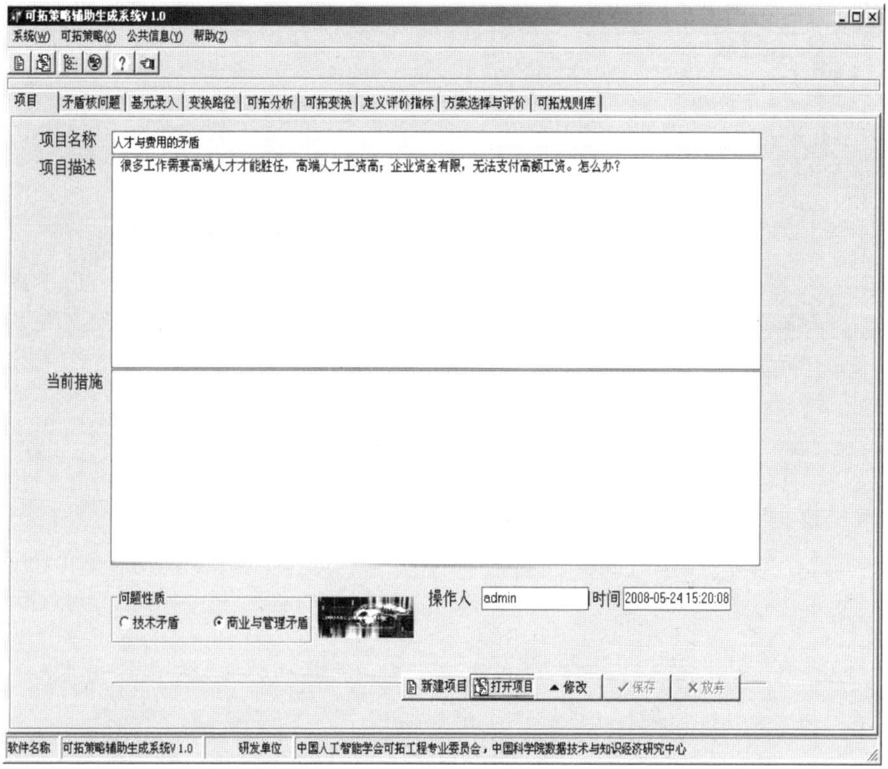

图 2-5　建立项目

2. 输入目标和条件

用户新建问题后，输入期望达到的目标和现有的资源条件，不断地让其分解出子问题，直到所有子问题能够对应成为核问题。

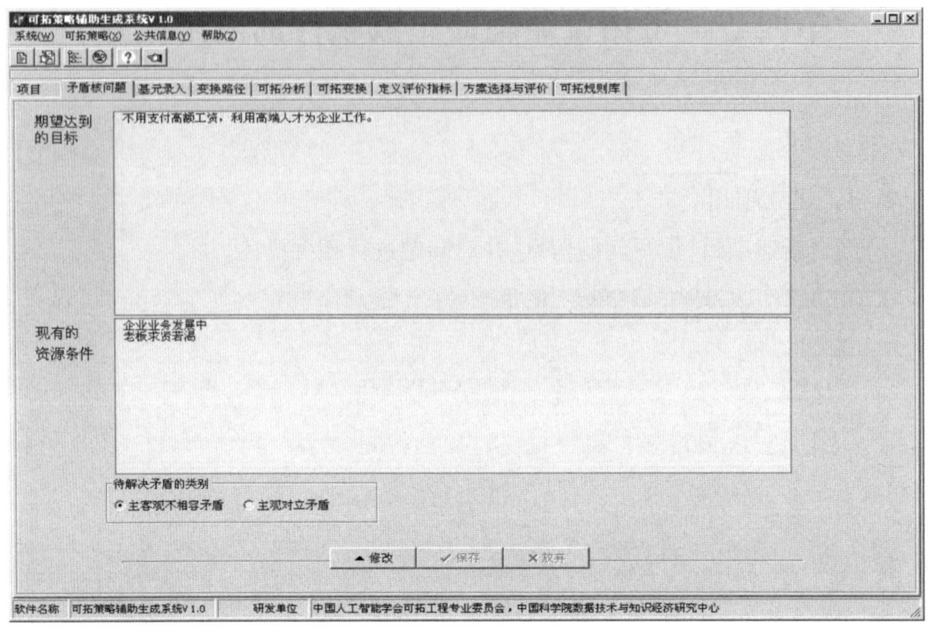

图 2-6 输入目标和条件

3. 输入相关基元

基元录入，引导用户自己进行矛盾基元的构造和判定标准的构造，主要输入核问题的目标基元、条件基元以及相关基元属性的关联函数。

图 2-7　输入相关基元

4. 通用基元库（供基元录入参考）

录入基元时,用户可在通用基元库中参考相应的基元。

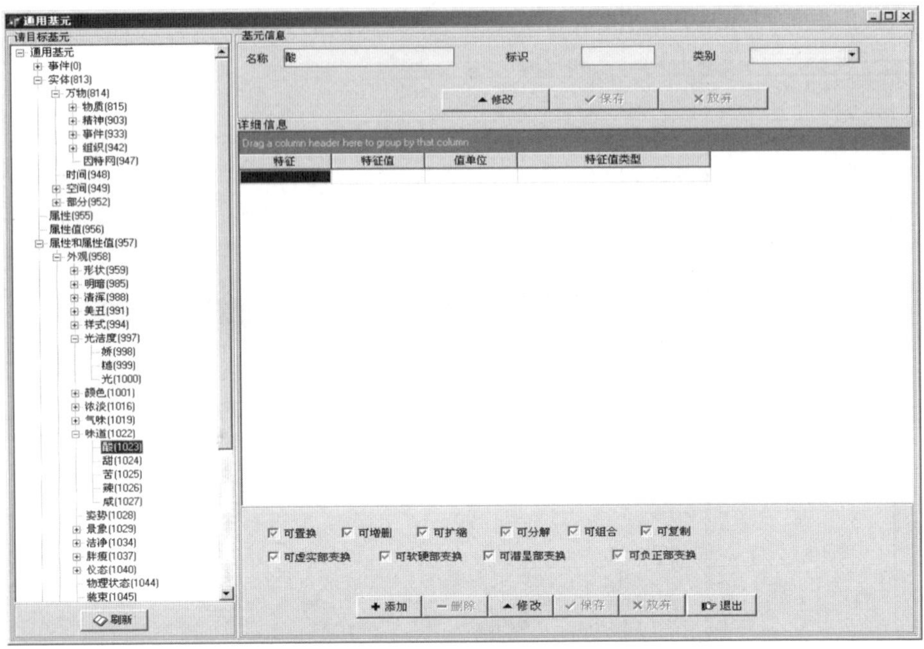

图 2-8　通用基元库

5. 拓展分析

依据基元的拓展分析方法，对问题进行拓展分析，包括发散分析、相关分析、缊含分析、可扩分析、虚实共轭分析、软硬共轭分析、潜显共轭分析和正负共轭分析。

图 2-9 拓展分析

6. 可拓变换

对所拓展出的对象进行可拓变换，变换对象包括论域、准则和元素，变换方式为置换变换、增删变换、扩缩变换、分解变换、共轭变换和复制变换。

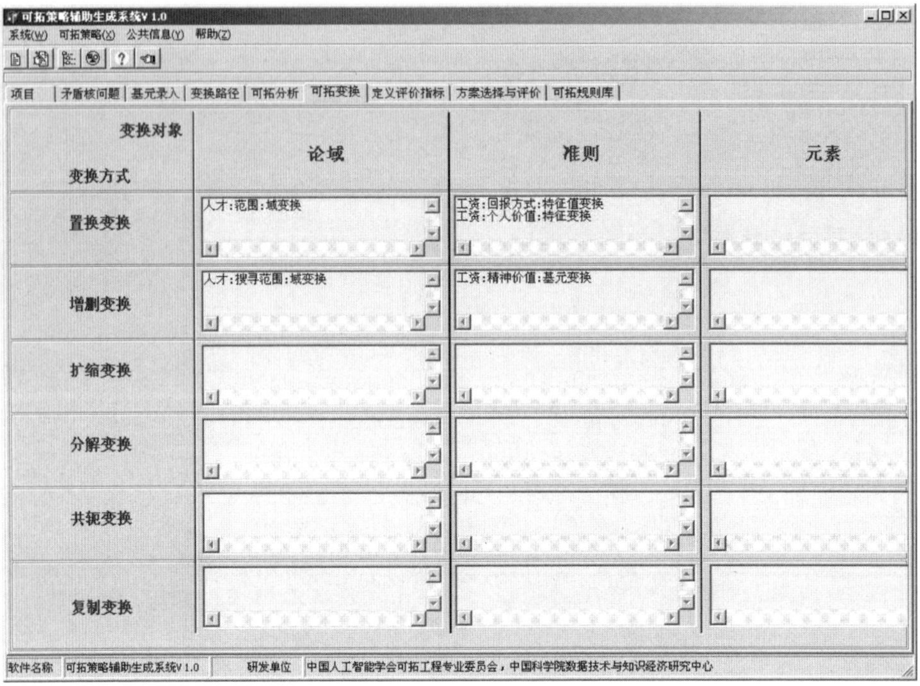

可拓策略辅助生成系统V 1.0

系统(W)　可拓策略(X)　公共信息(Y)　帮助(Z)

项目 | 矛盾核问题 | 基元录入 | 变换路径 | 可拓分析 | 可拓变换 | 定义评价指标 | 方案选择与评价 | 可拓规则库

变换对象 变换方式	论域	准则	元素
置换变换	人才:范围:域变换	工资:回报方式:特征值变换 工资:个人价值:特征变换	
增删变换	人才:搜寻范围:域变换	工资:精神价值:基元变换	
扩缩变换			
分解变换			
共轭变换			
复制变换			

软件名称　可拓策略辅助生成系统V 1.0　研发单位　中国人工智能学会可拓工程专业委员会，中国科学院数据技术与知识经济研究中心

图 2-10　可拓变换

7. 可拓变换人机交互操作

利用计算机进行信息交换,完成可拓变换。

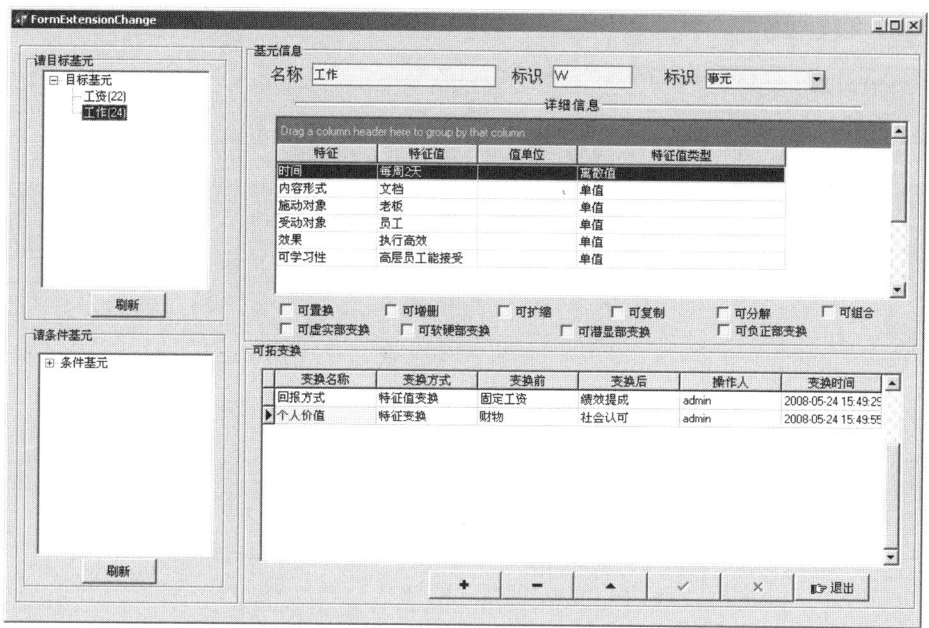

图 2-11　可拓变换人机交互操作

8. 定义优度评价指标

通过优度评价,对生成的可拓策略进行评价选优。对方案进行评价,可从多个角度进行。

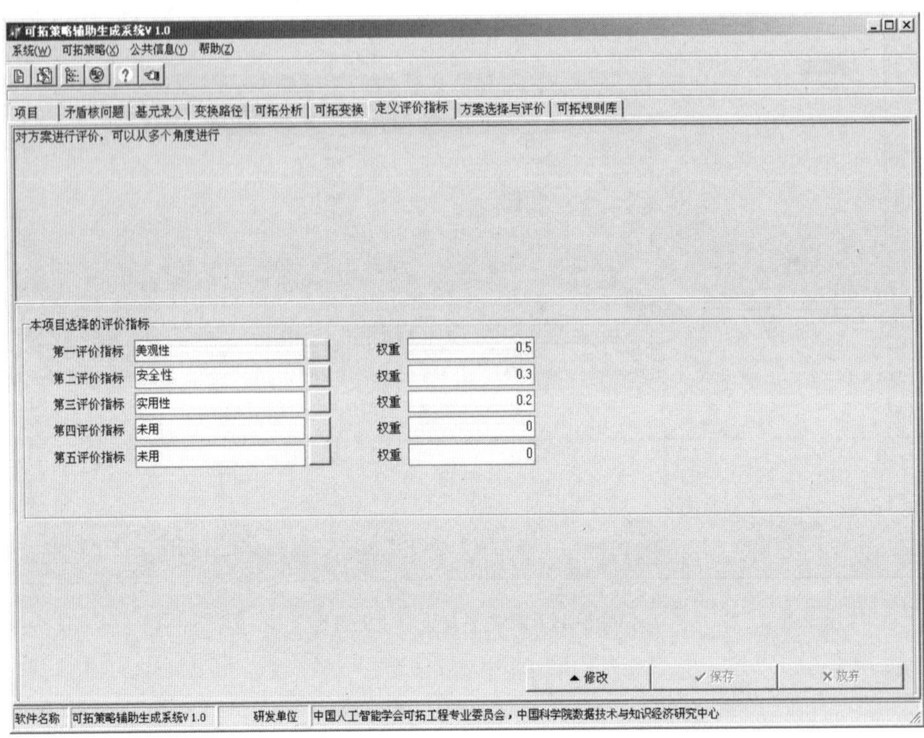

图 2-12 定义优度评价指标

9. 优度评价选择策略

选出优度较高的一个或几个策略作为决策时的参考策略,根据优度对各策略排序,选取优度较高者作为决策者的参考策略。

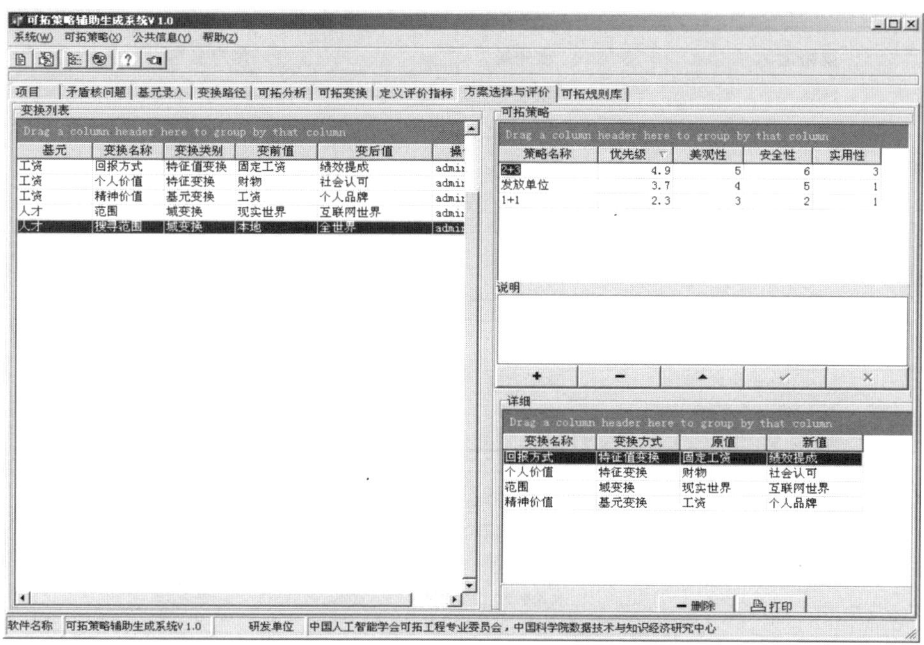

图 2-13　优度评价选择策略

10. 策略打印

将最终生成的可拓策略辅助生成列表打印出来。

可拓策略辅助生成列表

打印时间：2008-06-02 14:12:34

策略名称	优先级	用户名称
2+3	4.9	admin

变换名称	策略方式	原值	新值
回报方式	特征值变换	固定工资	绩效提成
个人价值	特征变换	财物	社会认可
范围	域变换	现实世界	互联网世界
精神价值	基元变换	工资	个人品牌

策略名称	优先级	用户名称
发放单位	3.7	admin

变换名称	策略方式	原值	新值
个人价值	特征变换	财物	社会认可

策略名称	优先级	用户名称
1+1	2.3	admin

变换名称	策略方式	原值	新值
回报方式	特征值变换	固定工资	绩效提成
个人价值	特征变换	财物	社会认可

图 2-14 策略打印

重要术语

可拓论　基元　矛盾问题　策略生成

复习思考题

1.请用复合元表达常见的一种家用电器物元及功能事元。

2.用浇筑高度为10 m的机械浇筑出一尊高度为50 m的塑像有什么方法？请用可拓学的思维方式寻找可行的方法。

3.小明想要购买电脑，他的接受价格区间为〈4 000，6 000〉，性能接受区间为〈5，9〉，散热接受区间为〈3，10〉，重量接受区间为〈500，2 000〉，并认为这四个标准对他的电脑选择同样重要。现在有两款电脑符合标准，A款价格为4 000，性能为6，散热为5，重量为1 000；B款价格为5 500，性能为8，散热为8，重量为1 500。请构建优度评价函数，计算哪款电脑更符合标准。

4.请用基元表示乌鸦喝水故事中的问题与条件模型，并尝试寻找新的解决方法。

5.尝试结合自己的专业问题，用可拓基元分析该问题并通过拓展分析方法寻找解决策略。

参考文献

[1]蔡文.可拓学概述[J].系统工程理论与实践，1998(1)：77-84.

[2]蔡文，杨春燕.可拓学的基础理论与方法体系[J].科学通报，2013，58(13)：1190-1199.

[3]蔡文，杨春燕，何斌.可拓学基础理论研究的新进展[J].中国工程科学，2003(2)：80-87.

[4]蔡文，石勇.可拓学的科学意义与未来发展[J].哈尔滨工业大学学报，2006(7)：1079-1086.

[5]蔡文，杨春燕.可拓学的应用研究、普及与推广(综述)[J].数学的实践与认识，2010，40(7)：214-220.

[6]杨春燕，李兴森.可拓创新方法及其应用研究进展[J].工业工程，2012，15(1)：131-137.

[7]高洁,戴建新,王雪红.可拓决策方法综述[J].系统工程理论方法应用,2004(3):264-267,271.

[8]杨春燕,蔡文,涂序彦.可拓学的研究、应用与发展[J].系统科学与数学,2016,36(9):1507-1512.

[9]陈薇.可拓学中关联函数的构造及零界的确定[J].数学的实践与认识,2009,39(4):154-159.

[10]杨春燕,蔡文.基于可拓学的创意生成与生产研究[J].广东工业大学学报,2016,33(1):12-16.

[11]杨春燕,蔡文.可拓学与矛盾问题智能化处理[J].科技导报,2014,32(36):15-20.

[12]杨刚俊,余隋怀,初建杰.基于可拓学模型的产品创新设计方法[J].包装工程,2011,32(18):30-33.

[13]杨春燕,张拥军.基于可拓方法的策划研究[J].工业工程,2001(2):29-33,57.

第三章

定性比较分析及其应用

第一节　定性比较分析概述

一、基础知识认识论

世界是可分、稳定、有序、线性单调变化并存在最终的均衡状态吗？环境、行业、技术、战略、结构、文化、主义、群体、成员、过程、实践、信仰和结果及其维度都是聚合为组态的形式。也就是说，社会现象发生的原因和条件间多是相互依赖而并不是独立的，因此解释社会现象发生的原因需要采取“整体的”“组合的”的方式。现实生活中出现的一些复杂现象超越了传统的处理能力，人们往往会忽略多种道路的可能性。尤其是在一些案例中，变量之间相互依赖，并不是绝对独立的，在分析的过程中，人们有时会制造甚至扭曲数据以适应方法，往往会忽略异常值与生态分布的幻想，会提出严格的对称性假设，而忽略大量的非对称性的现实问题。基于此，我们需要讨论一个非对称、组态（配方）效应、殊途同归的新范式。2020 年的美国管理学会（AOM）年会明确提出要摒弃二分思维（or），要学会思考如何整合的思维（and），因此管理界面临的共同挑战是如何整合的问题。

（一）子集关系的类型

1. 定义型子集关系

最简单且基础的集合关系是子集，当它涉及嵌套类型时是最容易掌握的。例如：狗是哺乳动物集合的一个子集。这个子集的关系是最能直接且容易被理解的,因为它从本质上讲是定义的:狗具有所有哺乳动物的所有特征。这个例子涉及传统意义上的清晰集,因为它易于掌握并且容易用文氏图来表示。例如,表示狗的集合的圆圈完全包含在表示哺乳动物集合的较大的圆圈内部。

2. 因果关系型子集关系

比定义型子集更为重要的一种子集关系是因果关系型子集关系,它描述了与因果关系或者是其他以整体方式相关的社会类现象。

当集合关系反映出完整的社会关系或者因果关系,而不仅仅反映本质定义的时候,它们是需要进行解释的,即它们是依赖于理论与知识的。

(二)集合关系与三段论

大前提:所有的狗是哺乳动物。

小前提:藏獒是狗。

结论:藏獒是哺乳动物。

符合表达:藏獒(S)　狗(M)　哺乳动物(P),

M-P　S-M　S-P。

(三)对称性的关系与集合的非对称关系

在一些理论中,关系是对称的,例如:核心能力是竞争优势,没有核心能力就没有竞争优势。即 X 导致 Y,则 $\tilde{X}$ 导致 $\tilde{Y}$。但是在社会科学中常见的关系是子集关系。集合关系是非对称的,例如:核心能力是竞争优势,它意味着核心能力的集合是竞争优势集合的子集,有一些组织没有核心能力,也可能产生竞争优势(如通过非市场战略),即 X 导致 Y,则 $\tilde{X}$ 不一定导致 $\tilde{Y}$。

集合的关系有两种重要的类型。一是研究共享给定结果的案例并试图分辨它们共有的前因条件。二是研究共享特定前因条件的案例,或是前因条件的特定组合,并评估这些案例是否会呈现出相同的结果。第一种策略是检验具有特定结果的案例是否构成共有前因案例的子集;第二种策略是检验具有特定前因条件或是前因条件组合的案例是否构成共有结果案例的子集。这两种策略都是建立在显式关系的方法上的,例如图 3-1 中的文氏图。

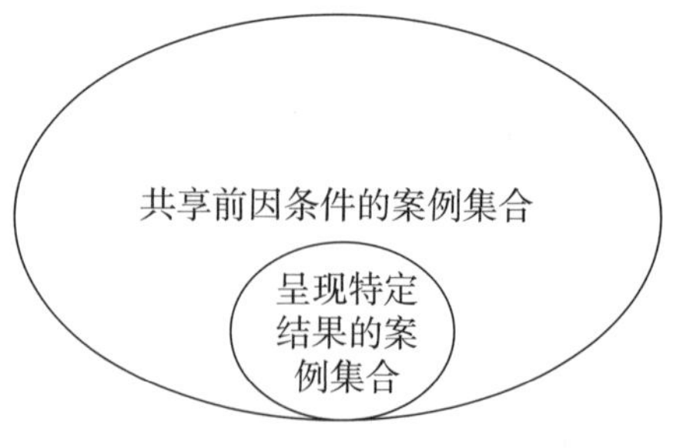

a 分辨有结果案例共享的前因条件

b 确定共享前因条件的案例是否呈现相同的结果

图 3-1 两种不同类型的案例研究的思维图

在使用集合的方式去建立显式关系的时候,并不一定必须使用充分性和必要性的概念,又或者是其他因果关系的语言。例如,教师的同事可能只会在教师的全体会议上表达出不满,但是这并不意味着分析者必须将教师的全体会议理解为教师表达不满的必要条件。论证显式关系式社会科学的核心要素,与是否具有必要性、充分性或者其他因果关系都没有关系。

二、定性比较分析法

与显性的关系相比,定性比较分析(Qualitative Comparative Analysis,简称QCA)以集合论为基础,因此非常适用于研究显式关系。定性比较分析打破了主流统计方法中的部分核心的假设(这些假设是大多数统计技术的基础)。在定性比较分析中,不存在恒定不变的因果关系;因果效应的不一致性假设也被打破;分析单位不具备同质性;可加性假设被打破;不再假定因果对称性。定性比较分析的一种非常重要的特征就是可以分析复杂因果关系,复杂因果关系被定义为一个结果，其可能是来自不同的前因条件的组态或者组合。

定性比较分析是一种案例研究分析法，起源于社会科学领域，是一种应用于中小样本的案例法。它最早是由美国社会学家查尔斯·拉金于 1987 年提出的基于集合论以及布尔代数的分析方法，通过对每个案例进行对比并进行二元赋值，从中找到条件变量以及结果变量之间的因果关系，根据变量类型形成清晰集分析、多值集分析与模糊集分析三项主要的分析技术。

在国外，定性比较分析法已经得到广泛运用。定性比较分析具有特殊性，是一种较为新颖的逻辑分析，是介于定性分析以及定量分析之间的一种有别于传统意义的逻辑分析方法。在运用定性比较分析法的时候，我们既可以得出某种结果必然出现的充分条件，也可以得出某种结果必然发生的必须具备的必要条件。

定性比较分析法在运用的过程中是将原因变量以及结果变量进行了 0 与 1 的赋值，原因变量赋值为 1，表示存在、是、发生，原因变量赋值为 0，表示不存在、不是、不发生；相反的，如果结果变量赋值为 1，表示存在、高，那么结果变量赋值为 0，表示不存在、低。

定性比较分析法具有逻辑性，逻辑之间的连接符号是用 * 表示“并”，+表示“或”，→表示“导致”。大写字母表示“存在”，则小写字母表示“不存在”，例如 Y 表示相对应的结果存在，那么 y 则表示结果不存在。布尔代数的运算逻辑是指如果 R 的出现、发生或者变化导致 Y 的状态发生变化，则可以表示为 $R \rightarrow Y$，即变量 R 是 Y 发生的充分条件。同样的，$R * B \rightarrow Y$，则表示 R 与 B 的同时存在或者是作用才会引起 Y 结果的发生。如果 $r * B+R * B \rightarrow Y$，则我们认为 R 是否存在对于 Y 结果的出现没有造成任何的影响，即可以总结为 $B \rightarrow Y$，即 B 是 Y 的充分条件。若具有三个变量，$RBCD+rBcD+RBcD \rightarrow Y$，则 $BD(RC+rc+Rc) \rightarrow Y$，则 R 与 C 变量的取值是不固定的，因此可以说对其 Y 结果的发生是没有直接的关系的，而 B 与 D 的状态的改变对 Y 结果的发生起到关键性的作用，因此可以找出各种组合中共同的变量就是 B 与 D。

在所有的实证科学中，适度的适普性是很重要的一部分。我们在验证理论依据的时候应该避免用个别的现象（即避免对单个案例进行个体化的“解释”）来实现最大化的稳健性，因此只有适普性才能给出最简明的解释。但是在追求数据适普性的同时要规定在一定“同质性”的空间内，即其他的案例与已经研究的案例有合理的数量相似特征，并没有任何的证明解释：没有纳入的分析条件会对已经分析的结果造成一定的影响，因此定性比较分析的适普性也不仅仅是简单的描述，而是在追求“适度的适普性”。需要注意的是，在定性比较分析中的适普性不等同于统计推断中的适普性，后者可以从一个案例具体到 100 个案例再推断到无数相似的案例，即统计推断更具有适普性的特点。

定性比较分析技术可以将每一个案例分解成数据的形式，即具有一定数量的条件变量以及结果变量。以篮球运动员为例，如果结果变量是篮球运动员扣球进篮球筐的能力，那么影响这个结果变量的条件变量可能是篮球运动员的身高（高与矮）、弹跳能力（强与弱）、大腿的肌肉厚度（厚与薄）等。根据这些条件变量我们可以推测出影响结果变量的每一个“案例”（即篮球运动员）的特征。例如：“案例 1”进球的结果可能是由于篮球运动员的个子高，弹跳能力强以及大腿肌肉厚实；“案例 2”进球的结果可能是由于篮球运动员个子矮，弹跳能力强以及大腿肌肉厚实；等等，以此类推。因此，我们就可以看出，定性比较分析技术可以根据条件变量以及结果变量进行分析，但是并不会影响单个结果的完整性。这样的话，研究者就可以将每一个案例作为一个整体进行研究，每一个案例被定义为一系列特征的组合，即称之为“组态”。

因为定性比较分析技术是建立在一套具有独特性的语言体系（即布尔代数与集合论）之上的，因此具有明确的运算规则以及良好的定义方法，并且可以将逻辑规则转化成逻辑运算的形式。由于这些逻辑运算都是具有规则性的，因此定性比较分析技术也具有可复制性的优势，即其他的研究者也可以使用相同的方法对相同的数据进行分析，得出最后的结果。

学者在使用定性比较分析技术进行分析的过程中都需要以“透明”的方式进行，包括变量的选择、数据的整合处理、分析工具的选择以及过程的分析等，在这个过程中，学者需要定期回到最初的原始案例查看进度以及过程，不同于传统的案例分析，研究者只需要将数据输入软件中，通过软件的自动计算得出结论，但是定性比较分析技术需要研究者参与到每一个过程的数据计算与分析中，避免“黑箱”操作。因此，这种反复与案例进行“对话”以及透明性的特点，是定性比较分析技术的最大的优势之一，正是由于这个优势，定性比较分析技术也可以为非专业人士掌握,具有普遍使用的优势。

定性比较分析能够有效地解决“案例少、变量多”的问题,从数学逻辑上理解比较案例研究,促进集合论的发展。

因此定性比较分析对案例的要求主要是三个:

一是案例要符合“多因并发”的复杂性,即案例本身是包含了较多种因素相互作用的原因结构;

二是案例规模是10~40的中等程度,样本数特别小或者特别大的案例都是不合适的;

三是案例勾连的问题是需要理论支持的。

第二节　定性比较分析方法的分类

一、清晰集定性比较分析法

清晰集定性比较分析法(csQCA)是查尔斯·拉金和克里斯·德拉斯开发的第一种定性比较分析技术。在20世纪50年代的时候,电气工程师为了简化开关电路,开发了布尔算法。到目前为止,清晰集定性比较分析是最被广泛使用的定性比较分析技术。在使用清晰集定性比较分析法之前,需要了解布尔代数的一些计算。

(一)布尔代数的约定

1.大写字母的定义

大写字母表示给定二进制变量的值为[1]。因此[A]被解释为:“变量A是大、高、存在……”

2.小写字母的定义

小写字母表示给定二进制变量的值是[0]。因此[a]被解释为:“变量a

是小、低、不存在……”

3.连接号的定义

连接号[-]表示给定二进制变量的值“无关”,意味着它可以存在(1)或者是不存在(0),也可能是我们不知道的值(例如,因为它是不相关或者是数据丢失)。它不在[1]与[0]之间。

(二)布尔代数的运算

逻辑“与(AND)”,由[*](乘号)符号表示。注意:它也可以表示为一个不存在的空格,如[A * B]也可以写作[AB]。

逻辑“或(OR)”,由[+](加号)符号表示。

条件与结果之间的联系:箭头符号[→]用于表达一组条件与我们试图“解释”的结果之间(通常是因果关系)的连接。

使用这种最基本的语言,可以构造出一个非常长且精致的表达式,以及一个极其复杂的运算集,一个被称为布尔最小化的关键运算是清晰集定性比较分析法的核心。(布尔最小化是将一个长且复杂的表达式“约简”成一个更短、更简洁的表达式。即如果两个布尔表达式仅仅是在一个因果条件下不同但产生了相同的结果,则可以认为区分这两个表达式的因果条件是不相关的,因而可以去掉这个条件,以创建更简单的组合表达。)

清晰集定性比较分析法的特征在于在对变量进行赋值的时候将条件变量以及结果变量进行1和0的二分取值,并进行集合关系的运算,它只是一种形式,并不是统计的语言。在复杂的现实生活过程中,清晰集定性比较分析法能够识别与特定输出值一致关联的多个条件集,以便探索具有多重并发因果关系的预测因子。清晰集定性比较分析法的分析过程为使用推理逻辑或布尔代数来简化或减少推理的数量,使其达到数据支持的最小推理集。该技术发展了新的因果关系概念,可以探究案例中的多重并发因果关系,因此被广泛用于社会科学研究。

清晰集定性比较分析法解决问题的一般步骤是:

步骤1:构建二分数据表。在此过程中,研究人员应该获得足够多的实质性知识,对每一个案例中的变量进行赋值,获得二分数据表。

步骤2:构造“真值表”。利用特殊的清晰集定性比较分析软件对数据进行处理,对原始的数据表进行整合。整合出来的结果就成为真实表,即组态表。

步骤3:解决矛盾组态。在进行清晰集定性比较分析过程中出现矛盾组态,并不意味着研究者失败了。恰恰相反,通过寻找解决这些矛盾的办法,研究者可以再次与案例进行对话,获得对案例的更加彻底的了解,重新考虑它的理论依据,并最终获得更加一致的数据结果。在可能的范围内,所有出现的矛盾最终都应该得到解决,或者是通过努力尽可能减少矛盾,因为到最终涉及矛盾组态的这些案例将从分析的结果中排除。

步骤4:布尔最小化。分别对[1]组态和[0]组态进行布尔最小化运算,得到最小公式。

步骤5:纳入“逻辑余项”案例。使用软件产生更为简约的最小公式。

步骤6:解释。返回案例,研究人员解释最小公式。这应该侧重于条件的关键组合以及结果之间的联系。重点可以放在理论或者是案例上,或将两者都作为重点。这取决于研究的目标。显然,这需要使用被认为最相关的最小公式的“返回案例”。清晰集定性比较分析最小公式允许研究者考虑案例之内的故事和案例交叉的模式,回答更为聚焦“因果”的问题:有关产生(或不产生)感兴趣的结果的成分或者机制。注意,除非个别条件能够被清楚地指出(例如,该条件明显是必要条件或者是接近充分且必要条件),否则清晰集定性比较分析的重点不是解释单个条件和结果之间的关系。在解释阶段,不应忽略的事实是,清晰集定性比较分析最小公式的丰富性恰巧是在条件的组合与交集中。在这个关键阶段失去获得一些组合知识的机会将会是一种遗憾。注意,这些规则和良好的实践的解释也适用于多值集定性比较分析法(mvQCA)与模糊集定性比较分析法(fsQCA)。

二、多值集定性比较分析法

在使用清晰集定性比较分析法的时候,我们不难发现,在案例中存在着很多矛盾组态。这些矛盾组态使得我们最后得到的最小公式是不够简约的。所以人们猜测,所有的这些限制可能部分来源于条件必须从一开始就是被二分的。此猜测促进了多值集定性比较分析法的发展。

多值集定性比较分析法是基于清晰集定性比较分析法的发展而发展的，也可以称之为清晰集定性比较分析法的扩展。它保留了清晰集定性比较分析法最为主要的原则，即执行综合的数据集，让具有相同结果值的案例被一个简约解（即最小公式）所“覆盖”。多值集定性比较分析法与清晰集定性比较分析法最主要的区别是清晰集定性比较分析法仅仅允许二分变量，但是多值集定性比较分析法还可以允许进行多值变量。因为二分变量是多值变量的特定子类型，即它是一个只有两个可能值的多值变量。因此多值集定性比较分析法是在清晰集定性比较分析法的拓展，使用清晰集定性比较分析法进行分析的数据集同样可以使用多值集定性比较分析法进行分析。

（一）多值集定性比较分析法与清晰集定性比较分析法之间的差异

多值集定性比较分析法是清晰集定性比较分析法的拓展，因此两者共享绝大部分的特征。实际上，两个技术最主要的差别在于符号与最小化规则。

由于在一个多值变量中具有多于两个的数值，因此不能再使用大小写的字母进行二分法来表示不同的数值。因此，在多值集定性比较分析法中，符号集合用于表示案例的逻辑组态以及质蕴含项。每个逻辑组态都是由一个或者多个表达式 $X\{S\}$ 组成的，其中 X 是条件，S 是 X 的可能值的集合。二进制的条件可以直接从清晰集定性比较分析法的表示法中转换得出。条件为[0]的案例（在清晰集定性比较分析法中用小写的字母进行表示）在多值集合符号的表达中被赋予该条件集合[0]的值，条件为[1]的案例（在清晰集定性比较分析法中用大写字母进行表示）被赋予该条件集合[1]的值。例如：如果用[MALE]来表示该学生是男生还是女生，则在多值集定性比较分析法中男性学生用 MALA{1} 来表示（在清晰集定性比较分析法中则表示为 MALE），而女性学生则用 MALE{0} 来表示（在清晰集定性比较分析法中表示为 male）。

在多值集定性比较分析法中也可以使用定距尺度变量转换为多值条件，该过程类似于清晰集定性比较分析法中的二分过程，但是不同之处在于多值集定性比较分析法可以使用多个不同的阈值。表 3-1 显示了根据成绩对学生进行分类的五值量表，在 90 分到 100 分之间的（包括 90 分）成绩等级划分为

A(值为[0]),而低于 60 分的成绩等级划分为不及格(值为[4])。虽然在创建这种多值条件的过程中仍然会有部分信息丢失,但可以通过使用多个阈值的方法来避开难解的二分法。

表 3-1　五值量表

成绩划分	等级划分	多值集定性比较分析法
[90,100]	A	0
[80,90)	B	1
[70,80)	C	2
[60,70)	D	3
[0,60)	不及格	4

关于多值集定性比较分析法的符号约定有:

(1)布尔运算的符号与清晰集定性比较分析法中的运算符号是一致的。

(2)多值条件可以从多分类定类、定序与定距的数值的多个阈值中获得。

(3)条件的值用括号与条件标签共同表示。

(4)多个值被压缩在质蕴含项中的一个括号中。

(5)多值条件的标度必须以[0]作为起点。

(二)多值集定性比较分析法中的最小化表示

多值集定性比较分析法中的最小化表示在于通过最小化(合成)一个复杂的数据集并提取结果的简化解释。多值集定性比较分析法的最小化的规则是清晰集定性比较分析法中的最小化规则的一般化。例如,在二分条件 A、三值条件 B 以及结果 O 中的数据集。这些所有的条件都存在于真值表中,并且结果 O 存在于具有 A 和 B 的相互组合的案例中,即 $A_1B_0+A_1B_1+A_1B_2 \rightarrow O$,在这种情况下,可以通过缩减 A 的值,只要 B 的所有值都可以与 A 的值进行组合,并且合并之后都可以产生相同的结果,那么我们就将 $A_1B_0+A_1B_1+A_1B_2$ 缩减成 A_1。也就是说,无论 B 是什么值,只要 A_1 存在,都不会影响最终结果,那么我们就可以认为这个表达式是可以被简化的。因此,在使用多值集定性比较分析法的时候必须使用二分条件,并且使用的符号是固定的。

三、模糊集定性比较分析法

(一)模糊集的本质

布尔代数或清晰集都是将一个案例二分化,即“1”(隶属于集合)或者“0”(不隶属于集合)。也就是说,一个案例只能是属于或者是不属于该领域中的某集合,清晰集是案例之间完全进行清晰化的区分。但是在日常生活中,有很多是属于[0]和[1]之间的部分,因此模糊集对清晰集进行了一定程度的延伸。为了说明模糊集的概念,我们拿一个简单的三值集合来说明,它允许案例处于“集合之中”和“集合之外”的灰色区域,如表3-2所示。

表3-2　清晰集与模糊集

清晰集	三值模糊集	四值模糊集	六值模糊集	连续模糊集
1.0=完全隶属 0.0=完全不隶属	1.0=完全隶属 0.5=非完全隶属,也非完全不隶属 0.0=完全不隶属	1.0=完全隶属 0.67=偏隶属 0.33=偏不隶属 0.0=完全不隶属	1.0=完全隶属 0.8=非常隶属 0.6=有些隶属 0.4=有些不隶属 0.2=非常不隶属 0.0=完全不隶属	1.0=完全隶属 偏隶属: $0.5<X_i<1.0$ 0.5=交叉点,非隶属也非不隶属 偏不隶属: $0.0<X_i<0.5$ 0.0=完全不隶属

在很多方面,模糊集同时具有定性以及定量的属性。模糊集分数的出现代表该案例隶属于集合的程度,同时也包含完全隶属[1]与不完全隶属[0]。模糊集隶属分数为[1]的时候表示完全隶属,模糊集隶属分数为[0]的时候表示完全不隶属。当隶属分数接近[1]的时候,例如为0.8、0.9的时候,属于强隶属关系;当隶属分数低于5但是大于0的时候,属于弱隶属关系。隶属分数0.5属于一个定性定位的分数,它指的是评估的案例是隶属于或者不隶属于一个集合时的最大模糊点。在模糊集的研究中,还有连续模糊集。连续模糊集可

以取 0~1 之间的任何值,它使用了两个定性的状态(完全隶属与完全不隶属)以及交叉点。在使用连续模糊集的时候需要设置锚点,定性的锚点有助于区分相关与不相关的变异情况。

(二)模糊集的运算

常用的模糊集的运算有三种:“非(negation)”“逻辑与(and)”以及“逻辑或(or)”。

1．“非”

在清晰集中,“非”的运算是从 0 直接转变成 1,又或者从 1 直接转变成 0,它在模糊集中同样适用,但是不同的是,隶属分数不再仅仅局限于布尔代数 0 与 1 之间,而是逐渐扩展到了 0 与 1 之间的任何值。用符号“~”表示。

计算方法就是用 1 减去某案例在集合 A 中的隶属分数:

$\sim A=[1]-$(在 A 集合中的隶属分数),或者 $\sim A=[1]-A$。

2．“逻辑与”

多个集合组合在一起就会形成复合集,产生复合集运算即成为复合交集。在模糊集中,“逻辑与”的运算,就是案例在多个集合中所得到的隶属分数对其构成集合的隶属分数取最小值。根据“逻辑与”的定义可以得到其符合“最弱链”的原理,即一个案例具有多个集合,那么“逻辑与”的取值为这多个集合的隶属分数最小的一个。例如:一个老师在 A 班级的隶属分数为 0.8,在 B 班级的隶属分数为 0.7,那么在 A 班级与 B 班级的集合中隶属分数就是最小的 0.7。因此,在模糊集中,对于每个交集,最低隶属分数决定组合集合的隶属程度。

3．“逻辑或”

多个集合可以用“或”进行连接,即并集。与“逻辑与”相反,“逻辑或”的研究主要针对案例中的最大隶属分数。换句话说,在案例中的多个模糊集中,其并集的隶属分数的大小是由集合中最大的那个隶属分数所决定的。因此,一个老师在 A 班级的隶属分数为 0.8,在 B 班级的隶属分数为 0.7,那么在 A 班级或 B 班级的集合中隶属分数就是最大的 0.8。

(三)模糊子集

一般在使用模糊系统解决问题的时候,通常会在各个维度上定义适当的初始模糊子集,在调整各个模糊子集参数的时候,很可能会出现非常相似的模糊子集。在这种情况下,一方面使用自然语言来描述相似模糊子集非常困难,另一方面,模糊规则库可能包含冗余的模糊子集和模糊规则,导致计算量以及系统的复杂性逐渐增加。因此,有必要对过程中出现的非常相似的模糊子集进行合并。在研究因果的复杂性的过程中,最为关键的集合理论关系是子集之间的关系。模糊集的运算将子集之间的关系结合在一起,通过总结子集之间的作用来判断出对结果的影响。这样的子集关系就意味着前因条件之间的特定组合是结果的充分条件。如果存在共用其他前因条件的案例,那么这些案例就会一致地展示出研究的结果,这些条件的组合也是结果的充分条件。

由于每一个案例的隶属分数都有可能是独特的,因此没有一个简单的方法可以分离出共有特定条件的组合案例,在模糊集中,案例在所有可能条件的组合上都可以有部分隶属程度。因此,在模糊集中难以按照清晰集程序来评价子集之间的关系。模糊集子集的关系需要使用模糊代数评价。在模糊集合中,一个子集关系表示:某一(条件或条件组合)集合隶属分数一致性地小于或者是等于在另一(结果)集合的隶属分数。

(四)模糊集的分析

用清晰真值表来对模糊集进行分析的时候,首先需要两者具有一一对应的关系,其次就是要评估在条件的所有(逻辑)组合上案例的分布情况(即在条件定义的向量空间内案例的分布),最后模糊集需要评估每个前因子的组合构成结果子集证据的一致性。

1. 对应关系

在模糊集所构建的多维向量空间中有 2^k 个角,清晰真值表中具有 2^k 行(k 是前因条件的个数),因此,前因组合、真值表行以及向量空间角间存在着一一对应的关系。但是在模糊集中,每个案例在向量的所有角中均有不同程度的隶属,因此其在每个真值表行中具有不同程度的隶属关系。

2. 设定模糊集评价的频数阈值

当前因条件为清晰数集的时候,构建真值表以及检查分类到每行的案例数量都是比较简单的,无案例的行就被视作“逻辑余项”。但是,当前因条件为模糊集的时候，分析就会变得不那么清晰，因为每个案例在真值表中（即向量空间的每个角）都会有部分的隶属关系。然而，在进行模糊集分析的时候，评价案例的隶属分数在前因组合间的分布是非常重要的，因为一些组合可能在实际验证上是可以忽略不计的，但是如果所有案例在某一组合上的隶属分数都很低的话，则对该组合与结果的联系进行模糊集的分析评价是毫无意义的。

因此，在选择案例数阈值时既需要考虑证据的实质性，又需要考虑研究的特点，其中包括案例的总数、条件数、研究者对于每个案例的熟悉程度、模糊集校准的精确程度、测量和赋值误差的程度以及研究者对于结果模式的兴趣程度等。研究的案例越大，越可以确保评估案例与其结果的子集合关系的合理性。当案例较小的时候，就会导致研究者对案例过于熟悉，那么研究者在研究的过程中就会降低测量或者是编码的错误率，从而使得高阈值的要求降低。

（五）评估模糊子集的一致性

在社会科学的研究过程中，完全一致性的集合关系是相对稀少的，它们通常出现在较小的样本 N、宏观数据或者是两者兼有的情况中。一般来说，社会学家只能确定近似的子集关系，因为例外几乎总是存在的。因此，最重要的是制定一套有用的描述性度量方法，以说明几何关系被接近的程度，即论据与"集合关系存在"这一论点的一致性程度。研究人员在对模糊集进行一致性评价的时候，首先需要考虑的是案例的数量。完全的一致性并不能保证存在具有意义的集合关系。

拉金（2006）描述了一种基于模糊集隶属分数测量集合理论一致性的方法。一致性的公式：

$$\text{Consistency}(X_i \leqslant Y_i) = \sum(\min(X_i, Y_i)) / \sum(X_i)。$$

"min"指的是两者中的较小的那个值，"X_i"指的是条件组合中的隶属分数，"Y_i"指的是结果中的隶属分数。当所有的"X_i"均小于或者等于相对应的"Y_i"的值的时候，一致性的分数为 1.00；当只有少数的"X_i"略微超过"Y_i"的时候，一致性的分数将接近于 1.00；当有较多的不一致性分数，且一些 X_i 的值显著超过相对应的 Y_i 的值的时候，一致性分数将低于 0.5。

模糊子集关系的一致性，就是某一集合被包含于另一集合的程度。当一

个 X_i 的隶属分数高于 X_i 的值的时候，说明在 X_i 中并非所有的集合都被 Y_i 所包含。因此，在进行模糊集一致性计算的时候，需要通过在公式分母中简单地加在 X 中的隶属分数计算 X_i 值超过对应的 Y_i 值的比例。

（六）集合关系的覆盖度

覆盖度与一致性是不同的，两者有时会相互矛盾，因为高一致性可能会产生较低的覆盖度。复杂的集合论断涉及多个集合的交集，它通常可以达到显著的一致性，但是覆盖度低。例如，考虑结合了优秀的学习成绩、高考成绩、受过大学教育的父母、父母的收入高以及毕业于名校等特征的成年人，一般而言，这些人是大概率在以后的生活中能够避免贫穷的。从个人的层面上看，完全的集合的一致性是不寻常的，但是绝非不可能。然而，在很多避免贫穷的人中，这种具有高度有利的条件的特殊组合的人很少。因此，从实际上讲，这种高度集合的一致性并不能令人信服，因此这个前因条件组合式如此狭小，以至于覆盖度是微不足道的。

虽然经常需要在一致性与覆盖度之间保持平衡，但是只有在确定集合关系一致后才能对覆盖度进行计算。计算不是结果一致子集的前因条件或前因条件的覆盖度是毫无意义的。因此，在评估模糊集的覆盖度之前必须先确定集合论的一致性，这样才能使一致性和覆盖度的评估结果有意义。

（七）真值表的构建

这里使用保罗·纽·贝尔塔（Paul Nieuwbeerta）编写的《先进工业社会》中的阶级投票数据，如表 3-3 所示。关注的结果是先进的工业民主国家拥有较弱的阶级投票（W）的隶属度，前因条件分别是高度富裕国家（A）的隶属度、严重收入不平等的国家（I）的隶属度、具有大量制造业从业者国家（M）的隶属度，以及具有强大工会的国家（U）的隶属度。

表 3-3　工业民主国家真值表

国家	弱阶级投票(W)	高度富裕(A)	收入不平等(I)	高制造业从业人数(M)	强大工会(U)
澳大利亚	0.6	0.8	0.6	0.4	0.6
比利时	0.6	0.6	0.2	0.2	0.8
丹麦	0.2	0.6	0.4	0.2	0.8
法国	0.8	0.6	0.8	0.2	0.2
德国	0.6	0.6	0.8	0.4	0.4
爱尔兰	0.8	0.2	0.6	0.8	0.8
意大利	0.6	0.4	0.8	0.2	0.6
荷兰	0.8	0.6	0.4	0.2	0.4
挪威	0.2	0.6	0.4	0.6	0.8
瑞典	0.0	0.8	0.4	0.8	1.0
英国	0.4	0.6	0.6	0.8	0.6
美国	1.0	1.0	0.8	0.4	0.2

模糊集在构建真值表的时候，首先需要对一致性的临界分数值进行区分，区分哪些组合的分数通过了模糊集理论的一致性，哪些没有通过模糊集理论的一致性。一致性分数等于或者超过了临界值的前因组合被指定为结果的模糊子集，则编码为[1]，相反，低于临界值的组合不构成模糊子集，则编码为[0]。但是，在实际的操作中，还可能在案例结果中发现一些低于一致性的组态，这时要利用矛盾组态的方法对模糊集进行分析。其次是真值表中的行与模糊集中前因条件定义的向量空间的角之间存在的直接对应关系。最后是评估在前因条件的不同逻辑的可能组合上的案例的分布情况。

（八）向量空间角与真值表行之间的对应关系

由模糊集前因条件构成的多维空间向量具有 2^k 个角，正如清晰集真值表具有 2^k 行（其中 k 是前因条件的个数）。在前因条件的组合中，真值表行和向量空间之间存在着直接对应的关系。对于模糊集来讲，案例在向量空间的不同角上可能具有不同程度的隶属关系，因此在相应的真值表行中也会有不同程度的隶属度。在模糊集合向量空间给定角中，案例的隶属度由它本身的隶属分数决定。

研究人员可以使用真值表行作为向量空间角的说明，并使用真值表来总结关于由每个角表示的前因条件组合的特征的论断。例如，研究人员可能会计算向量空间的$\widetilde{A} \cdot \widetilde{I} \cdot M \cdot U$角的隶属度（高度富裕的低隶属，严重收入不平等的低隶属，大量制造业从业者中的高隶属以及在强大工会中拥有的较高的隶属度），并评估向量空间这个角的隶属度是不是结果隶属度的一致性子集（弱阶级投票 W）。只有研究人员可以使用相关的技术对模糊集子集进行评价，并使用本评估中所有案例的隶属度，而不仅仅是那些隶属度很高的案例。如果向量空间中的这个角（对应前因条件的 16 个组合之一）的隶属度一直小于或者等于所有在结果中的隶属度，那么研究人员就可以得出前因条件组合式结果的一个子集。之后研究人员会将关于此评估结果的信息附加到向量空间相关角对应的真值表中。这样，整个真值表可以用来总结 2^k 个模糊集分析的结果。因此，在将模糊集合转换为真值表的时候，真值表由模糊集前因条件形成向量空间角。每个向量空间角的两条信息特别重要：每个向量空间角度（即每个前因条件组合）中的高隶属度的案例数量；能够证明角的隶属度是结果隶属度的一个子集的一致性实证证据。

（九）必要条件的模糊集分析

必要条件是导致结果发生必须存在的条件，但是它的存在并不能导致结果的必然发生。在模糊集的分析中，当结果的实例构成条件实例的子集，那么必要条件就会存在。必要性模糊子集的关系一致性可以用以下公式进行评估：

$$\text{Consistency}(Y_i \leqslant X_i) = \sum(\min(X_i, Y_i)) / \sum(Y_i)。$$

即集合 Y 作为集合 X 的子集的一致性是它们的交集占集合 Y 的比例。当所有的 Y 都小于或者等于 X 的时候，则产生 1.0 的结果。当有多个 Y 值超过了所对应的 X 的时候，那么结果就会小于 1.0。

在进行模糊集分析的时候，进行必要条件的检验是很重要的。任何通过必要条件的检测,并且作为必要条件的有意义的条件,都可以从真值表中剔除,即如果必要条件被包含在真值表的分析中,则它经常会被纳入“逻辑余项”,从而被剔除(即必要条件被简约化消除)。

四、总结

定性比较分析技术具有“良好的实践”,具有最高的透明度。不同的定性比较分析技术都有一个共同的视角:对处于两个极端之间“有意义的中等范围的社会科学”的发展作出贡献。这两个极端,一方面是宏观定量法的过度推广与普适化,另一方面是完全个体化的案例导向方法。因为定性比较分析技术共享这一视角,所以它们应当被视为互补的方法。例如,清晰集定性比较分析法能够被卓有成效地运用于大样本集合分析,而模糊集定性比较分析法也能够与小样本研究设计相适应。一般来讲,如果数据本身大部分就是二分数据或者使用二分法不会带来很多问题,则最好首先尝试使用清晰集定性比较分析法;如果其中存在大量的矛盾组态且无法通过对案例的深入分析解决,那么可以再转向多值集定性比较分析法。相较而言,如果原始数据在程度上有系统有意义地变化,那么应当尽量避免使用二分法或者是三分法,应当转向使用模糊集定性比较分析法。模糊集定性比较分析法对“充分性”有着更加严格的定义,并且它对每一个因果关系组合的评估都是基于研究中包含的所有案例的证据。因此,模糊集定性比较分析法的使用结果无论是相对于清晰集定性比较分析法还是多值集定性比较分析法——基于证据——都可能被限制得更紧。

第三节 定性比较分析的步骤

表 3-4 定性比较分析的步骤

定性比较分析步骤	步骤说明	要回答的关键问题
1.条件选择与模型构建	根据理论和经验知识,挑选合适的条件来回答问题	如何从许多可能的条件中进行选择? 这些条件是如何相互作用并与结果联系在一起的?
2.案例选择	选择能够回答研究问题的案例并收集数据	多大的样本量是合适的? 是否既有正面结果又有负面结果的案例? 这些案例是否具有异质性?
3.条件与结果校准	对原始数据进行校准以进行定性比较分析	根据数据类型,选择哪种校准的方式? 校准依据的理论知识和实践经验有哪些?
4.必要条件分析	通过软件进行必要性分析,查看是否存在给定结果的必要条件	是否有变量达到必要条件的标准? 必要条件在理论和实践上有何意义?
5.组态分析与结果解释	进行真值表的完善和标准分析,得出定性比较分析的解	最小案例频数、一致性和 PRI① 的标准设定是否有据可依? 反事实分析(如果有)是如何做出的? 如何解释组态结果?
6.稳健性检验	以多种方式测试结果的稳健性,观察子集关系、一致性和覆盖率的可能变化	选择哪种稳健性检验的方法? 结果会发生实质性变化吗?

① PRI 的全称是“不一致性的比例减少”,是子集关系一致性的替代测量。

一、条件选择与模型构建

定性比较分析的第一步是建立理论上合理的组态模型,再根据研究问题选择合适的条件与结果变量。

构建组态模型的一个关键因素是条件数量,条件数量的确定既要考虑样本的数量,也需要考虑模型的简约性。

K 个条件的子集理论上存在 2^k 种组合。

例如:

条件变量(3个):经济水平、文化水平、工业水平。

结果变量(1个):民主水平(衰弱/生存)。

高经济水平+高文化水平+高工业水平→民主生存。

高经济水平+低文化水平+高工业水平→民主生存。

低经济水平+低文化水平+高工业水平→民主生存。

……

共有 $2^3=8$ 种组合案例。

二、案例选择

条件选择和案例选择往往是同时甚至迭代进行的,二者之间没有固定的顺序之分。

创建一个 excel 表。

表 3-5 原始数据

	A	B	C	D	E	F
1	num	chinese	english	math	art	music
2	1	89	90	91	45	65
3	2	90	56	57	58	59
4	3	91	87	89	59	60
5	4	92	88	90	60	61
6	5	34	89	91	61	62
7	6	35	36	45	56	63
8	7	36	37	46	47	77
9	8	37	38	47	48	65
10	9	38	39	48	49	66
11	10	56	40	49	50	67
12	11	57	41	50	51	88
13	12	58	42	51	52	69
14	13	59	43	52	53	70
15	14	99	44	87	67	71
16	15	45	66	65	77	33
17	16	46	77	66	67	73
18	17	47	66	55	67	74
19	18	67	65	44	66	75
20	19	87	67	98	79	96
21	20	98	87	77	66	77

三、条件与结果校准

校准是指赋予案例的特定条件集合隶属度的过程,只有将原始案例数据校准为集合隶属分数之后,才能进一步进行必要性与充分性的子集关系分析。按照集合形态的不同,定性比较分析应用主要分为清晰集和模糊集两种类别。

对于模糊集校准,主要采用两种校准模式。一是间接性校准法(赋值法),研究人员主要是利用他们的判断为每一个条件分配多个介于“0”和“1”之间的值。二是直接校准法,基于理论和实践提出三个定性锚点——完全隶属、完全不隶属和交叉点,然后使用软件提供的算法进行校准。

在进行校准时,用 excel 校准,例如选定三个锚点:0.95、0.5、0.05,结果如下:

表 3-6 各变量锚点

0.95	98.05	89.05	91.35	77.1	88.4
0.5	57.5	60.5	56	58.5	68
0.05	34.95	36.95	44.95	46.9	57.7

利用模糊集定性比较分析法软件进行分析(注意需要将后缀换成 *csv* 后缀),将表格导入:

表 3-7 原始数据在 *fsqca* 中的显示

fsqca

File Variables Cases Analyze Graphs

num	chinese	english	math	art	music
1	89	90	91	45	65
2	90	56	57	58	59
3	91	87	89	59	60
4	92	88	90	60	61
5	34	89	91	61	62
6	35	36	45	56	63
7	36	37	46	47	77
8	37	38	47	48	65
9	38	39	48	49	66
10	56	40	49	50	67
11	57	41	50	51	88
12	58	42	51	52	69
13	59	43	52	53	70
14	99	44	87	67	71
15	45	66	65	77	33
16	46	77	66	67	73
17	47	66	55	67	74
18	67	65	44	66	75
19	87	67	98	79	96
20	98	87	77	66	77

四、必要条件分析

在得出最终结果之前,检查是否任何条件对结果来讲都是必要的。

“必要条件”意味着该条件总在结果存在时出现,换言之,没有该条件,结果就无法产生。通常认定必要条件需要达到 0.9 的一致性分数,并且具有足够的覆盖度。

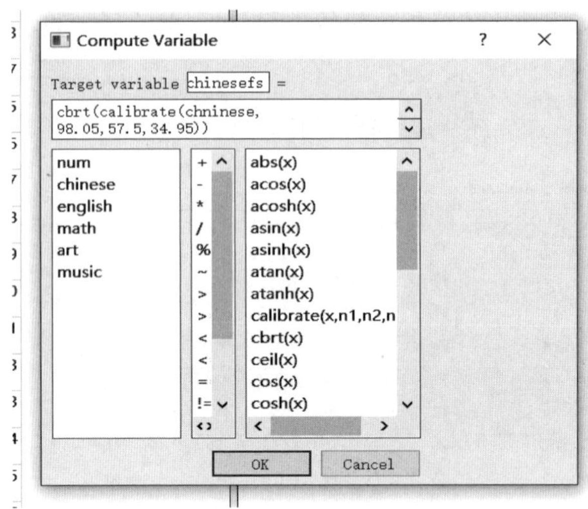

图 3-2 变量校准示意

表 3-8 各变量原始数据和校准后数据

fsqca

File Variables Cases Analyze Graphs

chinese	english	math	art	music	chinesefs	englishfs	mathfs	artfs	musicfs
87	67	98	79	96	0.90	0.66	0.97	0.88	0.98
92	88	90	60	61	0.93	0.95	0.96	0.58	0.12
34	89	91	61	62	0.04	0.95	0.95	0.60	0.15
89	90	91	45	65	0.91	0.96	0.95	0.05	0.29
91	87	89	59	60	0.92	0.94	0.94	0.56	0.09
99	44	87	67	71	0.96	0.11	0.93	0.72	0.61
98	87	77	66	77	0.95	0.94	0.86	0.70	0.79
46	77	66	67	73	0.18	0.85	0.70	0.72	0.68
45	66	65	77	33	0.16	0.64	0.68	0.86	0.00
90	56	57	58	59	0.92	0.36	0.52	0.54	0.07
47	66	55	67	74	0.20	0.64	0.43	0.72	0.71
59	43	52	53	70	0.53	0.10	0.25	0.31	0.57
57	41	50	51	88	0.48	0.08	0.21	0.20	0.95
58	42	51	52	69	0.51	0.09	0.20	0.25	0.54
38	39	48	49	66	0.07	0.06	0.17	0.13	0.36
36	37	46	47	77	0.05	0.05	0.14	0.08	0.79
56	40	49	50	67	0.45	0.07	0.13	0.16	0.43
67	65	44	66	75	0.67	0.62	0.11	0.70	0.74
37	38	47	48	65	0.06	0.05	0.08	0.10	0.29
35	36	45	56	63	0.05	0.04	0.05	0.50	0.19

```
Analysis of Necessary Conditions

Outcome variable: artfs

Conditions tested:
              Consistency    Coverage
chinesefs     0.686966       0.646881
~chinesefs    0.577991       0.537773
mathfs        0.817308       0.747801
~mathfs       0.485043       0.464688
```

图 3-3 必要条件分析

可以规定大于 0.85 的时候，是属于必要条件。

五、组态分析与结果解释

组态分析包含真值表完善和标准分析两个子步骤。

首先，研究人员要设定相关的限制以初步筛选真值表行。

第一个标准是确定最小案例频数以避免经验上琐碎的组态。

第二个标准是确定一致性门槛以确保组态的解释力度。

第三个标准是设计 PRI 的一致性。

在保留满足三个分析标准的行之后进行标准分析，软件会输出三种类型的解：复杂解、简约解和中间解。

表 3-9　真值表

Edit Truth Table

File　Edit

mathfs	artfs	musicfs	number	chinesefs	cases	raw consist.	PRI consist.	SYM consist
1	1	0	5　(26%)		cases	0.732075	0.577381	0.577381
0	0	1	4　(47%)		cases	0.630394	0.0921658	0.109289
1	1	1	4　(68%)		cases	0.810379	0.684385	0.684385
0	0	0	3　(84%)		cases	0.605166	0.189394	0.19084
0	1	1	2　(94%)		cases	0.771429	0.365079	0.373984
1	0	0	1　(100%)		cases	0.844398	0.737762	0.737762
0	1	0	0　(100%)		cases			
1	0	1	0　(100%)		cases			

六、稳健性检验

定性比较分析的稳健性检验有很多种方法，常用的方法是合理调整相关的参数设定，例如校准依据、最小案例频数和一致性门槛值，然后对调整后的数据进行再次分析，比较组态的变化以评估结果的可靠性。例如，研究保持案例频数不变，将一致性阈值从 0.80 提高至 0.85 及 0.90，发现调整后的组态分析结果与调整前结果相同，证明研究分析结果较为稳健。

重要术语

组态　定性比较分析　案例分析

复习思考题

1.定性比较分析的定义是什么?

2.为什么不能用单一因素进行分析?

3.为什么要进行必要性与充分性检验?

参考文献

[1]ROMANELLIE.The evolution of new organizational forms[J].Annual Review of Sociology,1991(17):79-103.

[2]刘善庆.基于组织生态理论的特色产业集群形成机理分析——以景德镇陶瓷特色产业集群为例[J].科技管理研究,2007(8):135-136.

[3]王屹,梁晨,陈业森.地方"双高职校"转型探讨——资源依赖理论与区域建设的良序共生[J].中国高校科技,2021(5):76-79.

[4]Donald C.Hambrick, Richard A.D'Aveni.Top Team Deterioration As Part of the Downward Spiral of Large Corporate Bankruptcies[J].Management Science, 1992,38(10):1445-1466.

[5]黄旭,程林林.西方资源基础理论评析[J].财经科学,2005(3):94-99.

[6]黄秀莲.基于组态视角探究中国低碳发展路径——中国式降碳"三步走"策略[J].软科学,2022,36(7):90-96.

[7]杜运周,贾良定.组态视角与定性比较分析(QCA):管理学研究的一条新道路[J].管理世界,2017(6):155-167.

[8]黄健,余杰,衣长军,申慧云.中国跨国企业海外子公司创新绩效驱动机制——QCA方法的组态分析[J].华侨大学学报(哲学社会科学版),2021(4):77-90.

[9]罗天."双碳"目标下产业协同集聚与低碳发展模式塑造[J].生态经济,2022,38(7):42-47,71.

[10]姬潇涵,周定根,刘东华.环境规制与中国制造企业出口升级——基于节能低碳政策的准自然实验证据[J].生态经济,2022,38(4):137-144.

[11]伍凌,张晓航.基于csQCA的区域创新投入影响因素研究[J].北京邮电大学学报

(社会科学版),2021,23(2):81-87.

[12]Charles C. Ragin. Fuzzy-Set Social Science[M]. Chicago:University of Chicago Press, 2000.

[13]Dirk Berg-Schlosser. Macro-Quantitative vs.Macro-Qualitative Meth-ods in the Social Sciences-Testing Empirical Theories of Democracy. COMPASSS Working Paper 2002(2), www. COMPASSS.org/wp.htm.

[14] Croqvist, Lasse. Presentation of TOSMANA: Adding Multi - Value Variables and V13isual Aids to QCA. COMPASSS Working Paper, 2004(16), www.COMPASSS.org/wp.htm.

第四章

扎根理论及其应用

第一节 扎根理论概述

一、扎根理论的含义

扎根理论方法是一种专门产生理论的方法,是质性研究革命的先声。在这个意义上,它与验证理论的方法不同,也与那些以提供对研究问题的描述性解释为目的的研究有所不同。它包括一些系统而又灵活的准则,研究者不是以假设开始,也不是以对相关题目进行全面的文献综述开始,而是对数据进行收集和分析,边收集边分析,将理论建立在数据的基础上。随着研究的进行,会收集到更多的信息,会有更多的分析,直到达到"理论饱和"状态,即"新的数据不再显示任何新的理论元素,而是确证已发生的内容"(Punch,1998:167)。

扎根理论方法最早由美国社会学家格拉泽(Barney G.Glaser)与施特劳斯(Anselm L. Strauss)在《发现扎根理论》一书中提出,可以说,他们两位是扎根理论方法的创始人。首先,我们应该明白,扎根理论并不是一种理论,而是一种方法,这种方法能够让研究者审视自己的"扎根理论"。依循扎根理论方法所建立起来的理论,是扎实地将其根基建立在资料之上的。不同的人对扎根理论会产生一些略有不同的理解,对于研究者来说,已经有这样一种趋势:"采用并改造"扎根理论,同时为了自身的目的有选择地使用它。

扎根理论方法强调经验性实地研究的重要性,强调任何解释都要与现实世界的实际情景内容非常贴近,它与纯粹思辨的方法不同,与那些以抽象作为完美思想体系,然后再检验它在现实中是否可行的解释理论也不同。

二、扎根理论的历史、现状与未来

（一）扎根理论的历史发展

扎根理论（Grounded theory）也译为基本理论、草根理论、实基理论、植基理论、立基理论。

根据施特劳斯的观点，一般可将扎根理论的发展分为三个阶段。

1. 格拉泽与施特劳斯（1967）初创阶段

自从格拉泽与施特劳斯 1967 年和格拉泽 1978 年的经典陈述出现以来，他们开始在不同的方面运用扎根理论，格拉泽仍与他早期对该方法的解释保持一致，把扎根理论作为一种发现的方法。他们认为研究者首先应有“开放的头脑”，运用扎根理论的研究者在研究过程中需要抛开他们关于研究问题的一套固定观念。该理论的研究者不是为了检验某一特定理论是否可行而作研究，而是为了发展建构理论，并且强调研究是一个不断发现的过程。

2. 格拉泽和施特劳斯（1987）完构阶段

格拉泽和施特劳斯对扎根理论实践的规定成分进行完善，使质性探究方法超越描述性研究，进入解释性理论框架领域，由此对研究对象进行抽象性、概念性的理解。他们激励新手扎根理论者形成新的理论，提倡延迟文献评述，避免用已有的观点视角看待世界。

3. 施特劳斯与科宾（1990）“弹性阶段”

施特劳斯与科宾的扎根理论版本也支持了他们新的技术程序，而不是强调区别于早期扎根理论策略的比较方法。格拉泽对其程序进行了批评，他认为这样做会使得研究的数据和分析的结果与预设的类属相同，从而偏离事实，这不符合扎根理论的基本原则。虽然格拉泽对施特劳斯与科宾的扎根理论版本有许多不同的观点，但是他们的著作仍然是该方法的有力陈述，对世界上的许多研究者都具有指导意义。1990 年，扎根理论已在学术界广泛传播，其实证主义假设也得到了一些学者的认可，施特劳斯与科宾提出的进行数据分析的系统方法得到了量化研究者的肯定，有时在需要复杂方法的项目中也会用到这种方法。

对于扎根理论的研究，国内外学者都在积极的探索中不断发展该理论，使其呈现出多样化的特点，不同学派的贡献如图4-1所示。

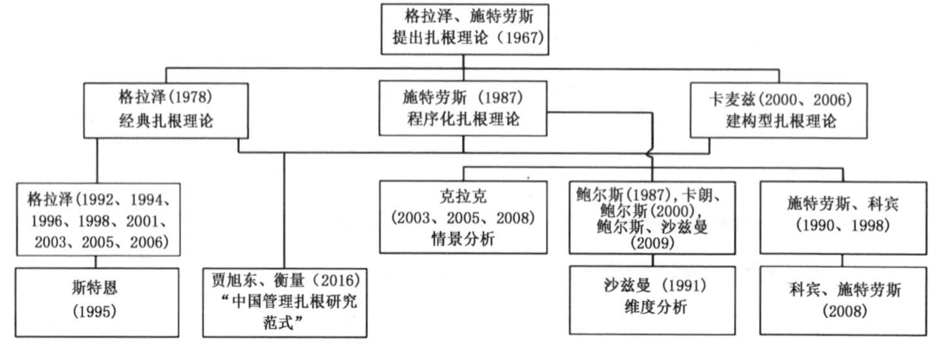

图4-1　扎根理论的“丛林”

（二）扎根理论的学术地位

在定性研究领域中，扎根理论有比较高的学术地位，该方法已成为近年来社会研究者的普遍选择，尤其是使用质的数据开展小规模项目来研究人类互动的人以及开展探索性研究并关注特定情境的人都开始采用该方法。其被认为是最科学的方法，也被认为是最适合进行理论建构的方法，被誉为“定性革命”的先声，应用于很多人文社会科学学科——社会学、心理学、护理学、管理学、教育学、宗教学等。

（三）扎根理论的学科融合

作为一种研究方法，虽然扎根理论最初是从医疗领域发展出来的，但从原则上来说，扎根理论可以适用于不同学科和不同研究主题，虽然有的研究主题有所限制，研究者应该根据具体的研究背景进行应用。扎根理论嫁接了社会学中两个相互矛盾且彼此竞争的传统，其起源于哥伦比亚大学的实证主义和芝加哥学派的实用主义及田野研究。格拉泽在哥伦比亚大学跟随保罗·拉扎斯菲尔德(Pual F. Lazarsfeld)时受到严格的量化训练，提出扎根理论方法的认识论假设、逻辑和系统方法，当保罗为量化研究进行编码时，格拉泽关注的是如何为质性研究方法进行编码，使研究的整个策略得到详细说明，使研究过程清晰化。格拉泽提倡建立有用的中层理论，包括对具体社会现象的抽象表达，最终要扎根于数据。

另外，施特劳斯的芝加哥学派遗产也渗透在扎根理论方法之中。施特劳斯没有把人作为社会力量的消极接受者，而是把人看作客观世界的积极响应者，对于人类存在的基础，他指出是过程而非结构，实际上，人们在参与过程中就产生了结构。

大部分扎根理论是实质理论，其所解决的是在具体的实质领域中被限定的问题，如残疾的年轻人如何重新建立起他们的自我认同。扎根理论的逻辑能够进入实质领域，进入形式理论的范围，从而产生抽象的概念，使关系具体化，以理解多重实质领域中的问题，且在一个新的实质领域进行的研究有助于完善形式理论。

许多读者接受了《扎根理论的发现》一书对该理论的阐述，并成为激发“质性革命”的主要力量，这一革命获得了延续于整个 20 世纪后半期的发展势头。施特劳斯和科宾清楚的策略以及关于从质性数据形成理论的号召扩展到许多学科和专业职业，激发了新一代的社会科学家和专业人士去追求质性研究。

（四）扎根理论的未来

扎根理论的不同学派之间往往会存在不同意见，正是这些不同的意见促进了扎根理论方法的发展。未来应在秉持“扎根精神”的基础上进行更加深入的交流探讨，促进不同学科之间的融合，对于具体的研究方法和技术可以结合所研究的不同领域、问题和情境灵活运用。

扎根理论方法为研究者的知识转化提供了可能性，那些激发研究者热情的问题会引导其进行研究，而不仅仅是满足学术要求和职业身份的目标。当研究者带着热情进入被研究的现象，让自己对研究经验敞开心怀时，便会在它的指引下有所收获。这条道路会带给研究者不可避免的含糊，使其陷入混乱、迷惑之中，当研究者带着热情、好奇、开放和认真的态度进行研究时，新的经验就会产生，新的观点就会生成。

第二节　扎根理论主要学派比较

学者们对扎根理论的不断研究，使其形成三个主要的学派，在这里我们将从三大学派的认识论和编码程序进行讨论。

一、扎根理论三大学派的认识论比较

（一）经典扎根理论——实证主义

实证主义主要强调在研究过程中要秉持科学性和客观性，主要基于后实证主义，认为只要遵循一定的分析程序，资料就会自然涌现出来并反映其背后的基本模式，坚持从情境中涌现问题，而不是事先对理论进行预设，强调理论形成的客观性和科学性，探索不以人的意志而转移的客观规律。

（二）程序化扎根理论——诠释主义

诠释主义基于实用主义和符号互动主义，强调在研究过程中进行抽象和定量分析，以便最终的推论和预测具有较高的可信度，强调参与者之间的互动和研究人员与同行的互动，需要对所研究的现象进行强有力的解释，相信研究人员理论解释上的专业性和中立性。

（三）建构型扎根理论——建构主义

建构主义来源于理性主义与经验主义的结合，强调寻求意义，这个意义既包括研究对象的意义，也包括研究者的意义。寻求研究对象的意义，不能仅仅停留在表面意义或假设意义，而是要深入探索。我们必须寻找行动和事实，也必须寻找观点和价值；我们必须寻找情境和结构，也需要寻找信仰和意识形态；我们应当通过研究隐含的意义，将调查对象关于现实的概念清晰化，而不是对它提出挑战。建构主义认为社会中不存在“客观真实”，强调研究者在理解和解释中的能动作用；他们所做的研究是努力寻找可以解释“研究主体如何建构现实”的有利条件，是一种理论建构的过程，希望主观与客观二者结合运用。

研究对象并不清晰的意义、经验观点和研究者已经完成的扎根理论是对现实的建构。与芝加哥学派的前辈们一样，扎根理论要建立在实用主义基础上，要形成解释性的分析，并且这种分析要认可这些建构。

二、扎根理论三大学派的编码程序比较

（一）经典扎根理论

1. 实质性编码

通过编码开始将资料定义和分类。编码有助于我们获得对资料的新的理解，有助于进一步关注资料的收集，而且可以引导我们向着未知的方向前进。通过编码，可以定义数据中所发生的情况，反复思考它们的意义。该过程不仅是对数据的概念化与抽象化的提取，也是从许多零散的概念中总结出实质性理论架构的过程，因此需要严谨的编码过程，以便保证研究结果的可靠性。通过编码，研究者可以从纷繁复杂的数据中构建一个接近实际世界、内容丰富、整合完整、具有解释力的理论。

实质性编码包括开放性编码和选择性编码。开放性编码是指对文字材料进行逐字逐句的检视，用关键词把每一个事态标记出来，并根据概念划分，将关键词聚拢分类，尽可能多地建立起一些概念范畴；选择性编码指当研究达到饱和状态时，可开始进一步地抽象化，对不同范畴进行整合和压缩，以得到一些实质概念。

2. 理论性编码

在理论性编码阶段，格拉泽提出了拥有 18 个理论代码的家族系列，包括分析性类属比如“6C”因果模型（causes，contexts，contingencies，consequences，covariances and conditions），“程度”“维度”“交互性”“理论性”“类型”编码家族，以及来自主要概念如“身份—自我”“方式—目标”“文化”以及“共识”家族的代码。如果可以巧妙地使用理论代码，它们就会成为锋利的分析利器，使所进行的研究更加有针对性。综上所述，经典扎根理论的编码流程如图 4-2 所示。

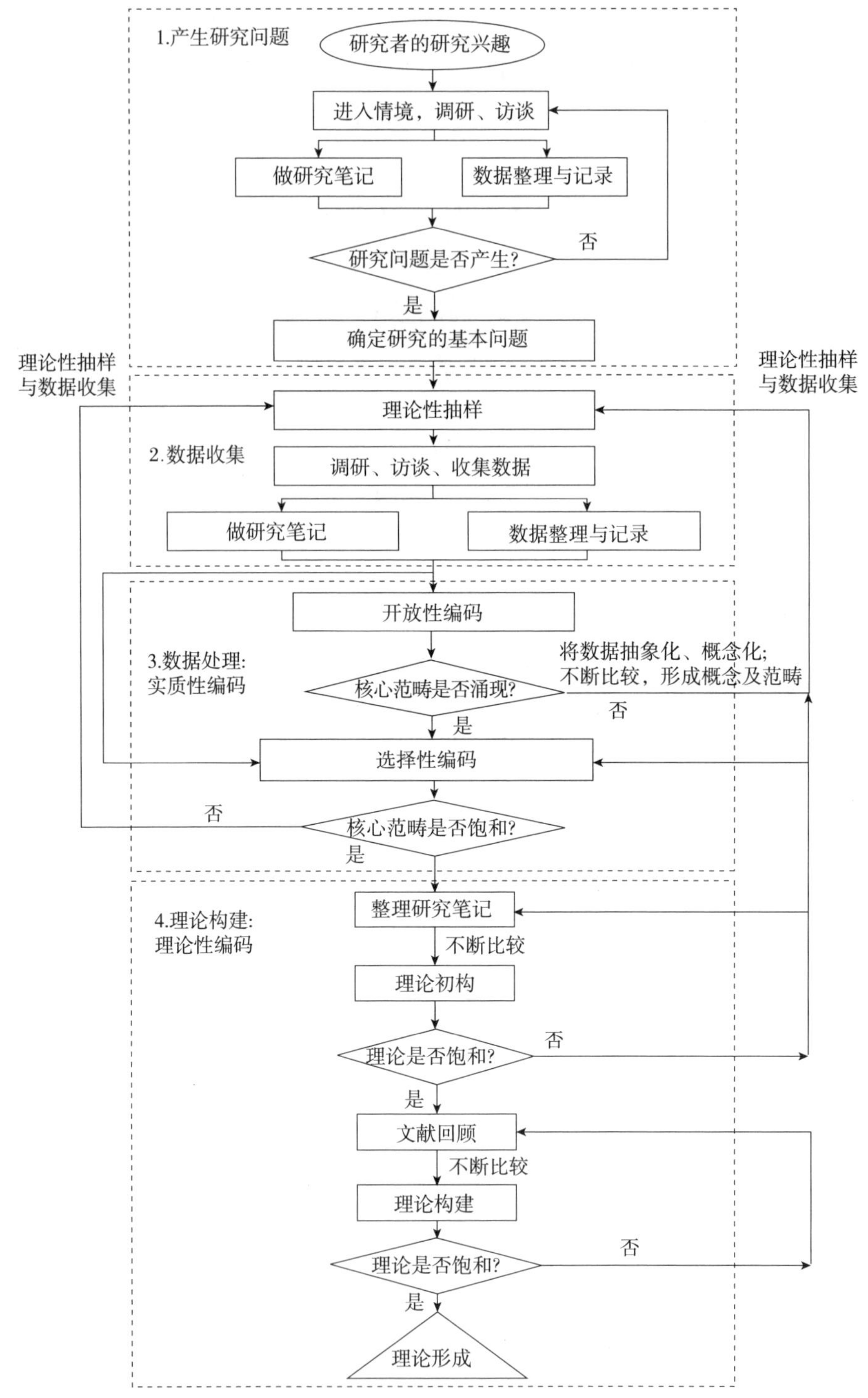

图 4-2 经典扎根理论编码流程

(二)程序化扎根理论

1. 开放性编码

开放性编码与经典扎根理论中的开放性编码性质一致。人们通过开放性编码将收集来的资料进行分解,划分成一个个单位,仔细分析,比较它们之间的异同,针对资料里所出现的现象提出一些问题,经过这样的过程,人们根据研究者或别人的假设进行探索,提出不同看法,并进一步推导出新发现。相关程序为资料打散、概念化、范畴化(逐行编码)。

2. 主轴性编码

主轴性编码是程序化扎根理论引入的一个新概念,其主要任务是发展主要范畴。编码成形后,研究者要寻找编码之间的联系,编码之间的联系可以帮助研究者把它们归入更大范围的标题中,并分辨出哪些编码更重要。这种编码被称为主轴性编码,因为它把分析导向了对关键(主轴)因素的辨别。

3. 选择性编码

研究者应该把注意力集中在关键因素、最重要的分类上,并集中精力分析这些内容,这种选择性编码只关注核心编码,这些核心编码是在开放性和主轴性编码中形成的、对于解释复杂社会现象具有关键作用的编码。选择性编码主要处理范畴与范畴之间的关系,根据范畴之间的性质和特点将它们联系起来,并通过不断比较,挖掘能统领所有概念或范畴的“核心范畴”,合理正确地选择核心范畴,分清它们之间的关系,步骤为:明确故事线—在核心范畴中找出联系—明确主次和维度—检验初步理论—补充发展。程序化扎根理论的编码流程如图 4-3 所示。

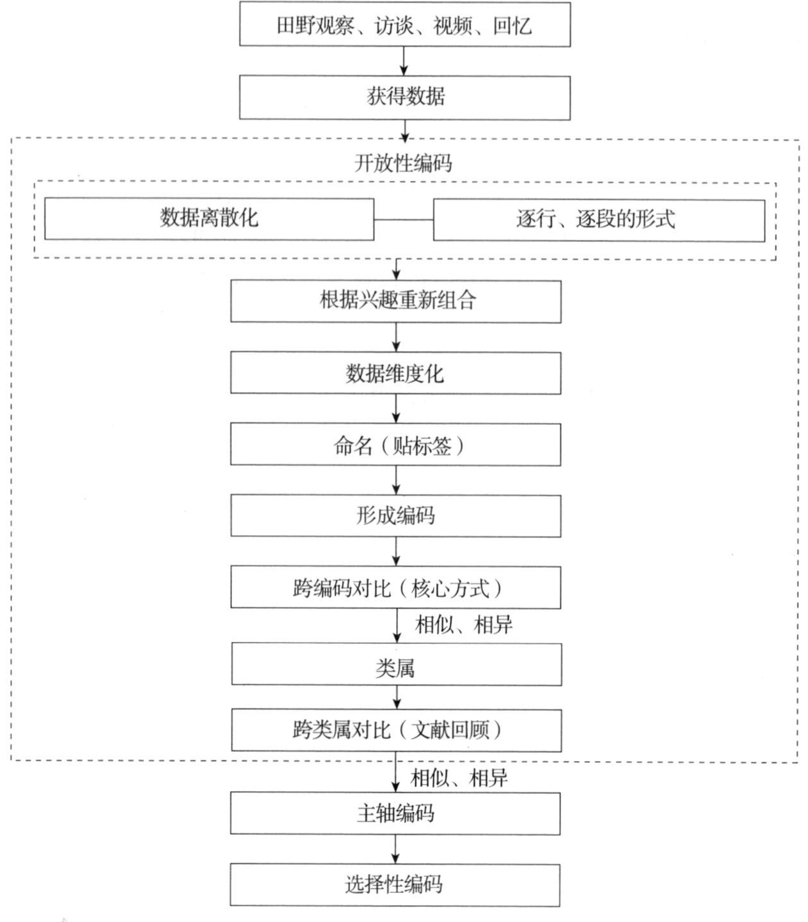

图 4-3 程序化扎根理论编码流程

（三）建构型扎根理论

建构型扎根理论的编码过程分为两个基本阶段：第一阶段，初始阶段，即初始编码。当扎根理论学者进行初始编码时，要对能够在数据中识别出的任何理论的可能性保持开放的态度。通过对不同数据的比较分析，我们可以了解到研究对象认为有问题的内容，并开始分析地对待它。研究者根据数据可能会问：“这些数据是关于什么的研究？”“这些数据表明了什么？意味着什么？”“观点是什么？”等等。

第二阶段，聚焦和选择阶段。经过初始阶段，对最重要的和出现最频繁的初始代码进一步归类，形成范畴，为后续理论的形成打下基础，其包括以下步骤：

聚焦编码。聚焦编码需要判断能够准确分析出数据的是哪些初始编码，从初始编码到聚焦编码的过程中，可能会使之前模糊的地方变得清晰，一种豁然开朗的经验会提高研究者对早期数据的研究，然后可能会返回早期研究对象那里，重新探究那些可能被草草带过的问题，或者探究那些可能不太清楚的致使早期不能识别或无法表达的问题。

轴心编码。轴心编码是施特劳斯和科宾把数据再次恢复为连贯整体的策略，他们认为轴心编码是回答关于"哪里、为什么、谁怎样以及结果如何"这些问题的，有了这些问题，研究者就能更加充分地描述被研究的经验了。轴心编码有助于搞清楚并扩展生成想法的分析力量。

理论编码。理论编码是整合性的，它们给研究者所收集的聚焦代码赋予了形式，这些代码可以使分析性的故事具有连贯性，不仅会使实质代码之间的关联形式概念化，也会使分析性的故事开始变得理论化。当进行分析时，使用理论编码有助于澄清和加强分析，但要避免把强制性框架强加在它身上。格拉泽提出了拥有 18 个理论代码的家族系列，包括分析性类属比如"6C"因果模型下的理论表达形式。建构型扎根理论的编码流程如图 4-4 所示。

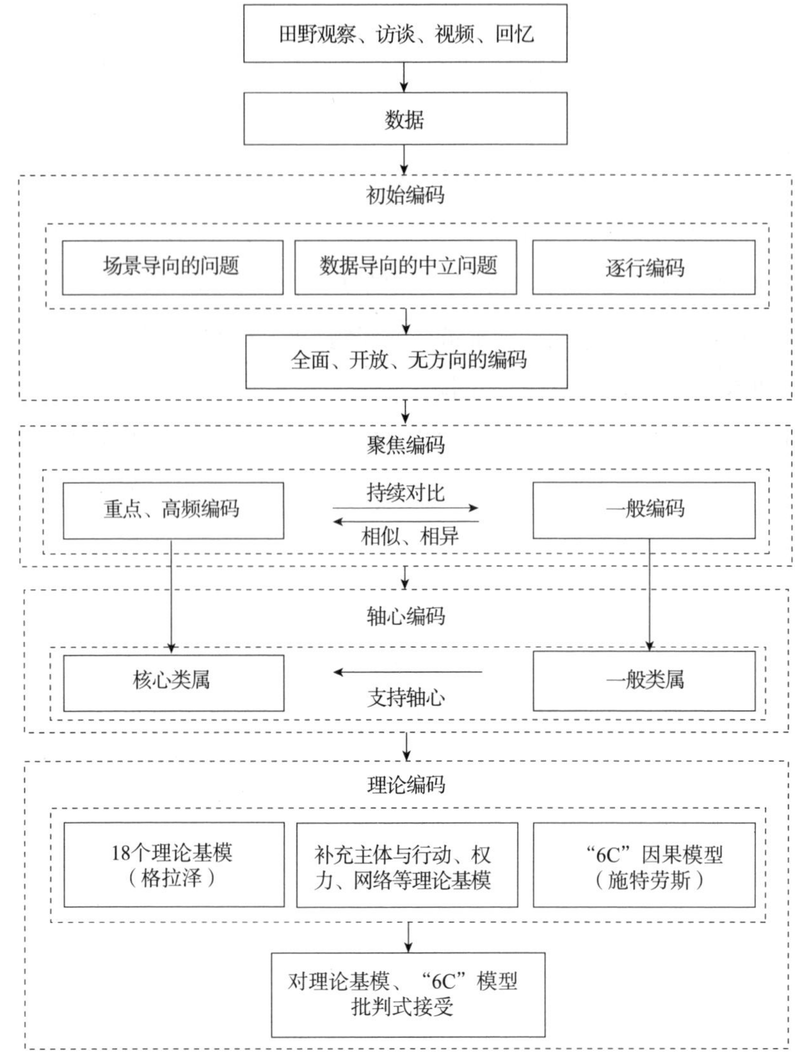

图 4-4 建构型扎根理论编码流程

经典扎根理论、程序化扎根理论和建构型扎根理论三者之间的编码流程比较如图 4-5 所示。

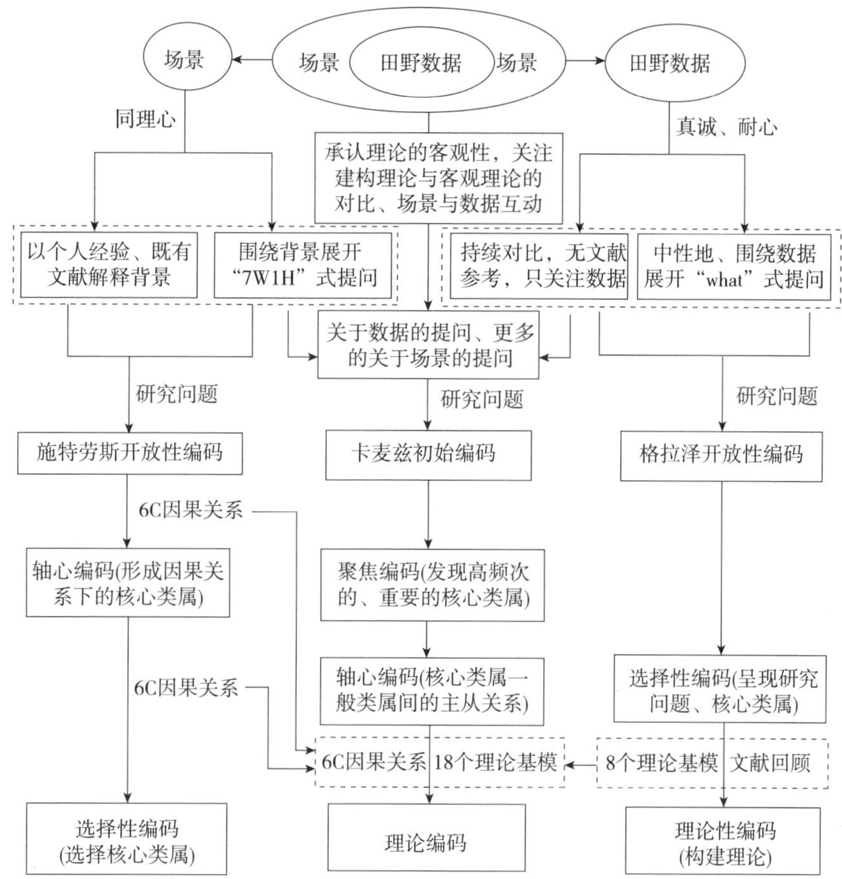

图 4-5　经典扎根理论、程序化扎根理论和建构型扎根理论编码流程比较

第三节　扎根理论的研究方法

扎根理论从收集数据开始，具体的研究方法流程如图 4-6 所示。其主要思想是界定对象并进行问题探讨。在进行数据收集时，研究者可以不同的方法来进行。这些方法是我们研究的工具，在进行资料收集与分析时，两者是同

步进行的，强调数据的准确性和丰富性，并将相应的社会背景和情境考虑在内，进行细致的分析，将寻找到的新概念和新范畴与原先的进行比较，继续开始新一轮的数据收集和分析，直至达到理论的饱和，即在数据收集中不会再发现类属的新属性。此方法强调研究者要有足够的理论敏感性。

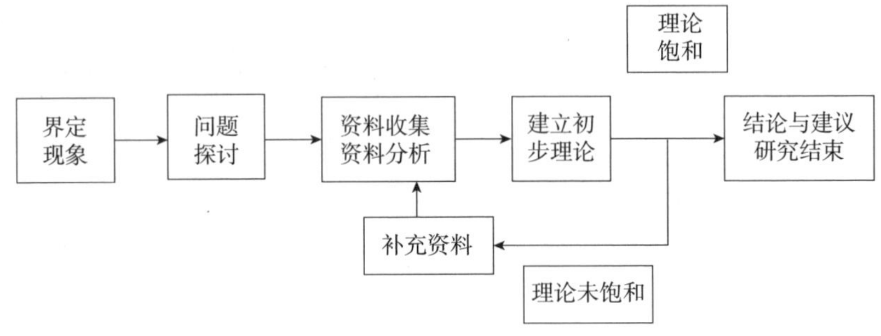

图 4-6　扎根理论研究方法流程

一、资料收集

（一）抽样

（1）目的抽样：早期研究常用的方法，根据研究目的的不同，寻找符合要求的访谈对象，在选择访谈对象时需要考虑其年龄、性别、身体状况、是否需要人照顾等因素。

（2）理论抽样：主轴性编码阶段的抽样方式，强调边收集边进行编码和分析，将资料收集、编码和理论建构三项工作融合成一个持续往返的过程，强调数据的丰富性而非数量的多少，其目的是获取数据来帮助澄清类属。

（3）滚雪球抽样：首先随机选取一部分想要访谈的对象，与他们进行一一访谈，然后根据研究目的，请这些被访谈者提供一些另外的访谈对象，根据他们提供的这些访谈对象来确定接下来的被访者。

（二）获取资料

1. 深度访谈

深度访谈一直被质性研究者追捧，在任何一项质性研究中，深度访谈都可以是一个整体的策略，或者是采用的多种方法之一。深度访谈主要指研究者通过与受访者的正式交谈而获取资料的方法，用以采集受访者对某事物的看法，是对具体问题或经验的深入探究。访谈有一些特定的优势，一次访谈可以很快地产生大量的数据，当多于一个被访者时，这一过程将带来更多样的信息，这是广度和深度之间的交换。访谈者应该有极好的聆听技巧(或者是使用手语的技巧)，并且在人际互动、提出问题、温和地要求详细阐述方面很有技巧。在访谈时应注意如下技巧。

(1)访谈前的准备。

A.确定访谈对象：了解访谈单位概况、拟定访谈对象选择标准和确定访谈对象。

B.了解访谈对象：深入了解访谈单位情况、了解访谈对象个人情况和其他相关情况。

C.准备访谈材料与工具：访谈提纲、相关材料(名片、介绍信、保密协议、个人信息表)、录音设备、笔记本、笔和访谈时的着装。

(2)访谈中的技巧。

A.开场：身份介绍、意图介绍、出示材料和适度寒暄。

B.切入：引入访谈主题、专注地聆听、适度回应和互动。

C.结束：总结、致谢、留下联系方式与承诺。

(3)访谈应注意的问题。

A.充分了解，充足准备，在正式访谈之前，最重要的一步就是准备工作，首先研究者应该大致思考自己想做的题目，或是有哪些值得做的题目。

B.能否建立信任是成败的关键，研究者应该以诚恳的态度向受访者表达自己的兴趣，以拉近彼此的距离。

C.寻找最佳的切入点，访谈的技巧是否合适会直接影响到所获得的资料是否正确反映受访者的想法，这就要求研究者要适时地寻找最佳的谈话切入点，以使谈话顺利进行。

D.保持客观、中立、开放的态度，当研究者开始访谈的时候，应尽可能地将个人价值观悬置起来，对访谈主题采取一种中立、客观的态度，这不仅意味着有时要闭口，同时也意味着不能显示出厌恶、惊讶或高兴的表情。

2. 参与式观察

观察为社会研究者提供了一种独特的数据收集方法，这种方法更为直接，它不依赖于人们说他们做了什么，或者人们自称在想什么，而是通过眼睛见证发生的事件，获取作为直接证据的第一手资料。参与式观察主要是从文化人类学和质性社会学中发展出来的，既是一种整体的研究取向，也是一种资料收集的方法，如果除了研究者之外没有人知道研究正在进行，那逻辑上就没有人会故意表演，而是和往常一样。参与式观察最主要的优势就是维持情境的自然性，首要的问题就是将干扰最小化，这样才能看到事件的正常发生状态，不会因为被观察者知道正在进行研究而受到影响。这种收集资料的方法对所有的质性研究来说都是基本的，这种方法要求研究者考虑自己参与式观察的角色或姿态。

参与式观察的性质也让研究者可以更关注研究的深度，而不是广度。原则上，参与式观察产生的数据比其他方法产生的数据能更好地反映细节、微妙之处、复杂性以及和所研究的社会世界的内在联系。参与式观察主要包括以下三种可能：

(1)完全参与，这种方式下研究者的身份保密。研究者假扮成这个环境中正常行动的某个人。研究无法得到认可，存在研究伦理问题。

(2)正常情境参与，这种方式下某些“守门人”可能会知道研究者的身份，但情境中的大多数人并不知道。在这种方式下，研究者的身份要谨慎选择，这个身份要使研究者不破坏情绪的自然性，同时还要使研究者与研究的关键群体保持一定距离。这个距离要适当，否则研究者无法承担做研究的个人角色。

(3)作为观察者参与，这种方式下研究者的身份是公共的，这样做的好处是可以得到那些参与者的知情许可，并以正常生活的方式跟随一个人或者一群人进行研究，获得关于所研究的文化和事件的第一手详细资料。

二、资料分析

质性研究的资料分析是要找到关系以及基本论题的总体陈述，要探讨、描述并建立起扎根理论。在质性研究中，资料收集和分析通常是手牵手同时开展，以建立起连贯的解释。

（一）三级编码（开放性、主轴性、选择性）

编码技术与文本分析：编码不是提取关键词，而是对数据的概念化和理论化。编码是基于研究者的认识论和理论敏感性对数据进行的再加工和理论提升。提取关键词属于文本分析（内容分析），编码却要尽量避免数据中所用到的词，而是将其归纳为更加抽象化、概念化的词。

编码有不同的来源，包括文献综述、资料中出现的语言和行为，还有研究者的创造性领悟。编码的目的是获得可以解释现象的概念，这些概念就是能够囊括各个类别与某个问题产生联系方式的那些基本理念。这些概念构成了可以解释事物的理论基础，并在一定情况下解释事情为什么是这样。

扎根理论方法的编码大致可分为以下三种：

1. 开放性编码——打碎资料的过程

对于笔记、备忘录、访谈稿等资料所浮现的任何可以编码的句子或片段给予概念化标签，这就叫作开放性编码，也即将句子或段落标签化的“动作”，这个“动作”的目的并非赋予资料名称，而是要将资料概念化。包括三个步骤：逐行编码、概念化和范畴化。

（1）逐行编码：对于有着丰富细节、与基本经验问题或过程有关的数据来说，逐行编码会发挥特别好的作用，不管这些数据包含的是访谈、观察、文献，还是民族志和自传。对人们、行动以及环境的细致观察，能够明显地揭示生动的、因果相继的场景和行动，这有助于进行逐行编码。

（2）概念化：通过对句子或段落进行编码，然后总结出最重要的或出现最频繁的代码，最后将代码转化为概念。

（3）范畴化：研究者把上述概念聚拢、提炼成一个层次更高的概念，即范畴。

2. 主轴性编码——恢复打碎资料的过程

主轴性编码的具体做法就是发掘范畴的性质和层面，使范畴更严密，此时，研究者需要回过头去阅读前几次的观察或访谈资料，重点是去寻找与这些主要范畴有关的句子和段落，看是否可以重新发现与这个范畴有关的概念。

主要任务：

(1)建立概念和范畴之间的联系,(2)分辨出主范畴,(3)通过主范畴把握事件发展的脉络,(4)回答关于“何时、何地、谁、怎样、结果如何、为什么”这样的问题。

3. 选择性编码——析出核心范畴的过程

当主要范畴发展得差不多且观察的次数或访谈个案积累到一定数量时,范畴与范畴之间的关系可能会逐渐浮现出来。选择性编码要把范畴相互连接起来,而这个动作要根据各个范畴的性质和层面来完成。

(二)撰写备忘录

(1)备忘录:备忘录能把握研究者的思想,保留研究者所做的比较和联系,使所追求的问题和发现清晰化;通过写备忘录,可以使自己与自己进行交谈,新的想法和洞见会在写作的过程中出现;把事物写在纸上会使工作具体和便于管理,使事物更能引起思考。

(2)田野笔记:人类学研究的一种重要方法。大部分参与式观察资料以田野笔记的形式出现,好的田野笔记是参与式观察研究的基础。田野笔记呈现出一种企图,试图为田野场域中发生的事情提供字面上的解释:社会化过程及其脉络。但其显然不可能记录所发生的每一件事情,最后记录的事情取决于研究者的风格、偏好、研究问题、目的、场域的特殊情况和记录资料的方法。所以,我们应当考虑关于田野笔记的三个基本问题:记录的内容、记录的方法和记录的时间。

(3)撰写备忘录:一个综合的过程。撰写的过程也是研究者思考的过程,从中可以发现所得资料在理论上的含义,刺激研究者的思维并提醒其应该注意的社会现象。在写备忘录的时候,应该学会停下来,用在这时候产生的任何以及每一个方法分析关于代码的想法。撰写备忘录的过程,有利于提升所收集资料的层次。

(4)研究备忘录:特别是研究早期的备忘录,可能比解决分析性问题更常见。它能让我们发现需要填补的缝隙。初始的观点是尝试性的,备忘录表明我们需要做更多的工作去强化原先的类属。写作有助于确认已编码资料之间的联系,还可以帮助确定资料中的不足和错误,这也强迫分析者即使是在被一些有诱惑力的事物分心的时候，也能深思熟虑地沉浸于研究之中。

（三）不断比较（贯穿研究始终）

扎根理论方法把不断比较作为分析数据的方法，这就要求研究者在编码、分类和概念出现的时候对它们进行比较和对比——根据已有的观点不断地检验这些编码、分类和概念。通过比较类似的编码和对比不同的分类，甚至是运用假设的可能性，研究者就有可能改进数据中生成的概念和理论的解释力。其主要通过以下几个方面进行：

（1）强调存在的相似之处和不同之处（改进分类和描述）；

（2）使研究者可以把分类和编码整合到共同的标题中（便于简化复杂的现象）；

（3）使研究者可以检验形成的理论（提供一种方式让研究者可以在理论产生的阶段就对其进行检验，而不是在理论确定之后再去检验）。

通过运用不断比较的方法，研究者不会忽视数据，也不会让分析脱离实践中发生的事情。这种方法可以保证研究中形成的任何理论都十分贴近原始数据，即这些理论仍然是扎根于经验性事实的，这一点对整个扎根理论方法来说是十分重要的。

我们要注意到在质的数据分析和量的数据分析之间有一个重要的区别，根据扎根理论方法，构成理论或分析基础的概念来自研究活动过程本身，而不是像在量的数据分析中一样，概念确定于研究之前。

（四）理论饱和

研究到什么时候才结束呢？进行扎根理论研究时，这个问题是很难有确定答案的。从原则上来讲，研究者要一直进行理论抽样，检验形成的编码、分类和概念的有效性，直到理论饱和。这个临界点在研究的开始阶段无法得到准确的预测，但当研究者达到这个临界点时，他自然会意识到，因为此时，进一步的数据收集并不会给正在形成中的编码、分类和概念增加新的内容。再进行新的实地研究只会证实已形成的概念、编码和分类——只是去证实理论，而不是改进理论，实际上，这些新的研究并没有给研究者带来新的理解。

(五)资料分析过程的严谨性及其评价标准

当评价我们到过哪里以及获得什么的时候,我们需要回顾旅程,并期待着看到终点最后以什么样的方式呈现在读者或评论者的面前。带领我们穿越旅程的方法和我们在这个旅程中的收获是两码事,我们对这一旅程的理解是以已完成的研究作品的形式出现的,我们所描绘的终点对我们是有意义的,因为我们一直处在这个过程中。尽管对扎根理论研究的期待可能不同,不过下面的评价标准可能会带给读者一些启发。

扎根理论对结果的评价标准包括四点:可信性、原创性、共鸣性和有用性。即:你的研究是否为你的观点提供了足够的证据,让读者能够形成独立的评价,并同意你的观点?你的分析是否为数据提供了新的概念呈现?你揭示的是否为原初的、不稳定的习以为常的意义?你的分析类属是否展示了一些一般的过程?……原创性和可信性的有力结合增加了共鸣性和有用性,在分析资料过程中,要通过提高分析水平及提高理论水平来确保结果符合评价标准。

第四节　扎根理论应用案例分析

一、扎根理论

扎根理论以坚实、具有高可信度的初始资料为基础,据此提炼、归纳出有参考价值的理论命题。通过对初始资料进行归纳、凝练、聚类分析出样本信息中传统物流企业在进行服务模式变革过程中,认知惯性、行为惯性、组织惯性、作为惯性对服务模式创新所起到的作用,以及作用传导路径。本节选取惠龙易通国际物流股份有限公司作为研究的样本对象,采取单案例分析,基于惠龙物流传统服务模式改进和追赶过程分析获取传统物流服务模式创新路径理论,其开放性编码见表4-1。

表 4-1　开放性编码

案例证据分析(组织惯性)	贴标签	概念化	范畴化
公司诞生初期在物流基础设施方面大力投资,建设完善的能够与制造业相匹配的港口、码头、仓库,完成重工业物流基地的建设	a1 提供优质传统物流服务	A1 服务定位与范畴界定	AA1 形成资金竞争
2009 年投资 5 800 万元人民币创建先进物流信息系统,使传统物流基地升级为标准化智能物流基地	a2 将传统物流服务模式信息化	A2 构建物流交易沟通平台	AA2 实现目标信息快速传递,利用式学习
企业高层领导带领一批精英团队开展对惠龙货运集配平台降低中国物流费用的课题研究,投资设立与国际高新技术接轨的研发中心	a3 智囊团组建	A3 产学研相结合	AA3 为实现物流服务模式创新作知识积累
物流服务交易信息不对称,物流服务成本高,物流资源配置不合理,车船空驶率高,货运费高	a4 成本问题组织惯性的负向效应		AA4 瓶颈识别
物流服务流程标准化水平低,社会化需求不足,难以促进物流服务的专业化、现代化、规模化	a5 服务标准化问题组织惯性的负向效应	A5 症结分析	AA5 开拓需求来源渠道
分析当前客户成本并获取新客户成本,广泛建立多方物流需求关系,寻求新的客户群体探索式学习	a6 探索式学习		AA6 抑制负向效应
实现服务差异化战略,升级服务质量,首创“无车无船主承运人”的物流服务模式	a7 探索式学习蓝海战略		AA7 价值创新
物流运输场内线上线下交易一体化,填补了国内智慧物流的空白	a8 组织正向惯性效应		AA8 组织正向惯性效应的强化
公司自主研发多个平台应用软件,取得各种软件著作权、商标及发明专利近百项	a9 提高自主创新能力	A9 打造自主品牌	AA9 构建独特异质

续表

案例证据分析(组织惯性)	贴标签	概念化	范畴化
充分利用 ERP、CRM、SCM 技术提高客户信息与市场需求信息存储、处理能力,降低客户信息人工处理的成本	a10 培养客忠诚度	A10 管理客户关系	AA10 提升客户价值
在"互联网+"背景下,发展物流金融,与金融服务机构建立合作关系,改进物流金融服务模式,确保物流线上交易安全性	a11 协同社会各方资源	A11 借助外部合作有利效应	AA11 提高资源配置效率

(一)开放性编码

开放性编码包括概念化和范畴化两个阶段,遵循以下程序:资料—贴标签—构建概念—确定范畴。针对惠龙易通的创新发展过程,选择部分典型事例进行第一步的开放性编码的探讨,如表 4-2 所示。

表 4-2　开放性编码

认知惯性的负向效应	对核心业务和自身竞争优势缺乏正确、明确地界定和了解,对主客户群体不作研究	利用式学习,维持企业核心竞争力,处理好新旧业务之间关系	降低新业务成本
行为惯性的负向效应	满足于现有的市场渠道、顾客交流渠道	探索式学习,建立畅通、多条市场交流沟通渠道	为新业务开发获取市场需求信息和合作信息
组织惯性的正向效应	探索式学习,建立高效的自主创新研发团队,与咨询顾问公司建立长期合作关系	合作开发专利新技术	为新的服务模式提供智力支持
技术惯性的正向效应	探索式学习,对已有的先进技术知识存在的不足进行挖掘,并进行改进和补充	强化技术惯性的正向效应	打破物流技术壁垒和技术垄断
创新惯性的负向效应	为顾客提供定制化服务面临高成本、低效率、失去既有顾客群体、市场推行失败的风险	探索式学习对创新惯性的强化作用	形成独特的、难以被模仿的竞争优势

续表

行为惯性的正向效应	探索式学习,减少对外部制度的依赖,通过微观制度创新提高市场竞争力,提高规则意识和法治观念	企业组织形式优化调整	克服企业在组织形式上不利于创新的弊端
认知惯性的负向效应	对物流配送服务一直停留在分散孤立的运作方式上	引进海内外优秀博士团队,开发货物运输集中配送电子商务平台	克服企业在观念上的过时

(二)选择性编码

在一级、二级编码的基础上,通过案例对象演化的整个过程来挖掘出核心范畴,并将核心范畴与其他范畴联系起来,形成以核心范畴为中心的相互支持的"逻辑线",这条"逻辑线"涵盖了整个研究的内涵,形成了扎根理论,如图 4-7 所示。

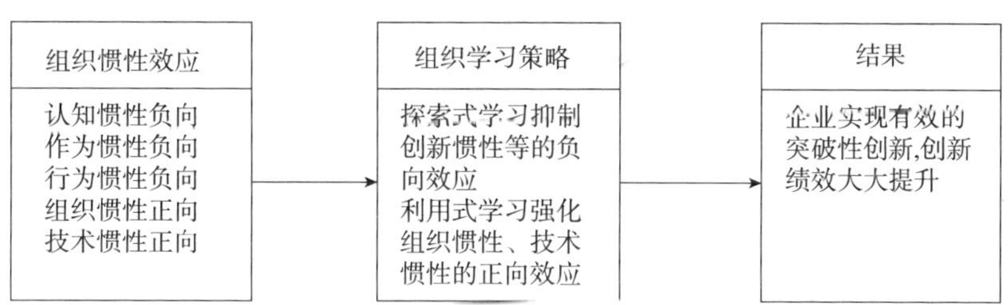

图 4-7 核心范畴的范式模型

研究者运用扎根理论对企业创新历程的梳理,从组织惯性双向效应对企业创新影响的角度,在对惠龙易通单案例研究的基础上,发现其从创立、发展至今,经历了从提供优质基础物流服务开始,到提供高效的物流集配电子商务平台的阶段。其凭借自身强大的物流资源基础,借助有效的信息平台,通过组织探索式学习与利用式学习相结合的方式,在保持企业原有资源优势的基础上,把握正确的企业变革方向,实现突破性的创新,引进国内外高端物流技术和管理人才,采取蓝海战略,实现了物流服务领域技术的首创。

(三)组织学习对组织惯性的作用机理

组织惯性具有正向效应和负向效应,其从创新影响的角度分析了组织学习与组织惯性之间的相互作用机理。组织学习具有双向性特点,目前受到广泛认可的是对组织提出的强调变异、冒险和实验的探索式学习与强调减少变异、稳定和效率的利用式学习。探索式学习有利于突破性创新,利用式学习有利于渐进性创新。组织只能在不同的创新阶段采取不同的学习模式,交替进行,实现平衡式学习。

通过对样本企业信息的分析总结,可以得出结论:在模仿创新阶段企业的惯性效应显现出负向效应;在改进创新阶段企业的组织惯性显现出正向效应;在自主创新阶段企业的组织惯性效应的显现特征是正负向效应并存,此时探索式学习和利用式学习同等重要。

二、基于理论力学视角的组织学习对组织惯性的作用关系

(一)基于理论力学惯性视角的产业技术参照系和企业能力表示

表 4-3 理论力学公式与组织学习强度和惯性效应作用机理之间的对应关系

	理论力学中的运动学关系	技术创新中组织学习与组织惯性之间的关系	
惯性系	$\boldsymbol{F}=\boldsymbol{F}_n+\boldsymbol{F}_t$	$\boldsymbol{L}=\boldsymbol{L}_n+\boldsymbol{L}_t$	1-1
	$\boldsymbol{F}=m\times\boldsymbol{a}=m\times\frac{\mathrm{d}\boldsymbol{v}}{\mathrm{d}t}$	$\boldsymbol{L}=e\times\boldsymbol{IC}=e\times\frac{\mathrm{d}\boldsymbol{TC}}{\mathrm{d}t}$	1-2
	$\boldsymbol{P}=m\times\boldsymbol{v}=m\times\frac{\mathrm{d}\boldsymbol{r}}{\mathrm{d}t}$	$\boldsymbol{L}=e\times\boldsymbol{IC}=e\times\frac{\mathrm{d}\boldsymbol{TC}}{\mathrm{d}t}$	1-3
	$\Delta\boldsymbol{p}=\int\boldsymbol{F}\times\mathrm{d}t$	$\Delta\boldsymbol{ME}=\int\boldsymbol{L}\times\mathrm{d}t$	1-4

续表

	理论力学中的运动学关系	技术创新中组织学习与组织惯性之间的关系	
基本变换	$\boldsymbol{r}=\boldsymbol{r}_c+\boldsymbol{r}'$	$\boldsymbol{TG}=\boldsymbol{TG}_c+\boldsymbol{TG}'$	2-1
	$\boldsymbol{v}=\boldsymbol{v}_c+\boldsymbol{v}'$	$\boldsymbol{TG}=\boldsymbol{TG}_c+\boldsymbol{TG}'$	2-2
	$\boldsymbol{a}=\boldsymbol{a}_c+\boldsymbol{a}'$	$\boldsymbol{IC}=\boldsymbol{IC}_c+\boldsymbol{IC}'$	2-3
非惯性系	$\boldsymbol{f}_e=\boldsymbol{f}_l+\boldsymbol{f}_t+\boldsymbol{f}_n$	$\boldsymbol{I}_e=\boldsymbol{I}_l+\boldsymbol{I}_t+\boldsymbol{I}_n$	3-1
	$\boldsymbol{f}_l=-m\times\boldsymbol{a}_c$	$\boldsymbol{I}_l=e\times\boldsymbol{IC}_c$	3-2
	$\boldsymbol{P}'=\boldsymbol{P}-m\times\boldsymbol{a}_c$	$\boldsymbol{ME}'=\boldsymbol{ME}-e\times\boldsymbol{TC}_c$	3-3
	$\boldsymbol{f}_l=-m\times\boldsymbol{\varepsilon}_c\times\boldsymbol{r}_c$	$\boldsymbol{I}_t=e\times\boldsymbol{IR}_c\times\boldsymbol{TG}_c$	3-4
	$\boldsymbol{f}_n=-2m\times\boldsymbol{\omega}_c\times(\boldsymbol{\omega}_c\times\boldsymbol{r}_c)$	$\boldsymbol{I}_n=e\times\boldsymbol{TR}_c\times(\boldsymbol{TR}_c\times\boldsymbol{TG}_c)$	3-5
	$\boldsymbol{f}_c=-2m\times\boldsymbol{\omega}_c\times\boldsymbol{v}_c$	$\boldsymbol{I}_c=2e\times\boldsymbol{TR}_c\times\boldsymbol{TC}_c$	3-6
	$\Delta\boldsymbol{P}=\int(\boldsymbol{F}+\boldsymbol{f}_e+\boldsymbol{f}_c)\times\mathrm{d}t$	$\Delta\boldsymbol{ME}=\int(\boldsymbol{L}+\boldsymbol{I}_e+\boldsymbol{I}_c)\times\mathrm{d}t$	3-7

假定物流服务产业是由 N 个物流服务企业构成的质点系 O_XYZ，即具有惯性静系特征的产业绝对技术空间 O；其中产业内部所有物流资源集合为 E，产业内各个物流企业有效资源集合为 e。相对于产业绝对技术空间，某一时刻 t，$\boldsymbol{TG}$ 表示企业 e 的技术水平矢量（用 DXA 的大小来衡量，其绝对值越大越好）。$\boldsymbol{TC}$ 表示企业 e 的技术能力矢量（设技术能力 T_{N1} 绕产业绝对技术参照系的转动角度 Ω_1，则 $\boldsymbol{TC}=T_{N1}\cos\Omega_1$）。$\boldsymbol{IC}$ 代表企业 e 的创新能力矢量（设创新能力变量绕产业绝对技术参照系的转动角度为 Ω_2，相对于 t 时刻企业原先创新能力转动角度为 θ_2，则 $\boldsymbol{IC}=\sin^2\theta_2+\cos\Omega_2$），是渐进性创新能力 $\boldsymbol{IC}_n$ 与突破性创新能力 $\boldsymbol{IC}_t$ 的矢量和。$\boldsymbol{L}$ 代表企业 e 的组织学习矢量（设组织学习力度 T_{N2} 绕产业绝对技术参照系转动角度为 Ω_3，绕 t 时刻企业原先组织学习力度转动

角度为 θ_3，则 $\boldsymbol{L}=\sin^2\theta_3+\cos\Omega_3$，$\theta_3=94°$，$\Omega_3=67°$），是利用式学习 $\boldsymbol{L}_n$ 与探索式学习 $\boldsymbol{L}_t$ 的矢量之和。$\boldsymbol{ME}$ 表示企业 e 相对于产业绝对技术空间的惯性效应矢量（组织惯性力度 T_{N3} 绕产业绝对技术参照系转动角度为 Ω_3，则 $\boldsymbol{ME}=T_{N3}\cos\Omega_3$）。

相对于产业技术标准空间 C，$\boldsymbol{TG}'$ 表示企业 e 的相对技术水平矢量（$\boldsymbol{TG}'=\boldsymbol{TG}_c-\boldsymbol{TG}$），$\boldsymbol{TC}'$ 代表企业 e 的相对技术能力矢量（$\boldsymbol{TC}'=\boldsymbol{TC}_c-\boldsymbol{TC}$），$\boldsymbol{IC}'$ 代表企业 e 的相对创新能力矢量，$\boldsymbol{ME}'$ 代表企业 e 相对于产业标准技术空间的组织惯性效应矢量（设组织惯性力度为 T_{N4}，其相对于 C 系的转动角度为 Ω_4，则 $\boldsymbol{ME}'=T_{N4}\Omega_4$）。根据理论力学中关于惯性力的研究，$\boldsymbol{I}_e$ 代表企业 e 保持与产业技术创新发展同步所需要作出改变的组织惯性——一致性惯性，由渐进性创新惯性 $\boldsymbol{I}_l$，突破性创新惯性 $\boldsymbol{I}_t$ 和技术变革惯性 $\boldsymbol{I}_n$（设企业 e 的有效资源集合，用万元来衡量），根据扎根理论的分析，可得如下具体数据：

$$\begin{aligned}\boldsymbol{I}_l &= e\times\boldsymbol{IC}_c \\ &= -e\times N_{c3}\arccos\delta_3 \\ &= 498.9\times4.339\times\arccos 0.76 \\ &= 1\ 530.462(N)\end{aligned} \tag{4-1}$$

$$\begin{aligned}\boldsymbol{I}_t &= e\times\boldsymbol{IR}_c\times\boldsymbol{TG}_c \\ &= e\times N_{c5}\arctan\delta_5\times N_{c1}\arccos\delta_1 \\ &= 498.9\times6.407\times\arctan51\times3.007\times\arccos 0.551 \\ &= 6\ 780.71(N),\end{aligned} \tag{4-2}$$

$$\begin{aligned}\boldsymbol{I}_n &= e\times\boldsymbol{TR}_c\times(\boldsymbol{TR}_c\times\boldsymbol{TG}_c) \\ &= e\times N_{c4}\tan\delta_4\times(N_{c4}\tan\delta_4\times N_{c1}\arccos\delta_1) \\ &= 498.9\times7.099\times\tan132°\times(7.099\times\tan 132°\times2.997\times\arccos 0.385) \\ &= 249.644(N)。\end{aligned} \tag{4-3}$$

$\boldsymbol{I}_c$ 代表企业 e 同产业技术发展不同步时所需改变的组织惯性——非一致性惯性。根据理论力学运动学关系（表 4-3 中的 3-6 式），计算可有：

$$\begin{aligned}\boldsymbol{I}_c &= 2e\times\boldsymbol{TR}_c\times\boldsymbol{TC}_c \\ &= 2\times498.9\times7.099\times0.053\times5.702\times0.624 \\ &= 1\ 178.072(N)。\end{aligned} \tag{4-4}$$

（二）组织惯性

组织惯性的改变可以通过组织学习来完成。本节重点研究惠龙易通如何通过不同形式的组织学习形式强化或者抑制组织的正向惯性和负向惯性。

1. 模仿创新阶段组织惯性效应及组织学习形式

该阶段，企业的惯性效应主要呈现出负向效应。对于无法预知的未来知识，企业主要采取冒险、大胆的探索式学习形式进行获取，实现对这一阶段组织负向惯性效应的抑制，推动并实现企业技术轨迹的转移。

2. 改进创新阶段组织惯性效应及组织学习形式

根据扎根理论的分析，该阶段，企业主要通过采取减少变异、寻求稳定的利用式学习来消化吸收现有、本地的知识，实现对组织惯性正向效应的强化，推动企业沿着既有发展路线延伸。

惠龙易通基于国内物流服务产业技术环境进行创新，对产业技术的发展新动态实时跟随。设惠龙易通企业为 e，凭借企业在发展初期积累的经验成果，组织惯性具有正向的效应。在改进创新的初始时刻 t_1，企业的技术能力为 $\boldsymbol{TC}_1$，创新能力为 $\boldsymbol{IC}_1$，企业的初始组织学习强度为 $\boldsymbol{L}_1$，企业的组织惯性效应为 $\boldsymbol{ME}_1$（$\boldsymbol{ME}_1<0$），该阶段企业的目标是在产业标准技术空间 C 内，保持企业的相对技术能力 $\boldsymbol{TC}_2'$ 和相对创新能力 $\boldsymbol{IC}_2'$ 不断提升。因而，在改进创新阶段的结束时刻 t_2，企业的技术能力为 $\boldsymbol{TC}_2$，创新能力为 $\boldsymbol{IC}_2$，企业此时的组织学习能力为 $\boldsymbol{L}_2$，企业此时的组织惯性效应为 $\boldsymbol{ME}_2$（$\boldsymbol{ME}_2>0$）。这一阶段企业进行技术创新的外部环境较为稳定——质心系为平动加速系。在这里，根据公式（表 4-3 中的 1 2 式），结合企业技术能力测度模型研究采用如下模型去测度：

$$\boldsymbol{TC} = \sum_{i=a,b,c}^{c} t_i P_i \tag{4-5}$$

其中，P_a 表示企业在最初模仿创新阶段实现技术创新的概率；P_b 表示企业在改进创新阶段实现技术创新的概率；P_c 表示企业在自主创新阶段实现技术创新的概率。根据《中国物流年鉴（2016）》物流企业发展数据以及前文通过扎根理论对惠龙易通的分析，确定有

$$P_a=0.779\ 0;\ P_b=0.492\ 8;\ P_c=0.339\ 0$$

$$TC=0.779\ 0t_a+0.492\ 8t_b+0.339\ 0t_c$$

$\boldsymbol{IC}_c$ 表示产业的创新能力，结合对产业技术创新能力的界定，给出以下产业创新能力测量模型：

$$\boldsymbol{IC}_c = t_a^{\alpha} t_b^{\beta} t_c^{\gamma} \tag{4-6}$$

其中，t_a 表示产业模仿创新阶段的创新能力，t_b 表示产业在改进创新阶段的创新能力，t_c 表示产业在自主创新阶段的创新能力。α、β、γ 表示不同阶段的能力对产业整体创新能力的贡献度。根据《中国物流年鉴（2016）》、物流产业创新峰会（2017）的数据，通过对不同阶段产业创新发展特征数据进行整理和归一化处理，取 $\alpha = 0.591\ 1$，$\beta = 0.304\ 9$，$\gamma = 0.230\ 1$ 代入公式（4-6）有 $\boldsymbol{IC}_c = t_a^{0.591\ 1} t_b^{0.304\ 9} t_c^{0.230\ 1}$，可以看出彼时物流产业创新能力自主创新贡献程度最低，模仿创新贡献度最高。

结合前文对惠龙易通的扎根分析，惠龙易通公司实现技术、创新能力的提升需要 6—12 年的时间积累，令 $t_1 = 6$，$t_2 = 12$，$N_{c3} = 3.198$，$\delta_3 = 0.390$，$\theta_3 = 94°$，$\Omega_3 = 67°$，企业的相对技术能力 $\boldsymbol{TC}'_2$ 和相对创新能力 $\boldsymbol{IC}'_2$ 用以下公式去度量：

$$\boldsymbol{IC}'_2 = \frac{\boldsymbol{L}_1 \times t + \int_{t_1}^{t_2} \left[e \times \frac{\mathrm{d}\boldsymbol{TC}}{\mathrm{d}t} - e \times \boldsymbol{IC}_c \right] \times \mathrm{d}t}{e \times t} \tag{4-7}$$

代入数据进一步计算可得：

$$\boldsymbol{IC}'_2 = 1.611\ 5 - \frac{t_a^{1.591\ 1} t_b^{1.304\ 9} t_c^{1.230\ 1}}{7\ 482.5}。$$

由上述式子可以看出企业的组织学习强度越大，对产业技术创新能力的影响就越大，实现对组织惯性正向效应的强化，使得组织企业相比较于原先的创新能力水平有所提升，改进企业路径依赖的方式，使企业组织惯性维持在一个合理的、允许的程度，并通过利用式学习 $\boldsymbol{L}_n + \boldsymbol{L}_t$ 延续组织惯性的积极效应，使得 $\boldsymbol{L}_n + \boldsymbol{L}_t - e \times \boldsymbol{IC}_c > 0$。采用密切值法对物流产业的技术发展现状进行计算，克服模糊评价中隶属度函数构建：

$$\boldsymbol{TG}_c + \boldsymbol{TG}' = \frac{\left[\sum_{j=1}^{m} (t_{ij} - t_i^+) \right]^{1/2}}{\min \left[\sum_{j=1}^{m} (t_{ij} - t_i^+) \right]^{1/2}} \Bigg/ \frac{\sum_{j=1}^{m} (t_{ij} - t_i^-)^{1/2}}{\max \left[\sum_{j=1}^{m} (t_{ij} - t_i^-) \right]^{1/2}}$$

其中，t_j 表示物流服务产业中物流服务企业的数量，t_i 表示物流服务企业在改进创新阶段为追上产业技术发展水平所作出的技术改进频次，t_{ij}表示 j 企业在 t 阶段发生了 i 次技术改进活动，$\boldsymbol{TG}_c+\boldsymbol{TG}'$的值越大，企业相对于产业平均水平的技术创新程度就越大，企业偏离原先技术发展轨迹的程度就越大。

根据公式(1-3)和公式(3-6)可知，

$$\boldsymbol{TC}'_2=\frac{\boldsymbol{L}_1\times t+\boldsymbol{ME}'_1\int_{t_1}^{t_2}[\boldsymbol{L}_n+\boldsymbol{L}_t-e\times\boldsymbol{IC}_c]\times\mathrm{d}t}{e}$$
$$=\frac{\boldsymbol{L}_1\times t+e\times\left(\dfrac{\mathrm{d}(\boldsymbol{TG}_c+\boldsymbol{TG}')}{\mathrm{d}t}-\boldsymbol{TC}_c\right)\int_6^{12}\left[e\times\dfrac{\mathrm{d}\boldsymbol{TC}}{\mathrm{d}t}-e\times\boldsymbol{IC}_c\right]\mathrm{d}t}{e}$$
$$=\frac{-(\sin^2\theta_3+\cos\Omega_3)\times 8+\dfrac{t_a^{1.591\,1}t_b^{1.304\,9}t_c^{1.230\,1}}{2.551}}{498.9}\times$$
$$\frac{\left[\dfrac{\mathrm{d}\left(\dfrac{\left[\left[\sum_{j=1}^{m}(t_{ij}-t_i^+)\right]^{1/2}\right.}{\min\left[\sum_{j=1}^{m}(t_{ij}-t_i^+)\right]^{1/2}}\Bigg/\dfrac{\sum_{j=1}^{m}(t_{ij}-t_i^-)^{1/2}}{\max\left[\sum_{j=1}^{m}(t_{ij}-t_i^-)\right]^{1/2}}\right)}{\mathrm{d}t}-5.91\arccos 0.113\right]}{498.9}$$

(4-8)

如果企业在该阶段能够实现有效的改进创新，其自身技术能力 $\boldsymbol{TC}_1$ 和创新能力 $\boldsymbol{IC}_1$ 应当与产业能力 $\boldsymbol{TC}_c$ 和创新能力 $\boldsymbol{IC}_c$ 保持相对一致的矢量方向和强度。在该阶段结束的时刻 t_2，企业若是要超出产业技术能力和创新能力的发展，需要通过较高强度的利用式学习 $\boldsymbol{L}_n$ 来增强组织学习 $\boldsymbol{L}_1$ 的矢量。该阶段企业的组织学习形式以利用式学习方式为主，并且由公式可知，组织的利用式学习最小强度取决于组织惯性效应 $\boldsymbol{ME}'_1=e(\boldsymbol{TC}-\boldsymbol{TC}_c)<0$、产业创新能力 $\boldsymbol{IC}_c$ 水平，并消除 $\boldsymbol{ME}'_1$ 的负向效应，实现组织惯性朝着正向和逐步脱离初始技术运行轨迹的方向发展。

3. 自主创新阶段组织惯性效应及组织学习形式

该阶段，惠龙易通公司在复杂动态的产业技术环境下进行突破性创新，加强探索式学习的强度，$\boldsymbol{L}_t$ 在 $\boldsymbol{L}_2$ 中所占比重相对较大，实现在物流领域的技术开创,此时企业的技术路线会减少对原先技术路径的依赖,发生较大的转变,实现对产业技术水平的突破性变革。对于企业 e,在自主创新阶段开始的时刻 t_2,企业的技术能力为 $\boldsymbol{TC}_2$,创新能力为 $\boldsymbol{IC}_2$,企业的组织学习强度为 $\boldsymbol{L}_2$,企业的组织惯性效应为 $\boldsymbol{ME}_2$。在这个阶段,在产业的标准技术空间 C 内,企业的相对技术能力 $\boldsymbol{TC'}_3$ 和相对创新能力 $\boldsymbol{IC'}_3$ 有较大且持续的提升。在自主创新阶段的任意时刻 t_3,企业的技术能力为 $\boldsymbol{TC}_3$,企业的创新能力为 $\boldsymbol{IC'}_3$,有较大且持续的提升。在自主创新阶段的任意时刻 t_3,企业的技术能力为 $\boldsymbol{TC}_c$,企业的创新能力为 $\boldsymbol{IC}_3$,企业的组织学习强度为 $\boldsymbol{L}_3$,企业的组织惯性效应为 $\boldsymbol{ME}_3$。由于企业面临的是复杂动态的产业环境,所对应的理论力学为转动变速非惯性系。依据公式(1-1)—(3-7)则有:

$$\boldsymbol{IC'}_3 = \frac{\boldsymbol{L}_2 \times t + \int_{12}^{20} (\boldsymbol{L}_n + \boldsymbol{L}_t + \boldsymbol{I}_l + \boldsymbol{I}_t + \boldsymbol{I}_n + \boldsymbol{I}_c)}{e \times t} \tag{4-9}$$

将公式(4-1)—(4-4)计算得出的结果代入公式(4-9)得到 $\boldsymbol{IC}_3'$ 为:

$$\frac{\boldsymbol{L}_2 \times 12 + \int_{12}^{20} \left[e \times \frac{\mathrm{d}\boldsymbol{TC}}{\mathrm{d}t} - e \times t_a^{0.591\,1} t_b^{0.304\,9} t_c^{0.230\,1} - 9\,666.8 \right] \mathrm{d}t}{498.9 \times 12}$$

由上式可以分析得出,面对渐进性创新惯性、突破性创新惯性、技术变革趋势、企业相对产业技术变化的非一致性惯性力度的负向效应($\boldsymbol{I}_l<0$, $\boldsymbol{I}_t<0$, $\boldsymbol{I}_n<0$, $\boldsymbol{I}_c<0$),利用式学习 $\boldsymbol{L}_n$ 和探索式学习 $\boldsymbol{L}_t$ 强度的增加都抑制了它们的负向效应,并强化了组织创新惯性的正向效应。同理有:

$$\begin{aligned} \boldsymbol{TC'}_3 &= \frac{\boldsymbol{L}_2 \times t + \int_{12}^{20} (\boldsymbol{L}_n + \boldsymbol{L}_t + \boldsymbol{I}_l + \boldsymbol{I}_t + \boldsymbol{I}_n + \boldsymbol{I}_c)}{t} \\ &= \frac{\boldsymbol{L}_2 \times 12 + \int_{12}^{20} \left[e \times \frac{\mathrm{d}\boldsymbol{TC}}{\mathrm{d}t} - e \times t_a^{0.591\,1} t_b^{0.304\,9} t_c^{0.230\,1} - 9\,666.8 \right] \mathrm{d}t}{12} \end{aligned} \tag{4-10}$$

企业在突破性创新阶段的任一时刻 t_3 想要保持产业突破性创新发展的跟随、走在产业技术的前端,就需要以较高强度的探索式学习强度 $\boldsymbol{L}_t$ 来实现对组织学习强度 $\boldsymbol{L}_3$ 的矢量方向的调整,抑制组织惯性的负向效应;而利用式学

习强度 $\boldsymbol{L}_t$ 则实现对组织学习强度 $\boldsymbol{L}_3$ 的矢量强度的增加，强化组织惯性的正向效应。该阶段企业利用式学习 $\boldsymbol{L}_n$ 和探索式学习 $\boldsymbol{L}_t$ 的最小强度取决于组织的惯性效应、产业创新能力 $\boldsymbol{IC}_c$、产业技术变革趋势 $\boldsymbol{TR}_c$ 和产业创新破坏程度 $\boldsymbol{IR}_c$ 的共同影响，并较大程度上改变了原来的组织惯性负向力度效应，使得企业的创新路径发生了很大程度的改变。

三、结论

（1）组织学习的不同方式对组织惯性的双向效应具有抑制或强化的作用。

（2）运动学视角的企业组织惯性分析框架，有助于深化理解当前企业引进型创新中“引进—落后—再引进—再落后”的现象，并采取针对性的措施进行应对。绝大多数引进型技术创新失败的原因在于企业只关注对技术引进对象企业的学习，而忽略了对于整个产业技术与创新发展趋势的快速跟进。企业技术能力与创新能力的发展，始终需要以产业标准技术空间所代表的质心系的发展作为参照标准，而非面对一个静态的产业技术空间。

（3）对照理论力学中的惯性系、非惯性系和质心系中的运动特征及其关系，建立质点运动系和产业技术系的对应关系，提出产业绝对技术空间 O 和产业标准技术空间 C，并对技术水平、技术能力、创新能力、组织学习、组织惯性效应建立运动学概念及其对应的函数关系式，进一步科学验证了扎根理论分析的结论。

（4）本节的研究还存在需要进一步研究的地方，比如对组织学习的强化和抑制作用缺乏具体的数据证明和定量分析，如何度量其强化、抑制作用的大小是需要进一步研究的地方。

重要术语

历史发展　学派比较　编码程序　研究方法　案例分析

复习思考题

1.简要分析扎根理论的历史发展及未来发展方向。

2.资料分析的思维方式是什么？

3.简述扎根理论学派之间的异同。

4.简述扎根理论的研究方法。

5.扎根理论的具体操作步骤是什么？

参考文献

[1] Keith F. Punch. Introduction to Social Research: Quantitative and Qualitative Approaches[M]. London: Sage Publications, 1998.

[2] Claser, Strauss. The Discovery of Grounded Theory[M]. Hi Chicago: Aldine, 1967.

[3] 李天柱,马佳,冯薇.中国企业的接力创新:以华大基因为例[J].科学学与科学技术管理,2015,36(11):90-102.

[4] Glaser. Theoretical sensitivity: Advances in the methodology of grounded theory[M]. Sociology Press, 1978.

[5] Corbin, Strauss. Grounded theory research: Procedures, canons, and evaluative criteria[J]. Qualitative Sociology, 1990, 13(1): 3-21.

[6] Corbin, Strauss. Unending Work and Care: Managing Chronic Illness at Home[J]. San Francisco: Jossey-Bass Lock, 1988.

[7] 田霖.扎根理论评述及其实际应用[J].经济研究导刊,2012(10):224-225,231.

[8] 陈劲,朱学彦.学术型企业家初探[J].科学学与科学技术管理,2004(8):115-117.

[9] Jacobs. The Death and Life of Great American Cities[M]. London Penguin Books, 1965.

[10] 张建琦,赵文.学习途径与企业家能力关系实证研究——以广东省中小民营企业为例[J].经济理论与经济管理,2007(10):65-69.

[11] 易朝辉,孙宁.学术型创业者动机、创业导向与大学衍生企业绩效研究[J].研究与发展管理,2012,24(1):93-102.

[12] 杨俊.基于创业行为的企业家能力研究——一个基本分析框架[J].外国经济与管

理,2005(4):28-35.

[13]唐可月,林莉,葛继平.国外大学科技园学术型企业家孵化理论研究述评[J].科技管理研究,2012,32(13):105-111.

[14]李天柱,马佳,侯锡林,冯薇.科学商业的范式分析及其创新轨道——以生物制药为例[J].科学学与科学技术管理,2014,35(11):13-27.

[15]马歇尔.经济学原理[M].朱攀峰,编译.北京:北京出版社,2007.

[16]约瑟夫·熊彼特.经济发展理论:对于利润、资本、信贷、利息和经济周期的考察[M].何畏,易家详,等译.北京:商务印书馆,2009.

[17]张果,郭鹏.企业技术标准化能力与技术创新能力耦合度测度模型[J].管理现代化,2015,35(6):40-42.

[18]陈锋,任宗强.产业技术创新能力的提升机制[J].管理工程学报,2010,24(S1):80-85.

[19]赵少飞,赵鑫,陈翔.基于改进密切值法的区域工业绿色技术创新能力评价[J].工业技术经济,2020,39(7):152-160.

第五章

涌现理论及其应用

第一节　涌现理论概述

涌现是指系统内的各子系统通过某种方式进行整合，整体会出现各个主体不具有的新的结构、功能，当系统再次将系统内的主体分离时，这些新的特性就会消失。

一、涌现现象

当若干子系统按照某种方式整合成为一个系统时，就会产生出原本的子系统所不具备的特性。但是当系统的构成主体被分解时，这些特性就会消失，系统与其组成部分相比有了质的提升和飞跃。系统科学把这种现象称为涌现现象。

(一)涌现的内涵

(1)涌现现象是指系统整体上具有但部分上不具有的属性、特征、行为或功能，或者是它在高水平上具有，在低水平上不存在。

(2)涌现伴随着制度层次的形成。层次结构的提升意味着高层次新质的涌现以及系统结构的复杂化，制度层次的完善是涌现的结果。

(3)整体的涌现来自部分，或者低层次的结构在非线性的作用下形成了高层次结构的新属性、特征、行为或功能。涌现现象每一次出现都受到低级事物相互作用的启发和促进。

(二)涌现的前提条件

涌现出现的前提条件是系统至少具有四个特征:非线性、自组织、远离均衡和吸引子的存在。

(1)非线性是指系统不具有可加性,系统的整体功能不等于各部分功能之和。另外,系统是许多变量的复杂交集。

(2)自组织是指系统的创造性、自生存性和适应性行为。它是一种自下而上的自发行为,没有中央的计划和控制,往往表现出一些原本不具备的功能。

(3)远离平衡。在系统涌现的过程中,系统在开始阶段会处于远离平衡的状态,并且正是由于系统远离平衡的行为才使随机事件被放大。随机事件的放大是其出现的关键原因。

(4)吸引子。以往对系统演化的研究表明,系统演化轨迹存在两种变化:一种是从起点到终点的无限曲线,没有终点;另一种是曲线以某种方式结束,这个结束的端点叫作吸引子。

二、涌现的特征

尽管涌现理论仍处于发展过程中,并且由于学科领域的不同导致对其的定义有所差异,但是我们可以发现其具备五个特征:

(1)自下而上。涌现是系统从低层次到高层次、从个体到整体的过程。个体之间没有从属关系,并且个体与个体之间会通过复杂的非线性作用导致系统整体涌现出新的特性、结构、功能。

(2)随机性。系统各要素之间的组合具备随机性,因此涌现的过程和结果都具备随机性,无法通过逻辑推理推断出来。

(3)过程性。涌现并不是一蹴而就的,它是通过多次迭代演变最终呈现出来的。并且涌现的过程充满了随机性,因此它也不具备可逆性。

(4)突发性。涌现过程中,由“量”转变为“质”是突然发生的。以蚁群秩序为例,蚂蚁群体会不定期地交换各自的信息,但是当兵蚁死亡过多,工蚁一直遇不到兵蚁的情况发生时,一旦这个次数达到一定的临界点,那么工蚁就会转化为兵蚁。

(5)复杂性。涌现过程具有随机性、过程性和突发性。它在不同的阶段具有不同的复杂性,其复杂性随着阶段的演变而增加,其表现形式和特征更加复杂。

三、涌现理论的作用

21 世纪,人们需要从动态性、系统性和整体性的角度来理解客观事物的关系,而涌现理论提供了一个新的视角认识自然和人类社会的本质和发展规律。涌现理论始于自然现象。要理解涌现现象,我们必须理解系统作为一个整体的特征,包括系统的各种元素及其与时间的相互作用。涌现现象不是预先确定的整体行为,而是一个复杂的系统随着时间的推移而演化。系统通过适应环境来集成组件、组织和改变自身。当系统内部主体之间的非线性相互作用达到一定强度阈值时,系统的复杂性会迅速增加,导致系统的整体涌现性也变得更加复杂。

涌现现象主要体现了一种从量变到质变的非线性过程,系统整体的特征不是系统各组成部分特征的简单相加,系统整体具备其构成主体所不具备的特征,而且其整体特征比部分之和的特征还要多。涌现并非一个全新概念,最早提出涌现现象的是约翰·霍兰德,他使用跨学科的思想对涌现理论进行研究,通过研究工程领域的涌现现象,归纳了系统涌现的过程,构建了系统涌现的研究框架。随着后来学者们的不断深入研究,学界已经形成了比较完善的系统涌现的研究体系。

涌现现象广泛存在于企业的生产经营活动中,企业各部门的相互协作在非线性的作用下会形成系统的整体涌现,会使系统涌现出新的结构、特性和功能。由于企业的创新涌现非常具有理论和现实意义,因此可以研究企业创新涌现的许多方面,如企业文化创新、企业技术创新、企业系统组织结构创新等方面的涌现现象。对企业创新涌现方面的研究可以提高企业的核心竞争力,有利于形成企业新的运作模式,以期达到最佳的组合,发挥最大的效率,以最小的成本达到期望的效果。

优胜劣汰是企业竞争的一种必然结果,企业要想跟上时代的步伐,就不能故步自封,而是要加强企业的创新机制,产生新的系统与机制应对内外部环境的变化。涌现理论作为一种新的理论范式已经被广泛应用，涌现理论认为系统内部的各要素会进行自发的自由组合，并且最终在非线性的作用下形成系统的创新涌现现象，系统会产生新的特征、功能、属性，最终形成新的系统模式。企业要想保证创新涌现的持续性，就需要通过不断的学习进行自我优化和提升。可以将涌现理论与企业管理结合起来，可以加强企业在文化、结构等方面的创新，加快企业的成长速度。同时，还要改进企业的管理措施，增强企业内部的凝聚力，提高员工的认可度和满意度，以此提高企业的管理效率和组织绩效，适应经济发展的需要。

第二节　企业组织能力系统涌现

一、企业组织能力系统的涌现特征

企业组织能力的涌现是一种系统涌现，企业组织能力系统的涌现过程是通过系统内各主体的非线性作用，实现低层次组织能力向高层次组织能力的转变。

1. 非线性特征

企业组织能力体系具有很强的非线性特性，比如企业的组织能力不是各部门能力的简单相加，因此各部门的综合能力不一定与企业的综合能力相对应，部门的目的达到了，也不等于达到了总的目的。同时各部门的职责与职权范围难以彻底区分，尽管有多种方法可以排除不确定因素，但是要达到实现目标的程度仍然很困难，而且系统内部和外部的任何一个微小的偶然变动都会影响到整个系统的目标导向。

2. 自组织体系

企业组织能力体系是一种自组织的体系。各职能部门均为独立的行为主体，它们具有独立的判断能力和行为能力，与其他主体相互依赖。同时，各职能部门也可以不断地调整自己的行为准则，使之符合企业整体和环境的要求。

3. 远离平衡态

在大多数情况下，作为企业组织能力基础的资源是处于远离平衡态的。在生产经营的活动中，企业会根据战略计划及外部环境不断调整资源的运行状况。企业资源的循环过程为平衡—不平衡—平衡，在生产经营过程中，企业会通过综合内外部环境调整资源，最终达到平衡状态，实现利润最大化。但是随着外部环境和企业内部组织能力的变化，原有的平衡关系被打破，企业的资源再次处于远离平衡的状态。因此，企业的资源无法长期稳定地保持平衡态，会处于平衡与不平衡两种状态相互转变的过程中。

4. 新的吸引子区域

企业组织能力会不断地进入新的吸引子区域。企业组织能力的演进和企业自身的发展是渐进的、层次性的。从系统科学的观点出发，可以把企业组织能力的发展分为几个层面，并把每个层面的关键点看成一个吸引子，企业的能力在不断地向更高的水平转变。

二、企业组织能力系统耦合现象的特征

企业组织能力系统涌现的过程会伴随着耦合效应。耦合效应是指系统中的各个子系统在相互作用的过程中产生增力的现象。在整个企业组织能力系统涌现过程当中，耦合现象具有以下几个特性：

（1）路径依赖。企业组织能力系统是由组织流程的运行和组织实践的形成联系起来的。

（2）互联和协调。企业组织能力系统中具备多个子系统，这些子系统会在非线性的作用下通过竞争和协调的方式促进系统的全面涌现。组织在互联的过程中，可以通过与其他组织整合各自的资源和能力，实现合作共赢。

（3）外部环境的不确定性。外部环境的不确定性会影响企业组织能力涌现过程，企业组织能力的生成路径和演化过程与企业环境密切相关，但是由于市场和技术环境的不确定性，其不可能完全预测和控制，同时由于受技术和市

场需求的影响,企业集团通常处于不平衡状态。

三、企业组织能力系统涌现的影响因素

企业组织能力系统是一个复杂的自适应系统,系统在涌现的过程中,受规模效应、结构效应、元素效应、环境效应的影响。

(1)规模效应与企业组织能力系统的涌现。整体系统的涌现首先是由系统本身各组成部分之间的规模效应引起的。系统的规模可以由系统组成部分的数量表示,由不同规模引起的系统整体性质的差异称为规模效应。企业能力涌现的规模效应主要体现在两个方面:一个是数量的规模,即数量的程度,这表明只有当一定数量的主体聚集在一起时,才有可能产生系统整体能力的涌现。一个是实力的尺度,即质量的程度,这说明每个主体都有一定的实力。只有当它们聚集在一起时,才能产生系统的整体能力。

(2)结构效应与企业组织能力系统的涌现。就系统本身而言,根据系统的结构模式,整体的涌现主要是由其组成部分的相互作用、互补性和相互制约所激发的。这是组件之间的相干效应,即结构效应。不同的结构模式,即构件之间相互激励和相互约束的不同方式,导致其整体会产生不同的涌现现象。总的来说,整体大于部分之和。我们发现整体会出现部分不具备的新特征、新结构和新功能。合理的结构能产生积极的结构效果,整体大于部分之和。不合理的结构模型会产生消极的结构效果,整体小于部分之和。

(3)元素效应与企业组织能力系统的涌现。系统内部各要素会造成系统的整体涌现,但是系统的整体涌现不是各要素的简单组合。系统的涌现性不仅受到外部环境的影响,而且受到系统内部各要素的作用,在非线性的作用下,系统会产生新的特性、结构和功能,实现系统模式的进化。

(4)环境效应与企业组织能力系统的涌现。系统的涌现不仅体现在内部要素之间复杂的非线性关系上,也体现在系统与外部环境之间复杂的非线性关系上,在系统与外部环境互动的过程中,外部环境会通过影响系统的结构和规模来影响其发展,因此企业需要不断地改变战略来适应外部复杂的环境。系统在与环境的互动中要完善自己,并且不断调整边界,在适应不断变化的外部环境的过程中,涌现出新的特征、结构和功能。

四、企业组织能力系统涌现的过程

企业组织能力的演化过程是企业能力从低级到高级的发展过程。在这个过程中,企业对外部环境的适应能力会随着系统的涌现机制不断增强,这会直接导致企业新能力的涌现。企业组织能力系统是一个复杂的自适应系统。企业组织能力的演化过程分为两个阶段,第一个阶段是组织能力的涌现,第二个阶段是组织能力的进化,这两个阶段是递进的关系,组织能力的演化过程始于组织能力的涌现。因此,研究组织能力的涌现机理对研究组织能力演化过程非常重要。

企业组织能力系统是一个复杂的自适应的系统,该系统的建立依赖于组织机构和组织流程,其会随着组织流程的运行呈现出整体的涌现。在系统流程运行时,系统内部各要素会在非线性的作用下涌现出新的特征和结构,最终使系统呈现新的功能。由于组织能力系统具备复杂性与非线性的特点,因此企业组织能力的系统涌现就受内外部因素的影响。当企业组织能力与外部环境相互作用时企业会产生系统的整体涌现,并且随着系统外部环境的变化,企业的组织能力会不断地得到提升。

同时,企业组织能力涌现是通过系统内部的变革等各种因素的变化来实现的。企业组织能力系统涌现的过程中会伴随着耦合效应。为了适应外部环境的变化,系统会改变自身的组织结构和规模,以此提高组织的适应性。直到最后,当企业组织能力发展到一定的稳定状态时,其就表现为基于企业组织能力系统的整体涌现。具体如图 5-1 所示。

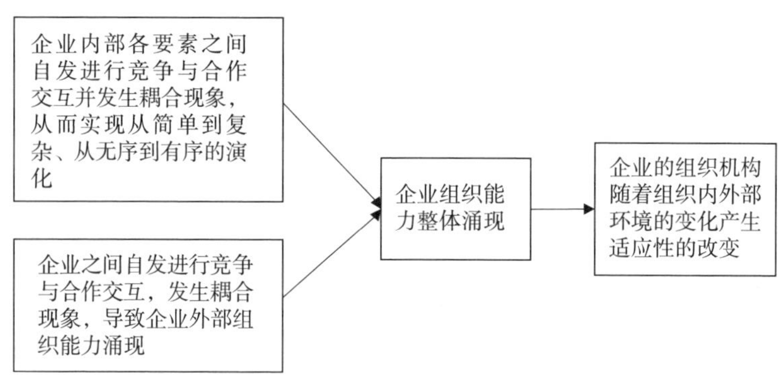

图 5-1 系统整体涌现概念

第三节　自组织涌现、集群涌现与平台企业涌现

一、自组织涌现

自组织涌现是指在没有外部控制的情况下，系统的内部各要素在非线性的作用下实现由简单到复杂、由无序到有序的演化过程。

（一）自组织涌现机制

自组织是系统演化的一种重要的形式，是系统动态的适应过程。自组织涌现是通过系统内部各要素之间的自由组合，在非线性的作用下实现系统的整体涌现。由于自组织在涌现的过程中不依靠外部力量实现组织结构变革，因此，自组织涌现具备“自发生成”和“自主突变”两个特征。使用自组织涌现机制来研究系统的涌现过程，可以帮助组织更好地实现系统涌现。

1.自组织理论

自组织理论是一种融合多个理论的复杂系统演化理论，其构成包括耗散结构理论、协同学、突变理论和超循环理论等。在自组织涌现的过程中，耗散结构理论重点分析了自组织涌现的形成条件和触发因素，协同学主要分析了自组织的运行动力机制，突变理论分析了系统性能结构的突变、新质的形成，超循环理论研究了自组织涌现的演化规律。

2.自组织涌现机理

自组织涌现机理可以概括为：在开放的前提下，系统处于远离平衡的状态，同时基于内部各要素之间发生的非线性交互作用，自发地从无序走向有序。并且系统在“涨落”效应以及非线性的作用下，会促使各要素相互竞争、相互合作，最终使得“涨落”触发突变，造成系统性能结构的突变，使系统整体产生新的结构、性质和功能。自组织系统涌现后，会在各子系统的相互作用下，

实现新一轮的系统涌现,如表 5-1 所示。

表 5-1 自组织涌现的方法论、分析框架、机理内容之间的对应关系

方法论来源	分析框架	自组织涌现机理	机理内容解释
耗散结构理论	形成条件	系统开放、远离平衡、要素将存在非线性的相互作用	远离平衡的开放系统,基于内部各要素之间发生的非线性交互作用,才能自发地从无序走向有序
耗散结构理论	触发因素	“涨落”形成	系统产生对宏观平衡态的微小偏离,提供了由一种结构演化到另一种结构的触发因素和最初驱动力
协同学	动力机制	系统各要素间竞争协同的非线性互作用	系统各要素间的非线性相互作用具体表现为“竞争”和“协同”两种形式,协同提供了系统自组织的运行动力
突变理论	新质产生	系统性能结构的突变,“涌现”生成	基于系统各要素间的非线性相互作用,使得“涨落”触发突变,产生序参量的过程即“涌现”
超循环理论	演化规律	超循环演化	由多个催化循环子系统共同构成的自组织循环系统,通过各子系统之间的相互催化,实现超循环运行

3. 自组织演化过程

自组织涌现的演化过程由形成条件、触发因素、动力机制、新质产生和演化规律这五个方面构成。远离平衡的开放系统,在外部环境的影响下处于远离平衡的状态。接着在“涨落”效应的影响下会自发地向平衡状态转变,促使系统从低级到高级、无序到有序的演化。系统各要素间的非线性相互作用会产生对系统涌现而言重要的参数,当参数数量在非线性的作用下达到一定的阈值,系统性能结构会发生突变,形成新质,也会使系统达到一种新的平衡状态,系统就实现了从低级到高级、从无序到有序的转变。接下来,系统内部各要素的相互作用,以及系统和外部环境的交流,会促使系统从平衡状态转变为非平衡状态,继续进行新一轮的系统涌现。

(二)和谐管理的自组织涌现

1.自组织条件——动态开放环境

根据耗散结构理论,系统自组织演化的首要前提是开放。在开放的前提下,系统通过与外界交换物质、能量和信息可以促进内外部能量的动态和持续整合,促使系统结构从无序转化为有序。此外,系统内部各要素在整合的过程中会在非线性的作用下产生耦合效应,使系统整体的特征和功能大于各子系统之和。由于系统处于开放的环境中,因此,系统会向远离平衡的状态转化,会推动自组织演化的过程。

在"互联网+"时代,与外界进行互动和沟通越来越受到组织的重视,开放性已经成为组织环境的显著特征。和谐管理是一种针对复杂环境的管理理念,它不仅包括组织内部的和谐共处,还包括与外部环境的和谐共生。开放性和远离平衡态是和谐管理系统的特点,开放与远离平衡态促进了系统与外部环境的交流和沟通,系统内部各要素在非线性的作用下会促进系统的演化过程。和谐管理的初衷是"和谐、适当",因此管理层为了协调组织内部的要素,会整合组织内外部的资源,通过系统内各要素之间的适当组合,在非线性的作用下整体会产生部分所不具备的效果。和谐管理系统中的"和则"与"谐则"代表了系统中的"人"要素和"物"要素,"和则"与"谐则"会在管理活动中相互对立与转化,两者代表的系统要素在非线性的作用下,会促进和谐管理的顺利开展。

2.自组织内部诱因——不确定的非和谐状态

系统在开放的环境中会远离平衡态,而"涨落"被认为是系统自组织演化的触发因素。系统在发生"涨落"时会处于一种非平衡状态,在自组织理论中,其被认为是系统产生的对宏观平衡态的微小偏离,它提供了由一种结构演化到另一种结构的触发因素和最初驱动力,并且会促使系统从低级向高级、从无序到有序的演化。同时系统内部各要素之间的非线性作用也会影响"涨落"效应,系统部分变量在系统运行影响的帮助下得到增强,其他变量被影响导致削弱,相对强弱的变化再次通过要素和子系统间的非线性效应放大。最后,一些符合"涨落"趋势的变量会在系统的演化过程中取得优势的地位,最终将推动系统自组织演化过程。但是“涨落”具备随机性,因此我们很难通过预测来推断自组织行为的发生,以及自组织演化的持续时间。

组织管理体系中有各种要素,如人、财、物、制、构等。而要素之间的不同组合会影响管理的效果,当原有的组织模式被打破或不和谐时,组织模式就需要进行升级。和谐管理系统中的不和谐状态就是“涨落”,这种“涨落”不仅受到外部环境的影响,而且受到组织内部各要素之间的关系制约。“涨落”在系统涌现过程中具备随机性和不确定性,“涨落”效应会促使系统处于非和谐状态。例如在组织结构变革的初期,原有的一些组织结构和组织模式已经不适应系统的发展要求,也不利于维持系统整体的稳定,因此系统会处于不和谐的状态。然后系统将会产生新的结构和功能去满足组织发展的需要,使得这些要素在“涨落”的过程中取得优势的地位,并指挥其他要素在系统内实现新的和谐。当然,这种“涨落”具有二元性,由此系统变迁可以促进系统从简单走向复杂、从无序走向有序。而在管理过程中,要积极引导系统的不和谐因素,使其走向积极的和谐状态,实现系统管理模式的升级。

3. 自组织内在动力——和则与谐则的互动耦合

协同性认为系统内部各要素在非线性作用下,通过竞争与合作两种方式的作用,为系统演化提供动力。而系统内部各要素在耦合效应的影响下推进了系统的演化过程。在和谐管理中,和则与谐则分别代表和谐管理中的不确定性与确定性,和则与谐则的耦合效应为系统的演化提供了内在的动力。

在开放的环境下,组织会面临确定性与不确定性相互交织的情况,系统的和则与谐则会处于互相转变的状态。因此,系统内的和则与谐则在不同外部环境的影响下产生不同的耦合效应。当系统处于低不确定性的外部环境时,系统内部的运行流程比较稳定,在这种情况下,管理者在管理活动中可以采用谐则来确保组织的正常运营。并且,随着时间的推移,部分谐则会占据主流,成为组织的共识。还有一部分谐则会转化为侧重于不确定性的和则。当系统面临较高的不确定性时,企业与外部环境的作用会比较频繁剧烈。系统内部各要素的相互作用会比较激烈,这会使系统内部的结构不再稳定,因此管理者应该采用针对不确定性的和则来处理问题。管理者可以通过和则来培养员工的责任感、认同感,并且在遵循组织期望的基础上整合各子系统来实现系统的自我演化。

4. 自组织涌现——和谐态的出现

突变理论认为组织内部新质的产生是由于系统内部的各要素在非线性作用下,使"涨落"触发了系统功能结构的突变,与其他组织依靠外部力量来改变系统内部各要素的组合模式,从而实现组织的不同涌现。自组织涌现是通过系统内部力量实现的。系统各要素会通过调整要素的组合模式来适应外部环境的变化,并且会在非线性的作用下激发系统活力,涌现出新的结构和功能,创造新价值。自组织涌现使系统从远离均衡的状态转变为新的和谐态,不仅标志着系统内部新质的产生,还代表着系统自组织演化过程取得了阶段性的成果。

5. 超循环演化——主题的转换

超循环理论认为自组织的演化过程以循环作为基础,再经由多个催化循环的子系统构成了自组织循环系统,促进了系统的再循环。而系统内部各要素之间的非线性的相互作用,会使系统进行自我优化,涌现出新的特性。自组织理论中的超循环演化呈现出螺旋式上升的特点,它促使系统从低级到高级、从无序到有序演化,体现自组织超循环演化的特点。

(三)自组织团队创新能力涌现

自组织团队是在团队的形成和发展过程中,通过团队成员之间以及团队与外部环境之间复杂的相互作用,产生自组织活动或者自组织过程的团队。自组织团队是一个复杂的自适应系统,其在创新涌现的过程中,不仅会受到外部环境的影响,还会受到团队内部各种条件的制约。自组织团队的创新能力与团队内每个成员的创造力息息相关,是自组织创新能力涌现的基础。

自组织团队成员的创造力不是一成不变的,而是会在实践中不断提升。而自组织团队的外部环境会成为影响成员创造力的重要因素,团队内的成员在适应外部环境的变化时会锻炼自己的个人创造力,并提升成员的创造欲,进而提升整个团队的创造力。在整个团队与外部环境相互作用时,团队内部成员的创造力水平会产生耦合效应,成员的个人创造力会在非线性的作用下产生整个团队创新涌现的结果,推动团队的创新能力涌现为更高的层次。自组织团队的创新能力是团队内部各成员的创造力在非线性的作用下涌现的新的功能状态。正是由于这种关于"新奇性"的共同之处，自组织团队创新能力形成的过程才会与涌现息息相关。自组织团队创新能力形成的过程就是一种涌现的过程。

自组织团队创新能力涌现会受到团队内外部因素的影响。团队内部的因素可以分为组织因素与人员因素，组织因素主要是团队的组织结构、团队文化以及运行流程，人员因素主要是团队内成员的创造力水平。外部因素可以分为动力因素和压力因素。动力因素指团队会与外部环境相互作用，团队会通过交换信息、技术等方式获得更多的知识和技能。压力因素比较广泛，不仅包括行业内竞争者的压力，还包括团队内成员对团队的期望压力，以及客户对团队的需求压力等。但是仅仅具备这些因素还不足以使团队的创新能力涌现到更高的层次，在团队创新能力涌现的过程中，最为根本的要素是"关系"。自组织团队的相互作用关系最终成为整合内部和外部力量的重要因素，正是这种相互作用关系，将各种因素整合到一起，才能实现自组织团队整体层面创新能力的涌现。

（四）自组织涌现的管理机制

1. 组织应始终保持开放

在互联网技术飞速发展的今天，组织必须加强与外部环境的交流沟通，闭门造车只会导致组织的衰败。开放是系统自组织涌现的前提条件，系统需要在开放的基础上与外部环境进行信息、资源以及技术的交流。在外部环境的影响下要针对性地改变系统内部的组织结构和组织流程，打破系统各主体的沟通障碍，引导系统内部各主体团结协作。对外系统要打破组织与各利益相关者之间的"藩篱"，在系统内部团结协作的基础上，加强组织与各利益相关者的沟通与协作，为系统的自组织涌现奠定环境基础。

2. 组织应树立以人为本的管理理念

自组织的涌现与系统内各主体息息相关，管理的本质是充分追求人性的需求，追求人的价值最大化。组织的管理过程要摒弃传统的管理思维，致力于提高每个成员的参与度，增强员工的沟通交流和相互协作的能力，管理者要减少不必要的干预。系统的创新涌现与各主体的创造能力有紧密的联系，因此要树立以人为本的管理理念，要尊重员工的需求，树立员工的目标，帮助员工了解组织文化，增强员工对组织的认可度，重视提高员工的创造力，提高员工的积极性和主动性，实现组织内部的相互协作，推动系统创新能力的涌现进程。

3.组织应深化拓展协作网络，实现互利共赢

随着社会的发展，企业与其他利益相关者的沟通交流逐渐变为一种网络化的结构。组织与客户之间沟通交流后，组织会通过改变产品或服务识别并满足客户的需求，通过提高顾客满意度的方式提高核心竞争力。并且，组织会进一步将员工、客户和利益相关者都视为组织建设的共同参与者，通过增强各主体的沟通交流、相互协作，扩大组织交互的网络，实现各利益相关主体的互利共赢。

4.组织应因势利导，实现组织变革创新

组织在开放的环境下，在外部环境的影响下会发生“涨落”效应，使系统处于远离平衡的状态。在系统处于不和谐的状态时，企业要重视对不和谐状态的管理，将不和谐状态转变为有利于系统发展的一面，推动系统进入新的和谐状态。“人的价值实现”不仅是一种重要的管理理念，还是未来企业发展的根本趋势。企业应该以“人的价值实现”为导向，推动系统的组织变革，从“价值实现”的角度对各主体进行整合，使其成为一条新的价值链，从而增强价值链各主体之间的沟通协作。在此基础上，进一步地改变组织结构、运营流程与企业模式，通过“价值实现”整合创新的各要素，实现组织管理体系的根本性变革。

5.组织应持续学习、自我完善和发展，增强创新涌现持续性

组织的超循环演化需要根据外部环境产生适应性的变化，通过交流信息、资源与技术进行自适应的学习与探索。在组织内部也要建立激励机制，提高员工增强个人创造力的积极性与主动性，实现员工在组织内部的微创新。接下来将员工的微创新与外部市场环境进行有机的结合，带动整个组织实现颠覆式创新，最终实现组织和组织生态的超循环演化。

二、企业集群创新涌现机制

企业集群系统的涌现性:区域内的个体企业在面临不确定的外部环境时,通过互联互通、相互协作等方式整合企业内部资源,并且改善企业集群系统的外部环境,在非线性的作用下生成集群系统不具备的新功能,从而优化企业集群系统,并且吸引新企业进入。

(一)企业集群系统的涌现现象

企业集群系统具有主动适应性、多层次性、非线性、协同性和共同演化性。其在动态的演化过程中,涉及的基础设施、人力资源、技术环境和市场专业化等各方面因素交织在一起,相互影响,综合作用,表现出明显的结构和功能涌现现象。

企业集群系统的主体包括企业、大学、研究机构、金融机构、政府等,这些主体具有一定的资源和适应性,并不断与外部环境进行沟通。同时,主体之间总是存在着信息、物质和能量的相互作用。企业集群系统中的各主体通过相互交换知识和信息来调整企业的生产经营活动,系统通过各主体的互联互通和相互协作来调整自身的结构,从而不断涌现出低级子系统不具备的新的结构特征。企业集群系统的涌现依赖于各要素的协助,但是各要素一直处于远离平衡的状态,而且这种状态会随着系统的发展而持续下去。当系统受到外部环境的冲击时,如企业的进出口、政府颁布政策、市场环境变化、国家宏观经济变化等,集群系统内部各要素之间的相互作用及其与外部环境的相互作用将变得越来越复杂,制度结构和状态将出现转型或升级。

企业集群创新是一项高投入、高风险的活动。集群创新各个子系统之间通过聚集和协同互动行为实现共赢,涌现出新的系统功能,使得集群系统达到互联互通、优势互补、共同投入、分散风险的目的,具有更强的抗风险能力、内外部协调能力、创新能力等,进而形成企业集群的整体能力。企业集群系统的这些功能是各个子系统或各个主体单独存在时所不具备的。由于企业集群系统一般是区域内各企业的联合,因此企业集群系统内的各主体很容易获取群内信息,并且可以享受企业集聚带来的外部经济优势。集群内的各主体可以以较低的代价进行创新,因此企业集群系统内的各主体相比于单个企业会有更强的创新动力。但是随着集群规模的扩大,集群系统将面临群内创新资源不足且分布不均衡,单个企业难以进行有效创新的情况。同时,由于创新的高投入,以及市场存在诸多的不确定性因素,使得单个企业进行创新活动具有高风险性。因此,在企业集群中,企业之间会为了获得最大化的创新优势而采取协同竞争的行为,以获得企业和集群的共同创新发展,进而形成企业集群的整体能力。

(二)企业集群系统涌现性的前提特征

企业集群系统是一个复杂的自适应系统。随着企业集群系统的发展,系统内部的企业家个体与外部环境会形成复杂的网络关系,并且集群系统内部的企业家个体在时间和空间上的分布比较散乱,因此企业家群体具备典型的非线性、非平衡性、自组织的特征,并且会为集群系统创造新的结构和功能,呈现出一种系统的涌现性。

1.企业集群系统的非线性结构

企业集群系统涌现的前提条件之一就是系统的非线性结构。集群系统是一种包含企业家、集群外部环境及其相互作用的复杂自适应系统。集群系统内的企业家通过区域内的社会关系纽带,经过互联互通、相互协作形成复杂的网络结构,使系统表现出一种非线性的特征。不同于线性契约关系的约束,企业家集群网络结构表现得更加灵活,并且具备三个基本的特征。首先,企业集群系统是合作的网络。系统内的企业家是通过血缘、朋友、同学等关系联系在一起的,因此会自发交换信息和资源,实现资源互补、知识共享,这会提高企业集群系统整体的竞争力。其次,企业集群系统是创新的网络。企业集群系统的网络结构可以加强企业家之间的非正式交流,并且由于每个企业家都是这个网络结构的节点,因此企业家之间可以进行知识的共享。这不仅加强了企业家之间的相互协作,还促进了系统整体的创新。最后,企业集群网络是复杂的网络。企业家之间不同的联结方式、集群所处的外部环境、企业家交流的活跃程度等因素都会影响系统整体的网络结构。一个因素的变化会导致其他因素发生相应的变化,因此企业集群系统是一个复杂的自适应系统。在网络结构非线性的作用下,集群内部各主体之间及集群与外部环境之间,会通过耦合效应使企业家凝聚成一个有机的整体。也正是系统具备的非线性结构，导致企业家集群系统的涌现具备突发性、非连续性。

2.企业集群系统的自组织性

企业集群系统是一个由多层次的结构在耦合效应的作用下组合而成的复杂自适应系统。集群内的企业家个体在面临外部环境的威胁时都具备一定的抗风险能力，可以调整自身的结构来应对风险。各子系统之间的稳定结构可以使系统整体进行自我调节和自我强化。集群系统内的企业家个体位于一定的区域内，并且企业家之间都具备比较亲密的社会关系，因此集群内的企业家会相互协作，自觉按照一定的规则进行企业的生产经营活动，并且可以根据外部环境和企业需求调整自身的行为。也正是企业集群系统的自组织性促进了系统层次结构和功能结构的不断优化，推动了集群系统从低级到高级、从无序到有序的演化。

3.企业集群系统的非平衡性

一个健康的系统在发展的过程中需要不断打破内部的平衡，实现系统的动态演化。而企业集群系统具有开放性，其内部结构常处于非平衡的状态。其非平衡性体现在以下几方面。首先，集群系统内的企业家状态是非平衡的。企业集群系统在涌现的过程中正是通过“创造性的破坏”来打破原有的平衡，使其从一种平衡状态转变为一种新的平衡状态。其次，新进入者会打破原有的平衡。集群系统内部由于其具备的信息交流、知识共享、资源互换等优点，会吸引集群外的企业进入，并且集群内部的企业也会成长。随着集群外新进入者的涌入，原有的系统状态将会被打破，需要建立新的系统结构。最后，内外交流和相互适应会打破平衡状态。企业集群系统是一个开放的系统，系统内部各主体会进行相互协作，并且与外部环境进行物质、信息、能量的交换。系统内部各主体之间的相互作用和系统与外部环境之间的相互作用会打破旧平衡，形成新平衡。

4.企业集群系统的多个吸引子

企业集群系统存在多个吸引子，这些吸引子会相互作用，引导集群系统的创新演化进程，使企业集群系统涌现出新的结构、特点和功能。企业集群系统存在集群文化、集群效应及集群绩效等多个吸引子的作用。企业集群系统是一个创新系统，支持新进入者的创新创业活动，因此吸引了大量创新型企业和人才的加入。企业集群文化作为企业集群系统的一个重要的吸引子，会影响集群系统的组织结构、经营战略及社会责任等多个方面。企业集群文化会影响集群内部企业的创新创业活动，进而影响集群系统的创新能力涌现。企业集群系统另一个重要的吸引子是由规模经济、范围经济、集聚效应、协同效应等构成的集群效应。集群效应方便企业集群内部成员共享知识和技能，加强企业间的交流沟通，提高资源的利用率，减少交易的风险，如此会吸引更多的企业加入。集群绩效作为企业集群系统的一个重要的吸引子，也会影响企业集群系统的整体涌现。一方面，集群系统内企业之间的互联互通、相互协作会提高创新创业的成功率，吸引新企业的加入。另一方面，随着集群系统的发展，集群系统内部企业会随着内外部环境的变化产生衍生创业。衍生创业指系统内的企业通过识别系统提供的创业机会进行创新创业，在成功后会更好推动集群系统的发展。

（三）企业集群创新系统影响因素

企业集群系统的涌现性来源于集群系统内部的各主体、各主体之间的非线性结构以及外部环境三个方面。集群系统的企业通过复杂的网络关系耦合在一起，产生耦合效应，并在元素效应、结构效应、规模效应和环境效应的作用下共同造就整体涌现性。

1. 企业集群涌现的元素效应

企业集群系统的涌现性以其元素或者组分作为基础，但是系统内各元素仅仅只是简单的组合，并不能造就系统的整体涌现。企业集群涌现的元素效应，源自系统内的企业家个体在集群网络结构中进行知识共享、相互协作，由此吸引大量具备创新创业精神的企业加入，促使系统内部结构不断调整和优化，推动形成系统的整体涌现性。以美国硅谷为例，硅谷集聚了大量的风险投资者、创业企业家，形成了大规模的企业集群。硅谷每年有大量的企业家在风险投资者的支持下进行创业。当研究硅谷的成功经验时，可以发现硅谷更像一个创新创业的孵化基地。也正是硅谷对于创新创业的重视，才能每年吸引大批具备创新创业精神的人才进入。并且大量具备创新创业精神的企业和人才的涌入,为硅谷的创新提供了不竭的动力,这就是企业集群涌现的元素效应。

2. 企业集群涌现的结构效应

企业集群系统具备多个吸引子,集群系统在多个吸引子的相互作用下会改变系统的组织结构,使系统产生新的功能和特性。集群内部的各主体也会由于组织结构的变化而影响集群系统的整体涌现。企业集群涌现的结构效应表现为集群组分间通过血缘、朋友、同学、地缘等复杂关系,使集群系统内部各主体会产生耦合效应,耦合效应会加强系统内部各主体的联系,为集群系统的整体涌现奠定基础。首先,企业集群系统形成的关系网络结构有利于企业家之间的非正式交流,系统内的企业可以通过知识共享、资源互补加强企业间的合作,使企业之间做到优势互补,促进企业的发展。其次,集群系统内各组分之间及系统与外部环境之间在社会关系网络结构中具备稳定性的特点。企业集群系统可以通过关系网络减少生产的成本和经营的风险,继而提高资源的利用效率。最后,复杂的网络结构有利于企业间的互联互通、相互协作,并且会吸引大量的创新创业人才和资源,推动企业集群系统的整体涌现。

3. 企业集群涌现的规模效应

企业集群系统内部各企业的规模会影响系统的整体涌现。集群系统内部的企业具备一定的规模,是实现企业集群系统创新涌现的基础。而集群系统内部企业的数量越多、企业能力越强,集群系统创新能力涌现的速度就越快。企业家集群系统涌现性的规模效应主要表现为关联效应、学习效应和协同效应三个方面。关联效应是指企业集群系统在发展的过程中会形成复杂的关系网络,而集群系统内部的企业为了减少生产经营的成本,提高企业的竞争力,会整合区域内的中小企业,将部分产品或业务外包给这些中小企业,并且产生新的企业,涌现出更多的企业组分。学习效应是指集群系统内部的创新创业企业的领导者由于其新技术或新模式所带来的市场地位,会引起其他企业的模仿学习。新进入的企业可以通过借鉴前人的创业经验进行创业,并且可以通过这种互相学习的模式推动集群系统的涌现。协同效应是指系统内的企业可以通过关系网络结构进行知识共享,在企业互相协作的过程中减少企业生产经营的成本,减少外部环境带来的不确定性,促进创新创业企业的发展,提高创业的成功率。

4. 企业集群涌现的环境效应

外部环境会影响企业集群系统的涌现性。集群系统在开放的条件下会与外部环境发生信息和资源的交换，并且在这个过程中会不断调整系统边界，推动集群系统的整体涌现。集群系统涌现的环境效应体现在改善区域内的创新创业环境，降低企业的创新创业成本，吸引大量的创新创业型企业的进入，推动系统的整体涌现方面。具体来说，首先，企业集群系统是区域内企业的联合，地理和关系的邻近促进了企业间信息的交流、知识的共享。集群系统形成的社会关系网络结构更是加强了知识的共享效率，形成了知识的溢出效应，改善了集群系统的知识环境，为集群内部各企业的创新创业活动奠定了基础。其次，企业集群系统的关系网络结构加强了企业间的非正式交流，集群内部各企业借助关系网络可以实现跨地区、跨国家的交流与合作，节约了企业的成本，减少了环境的不确定性，提高了企业的利用率，有利于企业进行创新创业活动。最后，企业集群会产生范围经济效应，会改善区域内的基础设施、制度环境、配套服务等环境条件。除此之外，相邻企业因共享区位可以相互提供服务，如知识共享、精神鼓励、文化带动等，从而降低交易费用并获得规模效益。

（四）企业集群创新的涌现机理

企业集群创新是一种系统涌现，表现出结构涌现和功能涌现现象，其产生涌现的根本原因在于系统的受限生成过程。企业集群创新系统的适应性主体彼此之间既相对独立又相互依赖，通过相互作用而连接成网络模型，在一定的规则下产生受限生成过程。适应性主体对于集合中的可能的博弈作出最优选择，产生回声反馈，新的受限生成过程再通过相互作用产生更加复杂的受限生成过程，这样使得企业集群创新系统中的适应性主体在相互作用中共同演化，在“趋同效应”机制下不断形成层次的涌现，最终形成巨大的、复杂的企业集群创新系统的涌现现象。企业集群创新受限过程如图 5-2 所示。

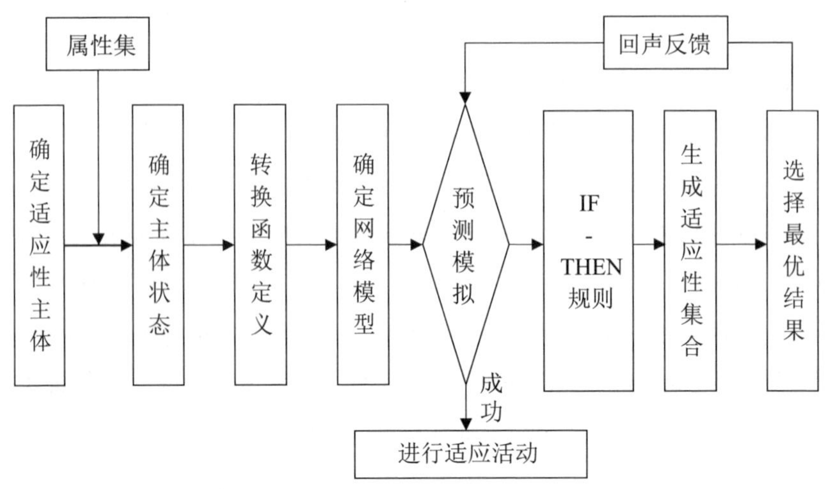

图 5-2 企业集群创新受限过程

企业集群创新系统中的多个主体之间是通过环境、产业价值链、竞争合作或其他内部联结模式实现互动而连接成网络模型,这个网络就是适应性受限生成过程。集群创新系统中的主体一旦通过相互作用连接成网络,就会在一定的规则下生成所有可能适应性集合。企业集群创新系统中的具有适应性的主体从所得到的正反馈中加强其存在和延续能力,加强其学习功能,逐渐作出理性、正确的判断。正反馈同预期相比,预期成功,则积累适应学习机制,进行适应活动。而负反馈会导致主体无法进行适应学习,阻碍主体的决策进程。由此,受限生成过程就存在各种可能的状态。企业集群创新系统中不同的主体通过相互的作用产生受限生成过程,新的受限生成过程再通过相互作用生成更加复杂的受限生成过程。企业集群创新系统中的适应性主体在相互作用中共同演化。共同演化产生了无数的相互适应,并能够适应于其生存环境的适应性主体。共同演化是企业集群创新系统突变和自组织的强大力量,并且共同演化都永远导向混沌的边缘。

企业集群创新系统的涌现是一种层次涌现。企业集群创新系统在发展过程中的复杂性与不确定性,使得系统具有涌现性。但是,随着集群系统的发展以及新进入者对集群系统内部创新型企业的模仿,集群系统内部产生了同质现象,集群创新系统不得不进行新的市场定位。集群内部的企业由于有相似的知识、技能与资源,产生了趋同效应,趋同效应会影响集群系统的整体创新能力，很难吸引更多的创新型的企业加入。在企业集群产生趋同效应后，企业如果想实现自身的长远发展，必须在企业集群衰败的过程中进行组织变革，集中企业的资源实现新技术或新模式的涌现。或者企业在分析实际状况后，发现无法实现新技术或新模式的涌现，就应该退出现在所处的集群，去加入适合自身发展的企业集群，实现企业的转型。在企业集群创新系统的演化过程中，集群系统内部各主体会学习行业领导者的新技术或新模式，并会形成趋同效应。集群系统内部都进行适应性学习，就会形成一个层次的涌现。在一个层次的涌现形成后，企业既会相互进行学习，又会在趋同效应的影响下使集群系统内部各企业之间相互影响，在非线性的作用下又会形成更高层次的涌现。以此循序渐进，则会形成巨大的、复杂的企业集群创新系统的涌现现象。企业集群创新系统的涌现过程如图 5-3 所示。

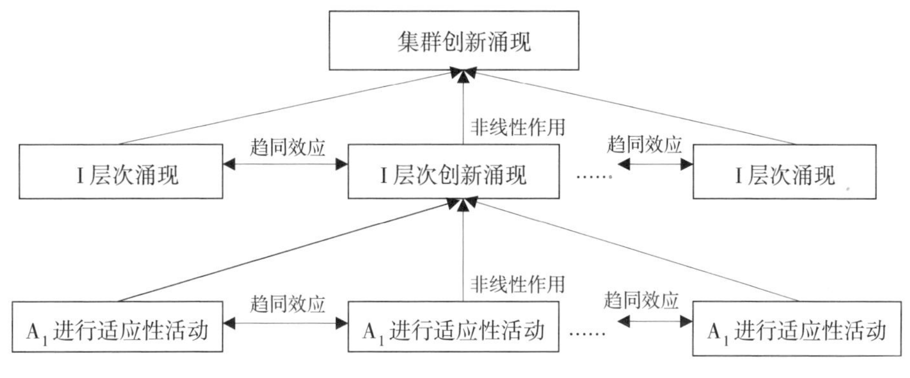

图 5-3 企业集群创新系统的涌现过程

（五）推动企业集群系统涌现的方法

企业集群系统的形成和发展是一种系统涌现的过程，并且在发展的过程中具备多层次、突变性的特点。企业集群系统涌现的前提条件是系统具备非线性、自组织、远离平衡和多个吸引子四个特征，并且系统内的企业会在元素效应、结构效应、规模效应和环境效应的作用下，推动集群系统的竞合演化和共生演化，促进企业集群系统从低级到高级、从简单到复杂的演化。在集群涌现的过程中，企业是企业集群中的基本单位，企业会在集群系统中有更多的销售渠道，并且可以共享社会关系网络、知识与机遇。企业集群涌现的核心是发现或创造涌现性，并且可以通过恰当的管理，吸引更多的具备创新创业精神的企业加入，推动企业集群系统的整体涌现。

1.从创新系统生命周期全过程关注企业集群涌现

集群创新系统与企业集群的发展水平相互影响，集群创新系统的强大会吸引更多的创新创业企业加入，加快企业集群的发展速度，企业集群发展水平的高低又会影响集群系统的创新能力。企业作为企业集群系统的主体，参与了创新系统生命周期全过程。在企业集群系统发展的过程中，系统外部的环境是不断变化的，系统内部的组织结构也会随着外部环境的变化发生相应的变化，企业不断变化的内外部因素会影响企业集群系统的整体性涌现。因此，为了推动企业集群系统的持续涌现，应该从集群系统的生命全周期来关注企业集群的涌现。在企业集群创新系统的产生阶段，一些企业为了获得更多的市场份额并增加销售收入会进行创新创业活动，这些企业获得成功之后，会成为其他企业的模仿示例，并且在元素效应、结构效应的作用下，会产生更多的创新型的企业，企业集群的创新系统会快速成长。在企业集群系统进入发展阶段时，企业为了获得更高的市场份额和市场地位，企业之间会持续学习以及加强合作，并实施创新驱动发展战略，并通过学习效应、关联效应和协同效应，加快企业集群系统的发展。在集群创新系统进入成熟阶段，集群内的企业在相互协作的过程中已经建立了信任，并且形成了关系网络。集群创新系统关系网络加强了企业之间的交流沟通，促进了企业间知识的共享与信息互通。企业集群系统由于具备知识溢出效应，会吸引更多的创新创业企业进入，从而加快企业集群的发展。在企业集群系统创新涌现的过程中，由于集群系统内部多个吸引子的作用，会导致集群系统发生耦合效应，推动集群系统涌现出新的结构和功能，实现集群系统模式的转型升级。

2.构建有利于企业集群涌现的生态系统

企业在产生与发展的过程中需要一系列资源的支持，并且需要掌握关键资源来保持竞争优势。企业集群在涌现的过程中离不开环境的支持，从新企业的创立，到系统在“涨落”的过程中形成新特性，再到企业集群系统的涌现，都需要系统取得各种资源才能继续运行。企业在创立之时，需要从企业伙伴或者企业集群中获得资金、市场、信息等一系列的资源，需要企业识别外部的创业机会，整合内部的创业资源，找准时机进行创业活动。在企业发展阶段，更是需要投入大量的人力、物力。因此，需要创造良好的创新创业环境，改善硬件设施，优化软件条件，构建和谐互助的文化氛围，推动企业之间、政府以及其他外部结构的相互合作以吸引更多的创新创业人才与资源加入企业集群。而构建创新创业生态系统，不仅能够改善外部的创业环境，而且可以提升和优化集群文化、集群效应及集群绩效等多个吸引子，促进企业集群系统涌现出新的特性、结构、功能，推动企业集群系统的动态演化过程。

3.推动企业群体之间的沟通与协作

企业集群系统是由地理位置接近的众多企业构成的，系统内的企业之间会在互联互通的过程中形成复杂的社会关系网络；企业之间的交叉关系网络会加强正式交流和非正式交流，以及知识的共享，促使企业在获取新知识的过程中产生知识溢出效应。同时，系统内的企业在相互协作的过程中会加快创新理念在集群内的传播，推动企业集群系统整体的涌现性。因此，应该推动企业之间的沟通和协作，积极构建企业关系网络，鼓励系统内的企业对新进入者进行指导，加强企业之间的互动学习，培养更多的创新人才，促进系统内新知识、新技术的产生。同时借助企业关系网络，可以整合集群内的资源，实现资源的快速流动。创业者只要打通其中一个节点，就能带动其他资源的汇集，为企业创新提供条件，进而引发新的整体涌现性，推动企业集群系统不断演化。

4.注重发挥先行企业家的引领作用

企业集群系统中的创新先行者会在系统内占据更大优势，它有更多的机会扩大企业的规模，获取更多的利润。但是，先行者的优势并不会一直存在。虽然先行者在行业发展的过程中占据优势，但是也为其他的企业提供了创新创业的模板，因此先行者企业的创新行为非常容易被其他企业模仿。为了企业保持先行者优势，集群内的创新先驱者要在竞争逐渐激烈的过程中，采用新的战略以成为下一个阶段的领跑者。而随着创新驱动者进行创新活动，又会吸引更多的新企业加入并模仿，从而引发企业集群涌现的元素效应和规模效应，推动系统的整体涌现。因此，为了推动企业集群系统的创新涌现，需要加强集群关系网络的建设，加强企业间的知识共享，发挥行业领导者的模范带头作用，让其对新企业进行创新创业指导和经验分享，加快企业集群系统的创新能力涌现的速度。同时,要注意外部环境的变化,比如政府政策、消费者需求、竞争对手的战略等,再改变企业的战略和组织结构,做到与外部环境的良好互动,减少经营的成本,引发企业集群系统涌现的环境效应。总而言之,应该以先行企业为核心,对其进行重点培育,推动其发展,以此吸引更多的创新创业型企业的加入,推动企业集群系统的涌现。

三、"互联网+"背景下平台型企业的涌现

互联网技术的快速发展,会加速新技术和新模式的溢出效应,使传统的商业模式发生根本性变革。企业的生产经营活动不再局限于一片区域,而是不断突破地域、组织和技术的边界,形成不同产业融合的协调发展的新模式。企业可以通过互联网实现信息交流、知识共享和资源互补。正是互联网的开放性和共享性,促使不同企业跨界融合,推动了"互联网+"背景下新事物的涌现。

(一)"互联网+"背景下企业系统涌现机理

1."互联网+"背景下新技术涌现

互联网技术的快速发展,给企业带来了大量的机会和挑战,因此企业为了获得更高的市场地位,实现自身的发展,会投入大量的研发费用,实现企业的技术创新,以期获得更多的市场份额。企业会通过投入研发资金、招收技术人才和引入新设备的方法积累创新需要的知识和技术,在经过持续的研发后会产生新技术。在新技术产生后,企业会凭借新技术抢占市场,提高自身的市场份额,获得大量的利润。企业在获得利润后会将更多的资金投入技术开发,实现技术的持续创新。但是,随着企业将过多的资金投入技术开发,企业生产经营的其他环节势必会受到影响,可能会导致企业利润减少,阻碍企业技术创新的涌现。因此,企业在技术创新的过程中,要重视内外部因素的影响,根据实际情况制定战略,实现技术创新的持续涌现。

2."互联网+"背景下新模式涌现

新技术必须市场化才能获得价值变现,在依靠新技术抢占市场的过程中,企业会在内外部环境的影响下改善组织结构和组织模式,导致企业生产经营新模式的涌现。在互联网快速发展的背景下,企业会通过开放新技术来获得

更高的市场地位。新技术的产生会对企业的经营战略产生影响,进而促使企业在生产、供应链管理、人力资源管理等方面发生一系列的组织变革。企业在组织变革的过程中,会受到变革的阻力与动力双重的影响。新模式涌现是系统内外各因素作用的自组织机制、适应性进化机制和博弈选择机制作用的结果。因此,企业为了促进新模式的涌现,在制定战略的过程中,不仅需要考虑外部市场环境的影响,还要考虑组织内部各要素的相互作用。

3. "互联网+"背景下新业态涌现

系统内各企业的共同进化导致了新业态的出现。在市场发展的过程中,部分企业会开发出新技术、新模式以获得更高的市场地位,成为行业的领导者。其他企业在看到新技术和新模式带给企业的优势后,会出于竞争的需要,向行业的领导者模仿学习,成为新的行业领导者。随着信息技术的高速发展,企业之间会形成复杂的关系网络,企业间的沟通交流会实现创新技术和知识的共享,从而加速新技术和新模式的溢出效应,加快新业态的涌现。并且,随着市场环境和政府政策的变化,新业态会不断成长。新业态涌现过程是系统内外各因素和各智能主体博弈选择机制与适应性进化机制作用的结果。尤其是互联网技术的快速发展,会加速新业态的创新涌现,推动整个行业的演化进程。

4. "互联网+"背景下层次涌现的演化过程

"互联网+"时代,新技术、新模式和新业态的涌现具有层次演进的特点,涌现之间相互影响,在非线性的作用下,形成更高层次的涌现现象。在企业发展的过程中,企业的创新行为导致新技术产生,新技术会促使企业抢占更多的市场份额,获得更多的利润。同时企业在依靠新技术发展的过程中,会引起战略的调整,进而引发组织变革。企业在将新技术市场化的过程中,会由新技术演进为新模式。部分企业由于新技术和新模式而进行市场扩张时,会被其他企业模仿。当大量企业使用新技术和新模式之后,系统内的企业会在非线性的作用下实现市场新业态的涌现。新技术、新模式、新业态在层次涌现的过程中,会受到企业内外部因素的影响。企业面临不同的内外部环境,可能会导致系统出现不同的涌现结果。"互联网+"背景下,企业系统层次涌现的演化过程如图 5-4 所示。

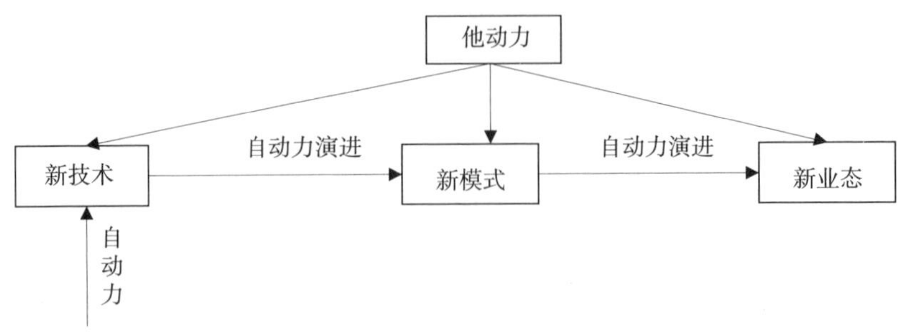

图 5-4 “互联网+”背景下层次涌现的演化进程

(二)开放式服务创新平台的涌现

开放式服务创新平台的涌现使平台主体在复杂的非线性作用下涌现出新的结构、特征和功能。平台系统的涌现会受到自身复杂性的影响。开放式服务平台是一个复杂的综合自适应性系统,具备多种复杂性特征。开放式平台涌现的过程,会受到规模效应、环境效应、结构效应和元素效应的影响。开放式平台的涌现在不同阶段会有不同的特征,在发展的初期,平台由于规模较小,因此只能被动地接受外部环境的影响,在涌现的过程中受外部环境的影响较明显。随着平台发展到后期,企业具备了一定的规模,可以抵御外部风险,但是企业内部具备了更复杂的结构和功能,结构化涌现更加明显。

1. 平台系统涌现的规模效应

平台的规模效应是指随着平台规模的逐渐增加,平台的涌现性就越明显,平台会获得更多的经济效益。平台的规模效应表现为以下两个方面:一方面要求平台的适应性主体在数量上具有一定的规模,如此才会促进平台系统的涌现;另一方面需要平台的适应性主体具备一定的实力,只有具备实力的主体进行资源的整合、知识的共享,才会推动平台系统的整体涌现,否则没有实力的企业聚集在一起也不会导致平台的涌现,例如缺乏创新的主体整合在一起也不会有创新产生。

2. 平台系统涌现的结构效应

在平台系统创新涌现的过程中,结构效应占主导地位。结构效应表现为平台内的各适应性主体在组合成为一个统一的开放式服务创新平台时,会涌现出单一主体所不具备的新结构和新功能。在开放式服务创新平台系统中,不同的组织结构会使系统涌现出不同的结果。开放式服务创新平台系统具备层次性，其高层次的系统是由低层次的若干系统构成的，其低层次的系统又是由若干子系统组成的。因此平台系统在整体涌现的过程中，会受到不同层次的子系统涌现结果的影响。不同的组织结构会产生不同的涌现结果，合理的组织结构会推动平台的创新涌现，不合理的组织结构会阻碍平台的创新涌现。因此，平台系统应该根据企业内外部因素的变化不断推动组织结构的变革，使组织结构发挥出正向的效应，实现组织结构模式的优化和升级，推动平台系统整体的涌现。

3.平台系统涌现的环境效应

平台系统在涌现的过程中会受到外部环境的影响。平台与外部环境有复杂的非线性联系，比如政府政策、消费者需求、竞争对手等。平台系统与外部环境的相互作用会改变平台的经营战略，进而影响平台的内部结构，从而影响平台的涌现性，使平台涌现出新特性和新结构，产生新功能。尤其是随着互联网技术的发展，地域之间的限制被打破，平台企业之间已经形成了复杂的关系网络，外部环境对平台企业的影响越来越大。因此，平台系统要根据变化的外部环境不断调整自身的组织结构和流程，实现系统模式的升级。

4.平台系统涌现的元素效应

开放式服务创新平台是一个复杂的自适应系统，它可以汇聚企业的内外部资源与企业创意，并且在这个过程中连接政府、企业等相关主体，使平台从刚开始的单一结构变成一个具备创新能力的复杂系统，推动平台企业的创新。在开放式服务创新平台创新的过程中，就伴随着系统涌现现象的出现，并且随着平台的规模不断扩大，将吸引更多具有创新创业精神的企业加入，这会使企业有更加复杂的结构与特征，使平台涌现出新功能，实现平台系统模式的升级。

（三）服务创新平台企业管理方法

1.强化需求导向，集产学研创于一体

平台企业由于受外部环境的影响，因此在制定战略时要充分考虑外部环境的变化，以外部需求为导向，通过收集外部信息、开拓外部销售渠道、建立外部联系等方式整合外部资源,再通过完善内部的管理机制改进平台的结构,加强平台内部企业的联系,进而整合平台的内部资源。平台可以通过平衡协调利用企业内外部资源,集产学研于一体,这样可以实现单个企业无法实现的创新,并且可以通过新的企业定位,创造出新的服务项目,促进平台企业创新的持续涌现。

2.以市场调节为主,政府扶持为辅

平台的优点在于可以聚集大量创新创业的企业,形成复杂的社会关系网络,促进平台企业之间的正式交流和非正式交流,从而形成知识的溢出效应,形成各种创新成果,推动平台系统的涌现。但是创新成果不仅需要市场检验,还受到政府政策的影响。首先,政府可以加强研发平台与企业的沟通,加大对平台研发资金、人才和设备的投入,加强平台企业的创新。其次,政府可以为创新平台提供优惠政策,并且加强创新能力强的企业与平台其他创新企业的联系,通过让其他创新企业学习其成功的经验来加强创新平台的建设。最后,要建立完善的法律法规,保证平台企业之间良好的合作与竞争的风气,为创新平台提供更好的发展环境。

3.扩大对外合作,学习开放式创新型模式

开放式服务创新平台不仅是一种新的商业模式,也是一种新的创新模式。在建设平台创新体系的过程中要注意整合内外部资源,加强企业内部的交流与沟通,促进平台企业的知识共享,使平台涌现出新的特征、结构和功能,提高整个行业的活跃度。此外,还需要重视消费者的需求,在互联网飞速发展的今天,平台企业的创新主体已经不再是企业与企业,而是基于互联网的企业和个人。随着创新主体的多元化和丰富化,平台企业原有的战略已经不适合企业的发展,因此需要更加关注消费者的需求,获得消费者的青睐,这样才能获得更多的市场利润。开放式服务创新将成为未来平台企业新的发展模式,平台企业要不断学习开放创新的新模式,积极扩展对外合作,提高竞争力。

4.坚持共享和开放,调节内部结构

在“互联网+”时代,开放服务创新的核心是共享和开放,平台建设是平台内部各要素之间以及平台与外部环境之间联合耦合的结果。随着企业内部各主体之间、各主体与外部环境的动态演变,企业内部各主体的行为路径将会逐渐改变，平台企业的内部结构也会发生相应的调整，从而在耦合效应的作用下形成新的系统涌现。平台系统在非线性的作用下会整合企业的内外部资源，从而提高平台的创新能力，以此让其产生新的功能和作用。平台在发展的过程中需要企业与政府互相协作。平台企业需要学习外部创新企业的成功经验，调整自己的战略与结构。政府也应该出台相应的法律法规对平台企业进行支持，保证企业将他动力转化为自动力，促进平台创新系统的持续涌现。

第四节　基于涌现理论的服务供应链创新能力评价

服务供应链是一个复杂的自适应系统，其创新是一种系统涌现过程。这里选取服务供应链集成商 G 为研究对象。为研究集成商 G 的创新能力，首先基于涌现理论建立服务供应链指标评价体系，再综合利用熵权法和模糊综合评价法对集成商 G 的创新能力进行评价。

一、构建服务供应链指标评价体系

基于涌现理论设立服务供应链创新能力评价总目标为 A，并且在总目标 A 下设立 6 个一级指标，它们分别是系统分析能力、敏锐洞察能力、宏观资源调配能力、关键信息获取能力、准确预测能力和快速响应能力，在一级指标下设立 20 个二级指标。B_i 为服务供应链创新能力评价一级指标，C_{ij} 为服务供应链创新能力评价二级指标，它们之间的因素集合为：$B=(B_1,B_2,B_3,B_4,B_5,B_6)$，$B_1=(C_{11},C_{12},C_{13},C_{14},C_{15})$，$B_2=(C_{21},C_{22},C_{23},C_{24}),\cdots,B_6=(C_{61},C_{62})$。将服务供应链集成商 G 的创新能力分为很好、好、较好、一般 4 个等级，对应等级的分数为 $S=\{90,80,70,60\}$。设计的服务供应链创新能力评价指标体系如表 5-2所示。

表 5-2 服务供应链创新能力指标评价体系

目标层	准则层	指标层
服务供应链创新能力指标评价 A	B_1 系统分析能力	C_{11} 单位客户接受服务渠道数量(条/人)
		C_{12} 把握顾客偏好的准确率(%)
		C_{13} 顾客需求缺口挖掘的深度(%)
		C_{14} 原服务反馈信息采集速度(GB/s)
		C_{15} 市场信息共享数量(GB)
	B_2 敏锐洞察能力	C_{21} 对顾客需求变化反应时间(h)
		C_{22} 洞察市场新服务需求时间(天)
		C_{23} 服务信息平台利用率(次)
		C_{24} 市场信息传递的准确率和及时率(%)
	B_3 宏观资源调配能力	C_{31} 高级服务人才、新服务技术年引进率(人/年)
		C_{32} 年 *R&D* 投入力度(万元)
		C_{33} 新服务技术选择正确率(%)
		C_{34} 服务更新换代周期(年)
		C_{35} 前端创意融入导致的新增销量(万件/次)
	B_4 快速响应能力	C_{41} 服务计划更改频率(次/两年)
		C_{42} 服务计划重组频率(次/两年)
	B_5 关键信息获取能力	C_{51} 知识积累、整合程度(年)
		C_{52} 知识共享、催化作用(UtIR)
	B_6 准确预测能力	C_{61} 需求预测、风险规避能力(万元)
		C_{62} 新技术试运行效果指数检测

二、确定指标权重

由于服务供应链创新能力评价体系中的指标权重并不相同,因此需要使用专家打分法和熵权法结合的方式来消除误差,以求解各指标的权重。首先使用专家打分法,请专家对各指标进行打分以评价各指标的能力等级。但是专家打分法具有主观性,因此需要使用熵权法对各指标的权重因素进行修正,在计算熵权的基础上,根据专家打分的结果进行加权平均,计算出指标的权重,再结合指标的熵权得到指标的综合权重。采用改进的熵权法进行指标权重设置更科学合理。文中指标运算的原始数据来源于供应链管理领域5位专家的打分,如表5-3所示。

表5-3　专家分数汇总表

指标	专家1	专家2	专家3	专家4	专家5
C_{11}	77	69	75	89	78
C_{12}	79	80	82	87	68
C_{13}	83	72	89	73	77
C_{14}	87	94	82	74	68
C_{15}	75	79	75	73	88
C_{21}	67	70	83	84	76
C_{22}	90	81	93	78	81
C_{23}	64	71	75	80	75
C_{24}	78	68	65	72	74
C_{31}	74	75	72	79	81
C_{32}	69	69	78	70	85
C_{33}	81	90	87	88	75
C_{34}	80	73	77	79	66
C_{35}	77	68	72	79	70
C_{41}	86	88	85	83	80
C_{42}	82	90	83	77	69
C_{51}	91	88	79	74	87
C_{52}	74	82	85	70	73
C_{61}	78	69	70	76	73
C_{62}	83	80	75	72	85

(1)建立初始得分矩阵。

初始得分矩阵 $\boldsymbol{R}=\begin{bmatrix} r_1 & \cdots & r_{1j} \\ \vdots & \ddots & \vdots \\ r_{i1} & \cdots & r_{ij} \end{bmatrix}$,矩阵中 r_{ij} 为第 i 个评价对象第 j 项评价指标的评价结果。

(2)对数据进行标准化处理。

采用极差转换法得到各指标标准化矩阵 $R'_{m\times n}=[r'_{ij}]_{m\times n'}$。单一指标归一化公式如下:

$$r'_{ij}=\frac{r_{ij}-\min(r_{1j},r_{2j},\cdots,r_{nj})}{\max(r_{1j},r_{2j},\cdots,r_{nj})-\min(r_{1j},r_{2j},\cdots,r_{nj})}\quad(i=1,\cdots,m;j=1,\cdots,n)。$$

(3)求解评价指标比重。

第 i 个评价对象的第 j 个评价指标比重 P_{ij} 的计算公式如下:

$$P_{ij}=\frac{r'_{ij}}{\sum_{i=1}^{m}r'_{ij}}(i=1,2,\cdots,m;j=1,2,\cdots,n),$$

若 $P_{ij}=0$,则定义 $\lim\limits_{P_{ij}\to 0}P_{ij}\ln P_{ij}=0$。

(4)通过熵值求指标权重。

第 j 个指标的熵值为

$$e_j=-\frac{1}{\ln m}\sum_{i=1}^{m}P_{ij}\ln P_{ij}(i=1,2,\cdots,m;j=1,2,\cdots,n)。$$

各指标的权重为 $w_j=\dfrac{1-e_j}{\sum_{j=1}^{n}1-e_j}$。

通过计算得到各指标权重,其中

$w_{B_1}=(0.044\ 9,0.032\ 7,0.068\ 0,0.044\ 2,0.073\ 8)$,

$w_{B_2}=(0.049\ 3,0.059\ 4,0.035,0.044\ 1)$,

$w_{B_3}=(0.050\ 2,0.108\ 6,0.035\ 9,0.033\ 7,0.052\ 2)$,

$w_{B_4}=(0.037\ 0,0.036\ 9)$,

$w_{B_5}=(0.039\ 7,0.055\ 1)$,

$w_{B_6}=(0.055\ 6,0.043\ 8)$,

$w_A=(0.263\ 6,0.187\ 8,0.280\ 5,0.073\ 9,0.094\ 8,0.099\ 4)$。

三、模糊评价矩阵

（1）根据调查结果得出二级模糊矩阵。通过问卷调查法来收集消费者对各指标的评价，再根据调查结果得出二级模糊矩阵，具体如下：

$$\boldsymbol{R}_{B_1}=\begin{bmatrix}0.1 & 0.6 & 0.25 & 0.05\\0.05 & 0.35 & 0.5 & 0.1\\0 & 0.3 & 0.55 & 0.15\\0.05 & 0.35 & 0.5 & 0.1\\0.05 & 0.35 & 0.45 & 0.2\end{bmatrix},\quad \boldsymbol{R}_{B_2}=\begin{bmatrix}0.1 & 0.5 & 0.35 & 0.05\\0.05 & 0.45 & 0.4 & 0.1\\0 & 0.55 & 0.3 & 0.15\\0.05 & 0.6 & 0.25 & 0.1\end{bmatrix},$$

$$\boldsymbol{R}_{B_3}=\begin{bmatrix}0.1 & 0.6 & 0.35 & 0\\0.2 & 0.45 & 0.3 & 0.05\\0.15 & 0.55 & 0.25 & 0.05\\0.25 & 0.55 & 0.2 & 0\\0.2 & 0.55 & 0.2 & 0.05\end{bmatrix},\quad \boldsymbol{R}_{B_4}=\begin{bmatrix}0.05 & 0.25 & 0.55 & 0.15\\0.1 & 0.1 & 0.6 & 0.2\end{bmatrix},$$

$$\boldsymbol{R}_{B_5}=\begin{bmatrix}0 & 0.2 & 0.6 & 0.2\\0.1 & 0.4 & 0.35 & 0.15\end{bmatrix},\quad \boldsymbol{R}_{B_6}=\begin{bmatrix}0.05 & 0.5 & 0.35 & 0.1\\0.05 & 0.15 & 0.75 & 0.05\end{bmatrix}。$$

（2）确定模糊综合评价矩阵。由模糊评价隶属矩阵和相应的指标权重得到模糊综合评价矩阵：

$$\boldsymbol{R}_A=\begin{bmatrix}w_{B_1}\cdot r_{B_1}\\w_{B_2}\cdot r_{B_2}\\w_{B_3}\cdot r_{B_3}\\w_{B_4}\cdot r_{B_4}\\w_{B_5}\cdot r_{B_5}\\w_{B_6}\cdot r_{B_6}\end{bmatrix}=\begin{bmatrix}0.012 & 0.1001 & 0.1203 & 0.0349\\0.0101 & 0.0971 & 0.0625 & 0.0181\\0.0510 & 0.1459 & 0.0763 & 0.0098\\0.0055 & 0.0129 & 0.0425 & 0.0129\\0.0055 & 0.03 & 0.0431 & 0.0162\\0.05 & 0.0344 & 0.0523 & 0.0078\end{bmatrix},$$

进而得出模糊综合评价 $\boldsymbol{R}_G$。

（3）确定服务供应商最终评价。$\boldsymbol{R}_G=w_A.\boldsymbol{R}_A=[0.118\,1\quad 0.433\,6\quad 0.361\,2\quad 0.087\,0]$，模糊关系和分数梯度矩阵的乘积即为二级评价指标的最后得分 F，$S=[90\quad 80\quad 70\quad 60]$，服务供应商 G 的最终评价值为 $F_G=R_G\cdot S^T=75.83$，服

务供应商 G 的创新能力等级是较好。

四、结果分析

服务供应商 G 注重技术的研发、投入和引进人才，将新技术融入服务产品，也注重客户服务信息的收集，但是由于对收集的信息分析不足，以及无法根据顾客需求快速制订服务计划，导致创新的效果不明显。因此在服务供应链创新的过程中，除了要注重技术和人才的引入，还需要在面临外部环境的不确定性时，要能够在快速变化的市场中收集到有价值的信息。除此之外，还要建立服务供应链中的关系网络，加强企业与企业之间、企业与顾客之间的交流沟通，实现企业之间的技术共享、资源互通，企业与顾客之间的信息共享，从而增强链上企业在外部环境变化时快速响应与关键信息获取的能力，加快服务供应链创新能力的涌现。在信息获取后，服务供应链中的企业要能够迅速且准确地分析，满足顾客的需求并对潜在的风险进行评估，制订相应的计划消除风险。在这个过程中，要根据变化的外部环境来改善组织结构，实现企业模式的转型和升级，并使其能够快速地制订和实施行动计划。在推动服务供应链企业创新能力涌现的过程中，还需要结合互联网、物联网等技术分析创新计划的可行性，降低创新计划实施的风险。从服务供应链创新能力评价体系中的关键性激励指标中可以发现，信息与时效性对服务供应链的创新能力有非常重要的影响。

重要术语

系统涌现　自组织涌现　集群涌现　平台企业涌现

复习思考题

1.涌现的定义是什么?

2.涌现的特征有哪些?

3.自组织涌现机理是什么?

4.简要分析企业集群创新涌现过程。

5.简要分析“互联网+”背景下企业系统层次涌现的演化过程。

参考文献

[1]马晓苗,彭剑锋,冯丽萍.海尔“人单合一”管理模式的自组织涌现机理[J].管理现代化,2021,41(4):106-111.

[2]马晓苗.“中庸思维”的自组织涌现机理——基于“一分为三”的分析框架[J].系统科学学报,2021,29(4):28-33.

[3]彭本红,仲钊强.基于ISM的平台企业开放式服务创新涌现机理研究[J].科技管理研究,2021,41(5):127 134.

[4]葛安茹,唐方成.基于合法性视角的新物种涌现机理研究:花椒直播的案例分析[J].科研管理,2020,41(12):112-120.

[5]马晓苗,何金念.和谐管理的自组织涌现机理研究[J].湖北文理学院学报,2019,40(5):5-9,20.

[6]刘洪久,刘清扬,胡彦蓉.“互联网+”时代新技术、新模式、新业态涌现机理和演进规律[J].当代经济,2018,(19)102-103.

[7]吴士健,孙专专,刘新民.区域创新系统中企业家集群的涌现机理及动态演化[J].广东财经大学学报,2017,32(5):22-33.

[8]胡杨.论产学研合作创新的涌现机理[J].科学与管理,2015,35(5):18-22.

[9]刘新梅,李彩凤.组织创造力涌现机理研究[J].科技进步与对策,2014,31(5):29-33.

[10]张琳玲,可星,刘钊.基于CAS理论的企业创新系统涌现机理探析[J].中国商贸,2013(22):96-97.

[11]胡有林.企业信息技术应用的涌现机理研究[J].科技管理研究,2013,33(10):183-186.

[12]马晓苗,汪海霞,喻昕.企业文化创新的涌现机理研究[J].科技管理研究,2013,33(9):250-253,258.

[13]郝丽风,李燕,武子俊.自组织团队创新能力的涌现机理探析[J].企业活力,2011(10):44-48.

[14]可星,蔡伟.基于涌现机理的企业组织能力系统研究[J].商业研究,2011(5):94-98.

[15]刘媛华,严广乐.企业集群创新系统的涌现机理研究[J].企业经济,2011(1):12-14.

第六章

中智集及其应用

第一节 中智集概述

一、中智集的定义、性质与运算法则

中智集的定义是令 X 为一个对象(点)集,X 中的元素记为 x。X 上的中智集 A 由事物的真实值 $T_A(x)$、不确定值 $I_A(x)$、失真值 $F_A(x)$ 组成,$T_A(x)$、$I_A(x)$ 和 $F_A(x)$ 是 $]0^-,1^+[$ 的实标准子集或非标准子集。即

$$T_A(x):X\rightarrow]0^-,1^+[,$$

$$I_A(x):X\rightarrow]0^-,1^+[,$$

$$F_A(x):X\rightarrow]0^-,1^+[。$$

由于 $T_A(x)$、$I_A(x)$ 和 $F_A(x)$ 的和没有限制,因此

$$0^- \leqslant \sup T_A(x)+\sup I_A(x)+\sup F_A(x)\leqslant 3^+。$$

对于集合 X 中的所有元素 x,中智集 A 的补集用 $\bar{A}$ 表示,并有

$$T_{\bar{A}}(x)=\{1^+\}\ominus T_A(x),$$

$$I_{\bar{A}}(x)=\{1^+\}\ominus I_A(x),$$

$$F_{\bar{A}}(x)=\{1^+\}\ominus F_A(x)。$$

中智集 A 包含在另一个中智集 B 中,即 $A\subseteq B$,对于集合 X 中的所有元素 x,当且仅当

$$\inf T_A(x)\leqslant \inf T_B(x),\sup T_A(x)\leqslant \sup T_B(x),$$

$$\inf I_A(x)\geqslant \inf I_B(x),\sup I_A(x)\geqslant \sup I_B(x),$$

$$\inf F_A(x)\geqslant \inf F_B(x),\sup F_A(x)\geqslant \sup F_B(x)。$$

中智集 C 是中智集 A 和 B 的并集,写为 $C=A\cup B$,对于集合 X 中的所有元素 x,其真隶属函数、不确定性隶属函数和假隶属函数与 A 和 B 的隶属函数相关:

$$T_C(x)=T_A(x)+T_B(x)-T_A(x)\odot T_B(x),$$

$$I_C(x)=I_A(x)+I_B(x)-I_A(x)\odot I_B(x),$$

$$F_C(x)=F_A(x)+F_B(x)-F_A(x)\odot F_B(x)。$$

中智集 C 是中智集 A 和 B 的交集,写为 $C=A\cap B$,对于集合 X 中的任意元素 x,其真隶属函数、不确定性隶属函数和假隶属函数与 A 和 B 的隶属函数相关:

$$T_C(x)=T_A(x)\odot T_B(x),$$

$$I_C(x)=I_A(x)\odot I_B(x),$$

$$F_C(x)=F_A(x)\odot F_B(x)。$$

中智集 C 是中智集 A 和 B 的差,写为 $C=A\backslash B$,其真隶属函数、不确定性隶属函数和假隶属函数与 A 和 B 的隶属函数相关,对于集合 X 中的任意元素 x,

$$T_C(x)=T_A(x)-T_A(x)\odot T_B(x),$$

$$I_C(x)=I_A(x)-I_A(x)\odot I_B(x),$$

$$F_C(x)=F_A(x)-F_A(x)\odot F_B(x)。$$

设 A 为空间 E_1 上定义的中智集,B 为空间 E_2 上定义的中智集。如果

$$x(T_A^1,I_A^1,F_A^1)\subset A \text{ 和 } y(T_A^2,I_A^2,F_A^2)\in B,$$

则两个中智集 A 和 B 的笛卡尔积定义为

$$(x(T_A^1,I_A^1,F_A^1),y(T_A^2,I_A^2,F_A^2))\in A\times B。$$

二、中智集的发展历程

中智集是中智学的一部分,中智学是哲学的一个分支,研究中立性的起源、性质和范围,以及它们与不同意识形态的相互作用。中智集是最近提出的一个强大的一般形式框架。中智学对事物的研究强调中立性,在研究事物的过程中不倾向于研究事物的本身,也不倾向于研究事物的对立面,而是研究事物的动态变换,可以更好地表示不确定性,这是对模糊理论的概括和扩展。

扎德在1965年提出了模糊集的概念。从那时起，模糊集和模糊逻辑已在许多真实应用中用于处理不确定性。传统的模糊集使用一个实数 $u_A(x) \in [0,1]$ 来表示模糊集的成员等级，在集合 X 上定义了 A。有时 $u_A(x)$ 本身是不确定的，很难通过清晰的值来定义。因此，为了表示隶属度的不确定性，更精确地对事物的动态发展进行描述，学者们提出了区间值模糊集的概念。区间值模糊集是使用一个区间值 $[u_A^L(x), u_A^U(x)]$，其中 $0 \leqslant u_A^L(x) \leqslant u_A^U(x) \leqslant 1$ 代表模糊集 A 的隶属度。但是在研究模糊集的隶属度时，需要对证据进行辩证思考，不仅应该考虑证据支持的真隶属度，而且应考虑证据反对的假隶属度。但是，其超出了模糊集和区间值模糊集的范围，这也是区间值模糊集的不足之处。

1986年，阿塔纳索夫引入了直觉的模糊集。直觉的模糊集相较于区间值模糊集是一种更有效的研究方法，是区间值模糊集的扩展，它可以同时考虑真隶属度和假隶属度。后来，学者们又对直觉的模糊集进行扩展，提出了一种新的模糊集，该模糊集被称为区间值直觉模糊集。区间值直觉模糊集使用一对间隔 $[t^-, t^+]$，$0 \leqslant t^- \leqslant t^+ \leqslant 1$ 和 $[f^-, f^+]$，$0 \leqslant f^- \leqslant f^+ \leqslant 1$ 以及 $t^+ + f^+ \leqslant 1$ 来描述真实程度和错误程度。由于 $t^+ + f^+ \leqslant 1$ 的限制，直觉的模糊集和间隔有价值的直觉模糊集只能处理不完整的信息，不是不确定的信息和不一致的信息，这些信息通常存在于信息系统中。例如，当我们问专家对某些陈述的看法，他可能会说，陈述为真的可能性在0.5和0.7之间，陈述为假的可能性在0.2和0.4之间，他不确定的程度在0.1和0.3之间。

下面是另一个示例，假设在投票过程中有10个投票者，在时间 t_1 中，三票投“是”，两票投“否”，五票未定，使用中智集符号，可以表示为 $x(0.3, 0.5, 0.2)$；在时间 t_2 中，三票投“是”，两票投“否”，两票放弃，三票未定，可以表示为 $x(0.3, 0.3, 0.2)$。这超出了直觉模糊集的范围。常用的模糊集如图6-1所示，后来学者们针对模糊集的不足之处，又提出了中智集的概念，并克服了上述问题，因此，中智集的概念更加普遍。

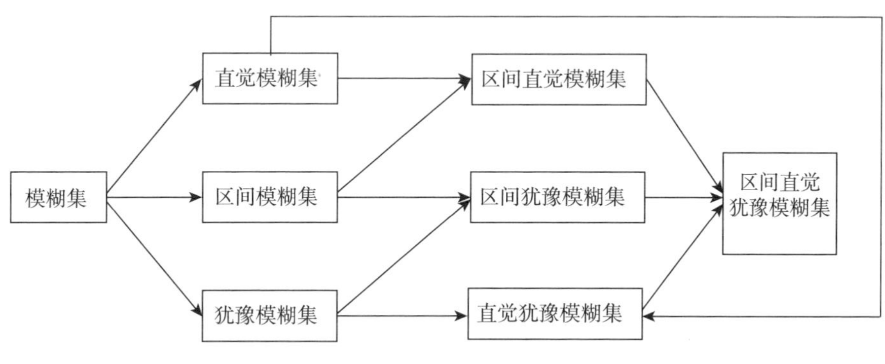

图 6-1　常用的模糊集

弗罗仁汀·司马仁达齐(Florentin Smarandache)于 1980 年提出了中智学理论。司马仁达齐在研究问题的过程中,发现了事物并不是只处于一种非真即假的状态,他认为在事物的真假状态之外应该还可以存在其他的状态。于是司马仁达齐在对事物进行更加深入的研究后,对他的研究进行了概括和总结,提出了一个有形的概念,即中智集。司马仁达齐在对中智学进行了大量的研究后,于 1999 年前后正式给出中智集的定义,在真实值和失真值的基础上又添加了不确定值,用来表示不确定性的状态。中智集理论可以用来表示不确定性的信息,是对模糊集理论的一种扩展,但是没有对参数进行标准化,所以不方便运算,因此,学者们对中智集理论进行了扩展,相继提出了区间中智集、单值中智集、简单中智集、多值中智集和新型中智集相关的概念、性质和运算,中智集的发展历程见图 6-2。

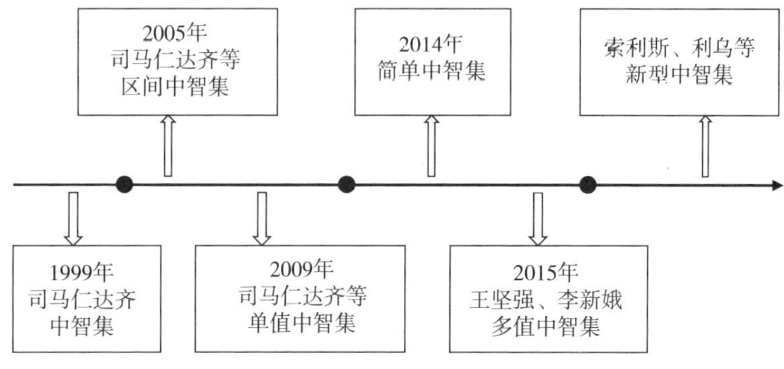

图 6-2　中智集发展历程

在中智集中,不确定性是明确量化的,而真实程度、不确定程度以及失真程度是独立的。中智集是一个强大的一般形式框架,它推广了经典集、模糊集、区间模糊集、直觉模糊集、区间直觉模糊集等概念。在集合 U 上定义的中智集 A,$x=x(T,I,F)\in A$,T,I 和 F 是 $]0^-,1^+[$ 中的实标准子集或非标准子集。T 是集合 A 中的真隶属度程度,I 是集合 A 中的不确定隶属度程度,F 是集合 A 中的假隶属度程度。中智集从哲学的角度对上述集合进行了概括。从科学或工程的角度来看,需要规定中智集和理论算子,否则,其将很难应用于实际应用程序。在对简单中智集进行分类时,简单中智集不仅仅包含单值中智集,还应该包含区间中智集和多值中智集。

第二节　简单中智集

一、单值中智集

设 X 为给定的集合,定义在集合 X 中的一个单值中智集 A 由 3 个 X 到单位区间 $[0,1]$ 的有限子集的函数 $T_A(x)$,$I_A(x)$ 和 $F_A(x)$ 组成。A 可以表示为 $A=\{T_A(x),I_A(x),F_A(x)\mid x\in X\}$,其中 $T_A(x)$,$I_A(x)$ 和 $F_A(x)$ 为 3 个属于 $[0,1]$ 的有限离散值集合,分别表示真实程度、不确定程度以及失真程度,并满足 $0\leqslant t,i,f\leqslant 1$;$0\leqslant t^+,i^+,f^+\leqslant 3$;$t\in T_A(x)$,$i\in I_A(x)$,$f\in F_A(x)$。

特别地,称 $\langle t,i,f\rangle$ 为单值中智集,则 $0\leqslant t,i,f\leqslant 1$;$0\leqslant t^+,i^+,f^+\leqslant 3$。

(一)单值中智集的性质和运算

1.设 $A=\langle T_A,I_A,F_A\rangle$ 为单值中智集,U 是一个论域,则 A 的补集为

$$A^c=\{\langle x,F_A,1-I_A,T_A\mid x\in U\rangle\}。$$

2.单值中智集 A 包含于或等于单值中智集 B,记为 $B\subseteq A$,则对任意的 $x\in X$ 应满足以下条件:

$$T_A \leqslant T_B,$$

$$I_A \geqslant I_B,$$

$$F_A \geqslant F_B。$$

3.设两个单值中智数$A=\{T_A,I_A,F_A\}$，$B=\{T_B,I_B,F_B\}$，则对任意的$x\in X$，

$$A\cup B=\langle \max(T_A,T_B),\min(I_A,I_B),\min(F_A,F_B)\rangle,$$

$$A\cap B=\langle \min(T_A,T_B),\max(I_A,I_B),\max(F_A,F_B)\rangle。$$

4.设两个单值中智数$A=\{x,T_A(x),I_A(x),F_A(x)\mid x\in X\}$，

$B=\{x,T_B(x),I_B(x),F_B(x)\mid x\in X\}$，运算法则如下：

$$A+B=\langle T_A+T_B-T_A\times T_B,I_A\times I_B,F_A\times F_B\rangle,$$

$$A\times B=\langle T_A\times T_B,I_A+I_B-I_A\times I_B,F_A+F_B-F_A\times F_B\rangle,$$

$$\lambda A=\langle 1-(1-T_A(x))^{\lambda},(I_A(x))^{\lambda},(F_A(x))^{\lambda}\rangle,\lambda>0,$$

$$A^{\lambda}=\langle (F_A(x))^{\lambda},1-(1-I_A(x))^{\lambda},\rangle 1-(1-F_A(x))^{\lambda},\lambda>0。$$

（二）单值中智集的相关函数

1.单值中智集的熵

设函数E_N:$N(X)\rightarrow[0,1]$（$N(X)$为单值中智集），满足：

(1)$E_N(A)=0$，如果A是一个清晰集合；

(2)$E_N(A)=1$，如果$(t_A(x),i_A(x),f_A(x))=(0.5,0.5,0.5)$，$\forall x\in X$；

(3)$E_N(A)\geqslant E_N(B)$，当且仅当A比B更加不确定，其中$t_A(x)+f_A(x)\leqslant t_B(x)+f_B(x)$，$|i_A(x)-i_{A^c}(x)|\leqslant|i_B(x)+i_{B^c}(x)|$；

(4)$E_N(A)=E_N(A^c)$，$\forall A\in N(X)$，则称函数E_N为单值中智集的熵。

单值中智集A的熵的计算公式为

$$E_1(A)=1-\frac{1}{n}\sum_{x_i\in X}(t_A(x_i)+f_A(x_i))\cdot|i_A(x_i)-i_{A^c}(x_i)|。$$

2.记分函数、精确函数和确定函数

对于单值中智数$A=\langle T_A(x),I_A(x),F_A(x)\rangle$，其记分函数$S_A$、精确函数$\alpha_A$和确定函数$c_A$定义如下：

(1)$S_A=\dfrac{T_A-I_A-F_A}{3}$,

(2) $\alpha_A = T_A - F_A$，

(3) $c_A = T_A$。

3. 单值中智模糊数的大小比较

记分函数可以比较两个单值中智模糊数大小，例如$\alpha_1 = \langle 0.2, 0.4, 0.6 \rangle$，$\alpha_2 = \langle 0.6, 0.3, 0.6 \rangle$，则经过记分函数计算可得 $S(\alpha_1) = -\frac{4}{15}$，$S(\alpha_2) = -0.1$。因为$S(\alpha_1) < S(\alpha_2)$，所以单值中智模糊数$\alpha_1 < \alpha_2$。

对于 A，则两个单值中智数：

(1) 如果$S_A > S_B$，那么 A 比 B 大，即 $A > B$；

(2) 如果$S_A = S_B$，$\alpha_A > \alpha_B$，那么 A 比 B 大，即 $A > B$；

(3) 如果$S_A = S_B$，$\alpha_A = \alpha_B$，$c_A > c_B$，那么 A 比 B 大，即 $A > B$；

(4) 如果$S_A = S_B$，$\alpha_A = \alpha_B$，$c_A = c_B$，那么 A 与 B 一样大，即 $A = B$。

（三）单值中智集之间的距离计算公式

1. 加权测量距离公式

设 $A = \{T_A(x_i), I_A(x_i), F_A(x_i) \mid x_i \in X\}$，$B = \{T_B(x_i), I_B(x_i), F_B(x_i) \mid x_i \in X\}$，则两个单值中智集 A、B 之间的加权测量距离公式表示为

$$d_\lambda(A,B) = \left[\sum_{j=1}^{n} w_j \left(\sum_{i=1}^{4} \beta_i \varphi_i(x_j) \right)^\lambda \right]^{\frac{1}{\lambda}},$$

其中 $\lambda > 0$，$\beta_i \in [0,1]$ 且 $\sum_{i=1}^{4} \beta_i = 1$，$w_j \in [0,1]$ 且 $\sum_{j=1}^{n} w_j = 1$，则

$$\varphi_1(x_j) = \frac{|T_A(x_i) - T_B(x_i)|}{3} + \frac{|I_A(x_i) - I_B(x_i)|}{3} + \frac{|F_A(x_i) - F_B(x_i)|}{3},$$

$$\varphi_2(x_j) = \max\left\{ \frac{2 + T_A(x_i) - I_A(x_i) - F_A(x_i)}{3}, \frac{2 + T_B(x_i) - I_B(x_i) - F_B(x_i)}{3} \right\},$$

$$-\min\left\{ \frac{2 + T_A(x_i) - I_A(x_i) - F_A(x_i)}{3}, \frac{2 + T_B(x_i) - I_B(x_i) - F_B(x_i)}{3} \right\},$$

$$\varphi_3(x_j) = \frac{|T_A(x_i) - T_B(x_i) + I_B(x_i) - I_A(x_i)|}{2},$$

$$\varphi_4(x_j) = \frac{|T_A(x_i) - T_B(x_i) + F_B(x_i) - F_A(x_i)|}{2}。$$

2. 汉明距离与欧几里得距离

设两中智集：

$$A = \sum_{i=1}^{n} \frac{x_i}{\langle t_A(x_i), i_A(x_i), f_A(x_i) \rangle},$$

$$B = \sum_{i=1}^{n} \frac{x_i}{\langle t_B(x_i), i_B(x_i), f_B(x_i) \rangle},$$

则 A 和 B 之间的汉明距离：

$$q_1(A,B) = \sum_{i=1}^{n} \{ |t_A(x_i) - t_B(x_i)| + |i_A(x_i) - i_B(x_i)| + |f_A(x_i) - f_B(x_i)| \}。$$

A 和 B 之间的标准汉明距离：

$$q_2(A,B) = \frac{1}{3n} \sum_{i=1}^{n} \{ |t_A(x_i) - t_B(x_i)| + |i_A(x_i) - i_B(x_i)| + |f_A(x_i) - f_B(x_i)| \}。$$

A 和 B 之间的欧几里得距离：

$$q_3(A,B) = \sqrt{\sum_{i=1}^{n} \{ (t_A(x_i) - t_B(x_i))^2 + (i_A(x_i) - i_B(x_i))^2 + (f_A(x_i) - f_B(x_i))^2 \}}。$$

A 和 B 之间的标准化欧几里得距离：

$$q_4(A,B) = \frac{1}{3n} \sqrt{\sum_{i=1}^{n} \{ (t_A(x_i) - t_B(x_i))^2 + (i_A(x_i) - i_B(x_i))^2 + (f_A(x_i) - f_B(x_i))^2 \}}。$$

二、区间中智集

在现实生活中，单值中智集的实际应用中还存在着较大局限性，因此学者们将单值中智集的 $T_A(x)$，$I_A(x)$ 和 $F_A(x)$ 的表现形式进行扩展，从单值扩展为区间值，形成区间中智集理论，它比单值中智集能更好地处理模糊信息。

（一）区间中智集的定义

设 X 是一个非空集合，它的元素记为 x，$\text{int}(0,1)$ 代表闭区间 $[0,1]$ 所有的闭子区间的集合，X 上的区间中智集 A 定义为 $A = \{\langle x; T_A(x), I_A(x), F_A(x) \rangle \mid x \in X\}$，其中，$T_A(x)$，$I_A(x)$ 和 $F_A(x)$ 定义如下：

$T_A: X \to \text{int}(0,1)$，$I_A: X \to \text{int}(0,1)$，$F_A: X \to \text{int}(0,1)$，这里的 $T_A(x)$，$I_A(x)$ 和 $F_A(x)$ 分别表示 X 中的元素 x 属于集合 A 的真值隶属度函数，不确定隶属度函数和非隶属度函数，记

$$T_A(x) = [\inf T_A(x), \sup T_A(x)],$$

$$I_A(x) = [\inf I_A(x), \sup I_A(x)],$$

$$F_A(x) = [\inf F_A(x), \sup F_A(x)]。$$

如果 $T_A(x)$，$I_A(x)$，$F_A(x) \subseteq [0,1]$ 且 $0 \leqslant \sup T_A(x) + \sup I_A(x) + \sup F_A(x) \leqslant 3$，为方便起见，称 $x = ([T^L, T^U], [I^L, I^U], [F^L, F^U])$ 为区间中智数，其中：

$[T^L, T^U] \subseteq [0,1]$，$[I^L, I^U] \subseteq [0,1]$，$[F^L, F^U] \subseteq [0,1]$，

且 $0 \leqslant \sup(T^L, T^U) + \sup(I^L, I^U) + \sup(F^L, F^U) \leqslant 3$。

（二）区间中智集的性质

称实函数 E：INSs$\to[0,1]$ 为熵，如果 E 满足下面的性质：

（1）$E(A) = 0$，A 是分明集；

（2）$E(A) = 0$，当且仅当 $[\inf T_A(x), \sup T_A(x)] = [\inf F_A(x), \sup F_A(x)]$，$\inf I_A(x) = \sup I_A(x)$；

（3）$E(A) = E(A^C)$；

（4）$E(A) \leqslant E(B)$，如果 $A \subseteq B$，那么条件如下：

$\inf T_B(x) \leqslant \inf F_B(x)$，$\sup T_B(x) \leqslant \sup F_B(x)$，$\inf I_B(x) \geqslant 1 - \sup I_B(x)$。

如果 $B \subseteq A$，那么条件如下：

当 $\inf F_B(x) \leqslant \inf T_B(x)$，$\sup F_B(x) \leqslant \sup T_B(x)$，$\inf I_B(x) \geqslant 1 - \sup I_B(x)$ 时，

设 $x = ([T^L, T^U], [I^L, I^U], [F^L, F^U])$ 为任意一个区间中智数，那么 x 的期望值是：

$$E(x) = \frac{(T^L + T^U) + (I^L + I^U) + 2 - (F^L + F^U)}{6}。$$

（三）区间中智集的相关函数

1. 区间中智集的得分函数

得分函数和精确函数在区间中智数的排序方法中是两个非常重要的指

标。对于一个区间中智集$A=\{x(T_A(x),I_A(x),F_A(x))\mid x\in X\}$,隶属度$T_A(x)$越大,区间中智集就越大;不确定性度$I_A(x)$越小,区间中智集就越大;相似地,非隶属度$F_A(x)$越小,区间中智集就越大。所以区间中智数的得分函数定义如下:

设$x=([T^L,T^U],[I^L,I^U],[F^L,F^U])$为任意一个区间中智数,那么$x$的得分函数是

$$s(x)=\frac{T^L+T^U}{2}+1-\frac{I^L+I^U}{2}+1-\frac{F^L+F^U}{2}。$$

2.区间中智集的精确函数

对于区间中智集的精确函数,隶属度和非隶属度额差值越大,那么对区间中智集的认定越准确。也就是说,$T_A(x)$和$F_A(x)$值越大,对区间中智集的认定越准确。所以区间中智数的精确函数定义如下:

设$x=([T^L,T^U],[I^L,I^U],[F^L,F^U])$为任意一个区间中智数,那么$x$的精确函数是

$$H(x)=\frac{T^L+T^U}{2}+1-\frac{I^L+I^U}{2}+\frac{F^L+F^U}{2}。$$

3.区间中智数比较大小

设$x=([T_1^L,T_1^U],[I_1^L,I_1^U],[F_1^L,F_1^U])$和$y=([T_2^L,T_2^U],[I_2^L,I_2^U],[F_2^L,F_2^U])$为任意两个区间中智数,$x$和$y$的得分函数和精确函数分别是$s(x)$,$H(x)$和$s(y)$,$H(y)$,那么:

(1)若$s(x)>s(y)$,则$x>y$;

(2)若$s(x)=s(y)$,且$H(x)>H(y)$,则$x>y$;

(3)若$s(x)=s(y)$,且$H(x)=H(y)$,则$x=y$。

4.区间中智数的距离公式

设$x=([T_1^L,T_1^U],[I_1^L,I_1^U],[F_1^L,F_1^U])$和$y=([T_2^L,T_2^U],[I_2^L,I_2^U],[F_2^L,F_2^U])$为任意两个区间中智数,则$x$和$y$之间的汉明距离为

$$d(x,y)=\frac{|T_1^L-T_2^L|+|T_1^U-T_2^U|+|I_1^L-I_2^L|+|I_1^U-I_2^U|+|F_1^L-F_2^L|+|F_1^U-F_2^U|}{6}。$$

(四)区间中智集的运算规则

1.区间中智集的简单运算性质

(1)对于集合 X 中的所有 x,当且仅当 $\inf T_A(x)=\sup T_A(x)=0$,$\inf I_A(x)=\sup I_A(x)=1$并且 $\inf F_A(x)=\sup F_A(x)=0$,区间中智集 A 为空。

(2)区间中智集 A 包含在另一个区间中智集 B 中,即 $A\subseteq B$,其需要满足的条件为对于集合 X 中的任意元素 x,当且仅当 $\inf T_A(x)\leqslant \inf T_B(x)$,$\sup T_A(x)\leqslant \sup T_B(x)$,$\inf I_A(x)\geqslant \inf I_B(x)$,$\sup I_A(x)\geqslant \sup I_B(x)$,$\inf F_A(x)\geqslant \inf F_B(x)$,$\sup F_A(x)\geqslant \sup F_B(x)$,则 $A\subseteq B$。

(3)当且仅当 $A\subseteq B$ 和 $B\subseteq A$,两个区间中智集 A 和 B 相等,写为 $A=B$。

(4)对于集合 X 中的任意元素 x,中智集 A 的补集用 A^c 表示,

$A^c=\{\langle x;T_{A^c}(x),I_{A^c}(x),F_{A^c}(x)\rangle\}$并对任意 $x\in X$ 需要满足以下条件

$$T_{A^c}(x)=F_A(x)=[\inf F_A(x),\sup F_A(x)],$$

$$I_{A^c}(x)=[1-\sup I_A(x),1-\inf I_A(x)],$$

$$F_{A^c}(x)=T_A(x)=[\inf T_A(x),\sup T_A(x)]。$$

2.区间中智集的交集

让 I_N表示两个区间中智集 A 和 B 的中智集相交的函数。则 I_N 为函数 $I_N:N\times N\to N$,并且 I_N必须至少满足以下四个公理化要求:

(1)对于任意 x 属于 X,$I_N(A(x),\underline{1})=A(x)$(边界条件);

(2)对于任意 x 属于 X,$B(x)\leqslant C(x)$ 意味着 $I_N(A(x),B(x))\leqslant I_N(A(x),C(x))$(单调性);

(3)对于任意 x 属于 X,$I_N(A(x),B(x))=I_N(B(x),A(x))$(交换性);

(4)对于任意 x 属于 X,$I_N(A(x),I_N(B(x),C(x)))=I_N(I_N(A(x),B(x),C(x)))$。

区间中智集 C 是区间中智集 A 和 B 的交集,写为 $C=A\cap B$,其真隶属,不确定性隶属和假隶属函数与 A 和 B 的隶属函数相关,对于任意 x 属于 X,

$\inf T_C(x)=\min(\inf T_A(x),\inf T_B(x))$,

$\sup T_C(x)=\min(\sup T_A(x),\sup T_B(x))$,

$\inf I_C(x)=\max(\inf I_A(x),\inf I_B(x))$,

$\sup I_C(x)=\max(\sup I_A(x),\sup I_B(x))$，

$\inf F_C(x)=\max(\inf F_A(x),\inf F(x))$，

$\sup F_C(x)=\max(\sup F_A(x),\sup F_B(x))$，$A\cap B$ 是 A 和 B 中包含的最大区间中智集集合。

3.区间中智集的并集

让 U_N 表示两个区间中智集 A 和 B 的中智集相并的函数。则 U_N 为函数 $U_N:N\times N\rightarrow N$，并且 I_N 必须至少满足以下四个公理化要求：

(1)对于任意 x 属于 X，$U_N(A(x),\underline{0})=A(x)$(边界条件)；

(2)对于任意 x 属于 X，$B(x)\leqslant C(x)$ 意味着 $U_N(A(x),B(x))\leqslant U_N(A(x),C(x))$(单调性)；

(3)对于任意 x 属于 X，$U_N(A(x),B(x))=U_N(B(x),A(x))$(交换性)；

(4)对于任意 x 属于 X，$U_N(A(x),U_N(B(x),C(x)))=U_N(U_N(A(x),B(x),C(x)))$(关联性)。

区间中智集 C 是区间中智集 A 和 B 的并集，写为 $C=A\cup B$，其真隶属，不确定性隶属和假隶属函数与 A 和 B 的隶属函数相关，对于任意 x 属于 X，

$\inf T_C(x)=\max(\inf T_A(x),\inf T_B(x))$，

$\sup T_C(x)=\max(\sup T_A(x),\sup T_B(x))$，

$\inf I_C(x)=\min(\inf I_A(x),\inf I_B(x))$，

$\sup I_C(x)=\min(\sup I_A(x),\sup I_B(x))$，

$\inf F_C(x)=\min(\inf F_A(x),\inf F(x))$，

$\sup F_C(x)-\min(\sup F_A(x),\sup F_B(x))$。

并集算子背后的原理是，如果 A 和 B 中的一个元素是真的，那么它在 $A\cup B$ 中是真的，只有 A 和 B 中的两者都是不确定的和假的，它在 $A\cup B$ 中才是不确定的和假的。其他运算符也应以类似的方式理解。$A\cup B$ 是包含 A 和 B 的最小区间中智集，并且具备幂等性、交换性、结合性、分配性等性质：

(1)$A\cap A=A$，$A\cup A=A$(幂等性)；

(2)$A\cap B=B\cap A$，$A\cup B=B\cup A$(交换性)；

(3)$(A\cap B)\cap C=A\cap(B\cap C)$，$(A\cup B)\cup C=A\cup(B\cup C)$(结合性)；

(4)$A\cap(B\cup C)=(A\cap B)\cup(A\cap C)$，$A\cup(B\cap C)=(A\cup B)\cap(A\cup C)$(分

配性)。

4.区间中智集的差

区间中智集 C 是两个区间中智集 A 和 B 的差,写为 $C = A\backslash B$,其真隶属、不确定性隶属和假隶属函数与 A 和 B 的隶属函数相关,对于任意 x 属于 X,

$\inf T_C(x)=\min(\inf T_A(x),\inf F_B(x))$,

$\sup T_C(x)=\min(\sup T_A(x),\sup F_B(x))$,

$\inf I_C(x)=\max(\inf I_A(x),1-\sup I_B(x))$,

$\sup I_C(x)=\max(\sup I_A(x),1-\inf I_B(x))$,

$\inf F_C(x)=\max(\inf F_A(x),\inf T_B(x))$,

$\sup F_C(x)=\max(\sup F_A(x),\sup T_B(x))$。

5.区间中智集的和

区间中智集 C 是两个区间中智集 A 和 B 的和,写为 $C = A+B$,其真隶属、不确定性隶属和假隶属函数与 A 和 B 的隶属函数相关,对于任意 x 属于 X,

$\inf T_C(x)=\min(\inf T_A(x)+\inf F_B(x),1)$,

$\sup T_C(x)=\min(\sup T_A(x)+\sup F_B(x),1)$,

$\inf I_C(x)=\min(\inf I_A(x)+\inf I_B(x),1)$,

$\sup I_C(x)=\min(\sup I_A(x)+\sup I_B(x),1)$,

$\inf F_C(x)=\min(\inf F_A(x)+\inf T_B(x),1)$,

$\sup F_C(x)=\min(\sup F_A(x)+\sup T_B(x),1)$。

6.区间中智集的笛卡尔积

设 A 为空间 E_1 上定义的中智集,B 为空间 E_2 上定义的中智集。区间中智集 C 是两个区间中智集 A 和 B 的积,$x(T_A^1,I_A^1,F_A^1)\in A$ 和 $y(T_A^2,I_A^2,F_A^2)\in B$,则两个中智集 A 和 B 的笛卡尔积定义为 $C = A\times B$,

$\inf T_C(x,y)=\inf T_A(x)+\inf T_B(y)-\inf T_A(x)\cdot\inf T_B(y)$,

$\sup T_C(x,y)=\sup T_A(x)+\sup T_B(y)-\sup T_A(x)\cdot\sup T_B(y)$,

$\inf I_C(x,y)=\inf I_A(x)\cdot\sup I_B(y)$,

$\sup I_C(x,y)=\sup I_A(x)\cdot\sup I_B(y)$,

$\inf F_C(x,y)=\inf F_A(x)\cdot\inf T_B(y)$,

$\sup F_C(x)=\sup F_A(x)\cdot\sup F_B(y)$。

（五）区间中智数的 Einstein 运算性质

1. 两个区间中智数运算规则

设 $x=([T_1^L,T_1^U],[I_1^L,I_1^U],[F_1^L,F_1^U])$，$y=([T_2^L,T_2^U],[I_2^L,I_2^U],[F_2^L,F_2^U])$是两个区间中智数，其运算规则如下：

(1)$\bar{x}=([F_1^L,F_1^U],[1-I_1^U,1-I_1^L],[T_1^L,T_1^U])$；

(2)$x\oplus y=[T_1^L+T_2^L-T_1^L T_2^L,T_1^U+T_2^U-T_1^U T_2^U],[I_1^L I_2^L,I_1^U I_2^U],[F_1^L F_2^L,F_1^U F_2^U]$；

(3)$x\otimes y=([T_1^L T_2^L,T_1^U T_2^U],[I_1^L+I_2^L-I_1^L I_2^L,I_1^U+I_2^U-I_1^U I_2^U],[F_1^L+F_2^L-F_1^L F_2^L,F_1^U+F_2^U-F_1^U F_2^U])$；

(4)$nx=([1-(1-T_1^L)^n,1-(1-T_1^U)^n],[(I_1^L)^n,(I_1^U)^n],[(F_1^L)^n,(F_1^U)^n])$，$n>0$；

(5)$x^n=[(T_1^L)^n,(T_1^U)^n],[1-(1-I_1^L)^n,1-(1-I_1^U)^n],[1-(1-F_1^L)^n,1-(1-F_1^U)^n]$。

2. 三个区间中智数的 Einstein 运算规则

设 $x=([T_1^L,T_1^U],[I_1^L,I_1^U],[F_1^L,F_1^U])$，$y=([T_2^L,T_2^U],[I_2^L,I_2^U],[F_2^L,F_2^U])$和 $z=([T_2^L,T_2^U],[I_2^L,I_2^U],[F_2^L,F_2^U])$为任意三个区间中智数，则区间中智数的 Einstein 运算规则具有下列性质。

(1)$x\oplus y=y\oplus x$；

(2)$x\otimes y=y\otimes x$；

(3)$k(x\oplus y)=kx\oplus ky$，$k\geqslant 0$；

(4)$x^K\otimes y^K=(x\otimes y)^K$，$K\geqslant 0$；

(5)$K_1x\oplus K_2x=(K_1+K_2)x$，$K_1\geqslant 0$，$K_2\geqslant 0$；

(6)$x^{K_1}\otimes x^{K_2}=x^{K_1+K_2}$，$K_1\geqslant 0$，$K_2\geqslant 0$；

(7)$(x\oplus y)\oplus z=x\oplus(y\oplus z)$；

(8)$(x\otimes y)\otimes z=x\otimes(y\otimes z)$。

三、多值中智集

(一)多值中智集的含义

设 X 为给定的有限论域,则 X 上的中智集表示为:

$A=\{x(\tilde{t}_A(x),\tilde{i}_A(x),\tilde{f}_A(x)\mid x\in X\}$,其中 $\tilde{t}(x)$,$\tilde{i}(x)$ 和 $\tilde{f}(x)$ 分别为 3 个属于[0,1]的有限离散值的集合,分别表示元素 x 属于 X 的隶属度、不确定性度以及非隶属程度。对于 $x\in X$ 中的每一个点,满足 $0\leqslant\gamma,\mu,\varphi\leqslant1$,$0\leqslant\gamma^+,\mu^+,\varphi^+\leqslant3$,其中 $\gamma\in\tilde{t}(x)$,$\mu\in\tilde{i}(x)$,$\varphi\in\tilde{f}(x)$,$\gamma^+=\sup\tilde{t}(x)$,$\mu^+=\sup\tilde{i}(x)$,$\varphi^+=\sup\tilde{f}(x)$。

多值中智集针对区间中智集和多值中智集的不足之处进行了修正,是中智集理论的扩展。若函数 $\tilde{t}(x)$,$\tilde{i}(x)$ 和 $\tilde{f}(x)$ 中的元素相等时,这里的多值中智数就会变为单值中智数;若 $\tilde{i}(x)=\varnothing$,也就是不确定性为零,则表示为双重犹豫模糊集的概念;若对任意的 x 都有 $\tilde{i}(x)=\tilde{f}(x)=\varnothing$,则表示为犹豫模糊集的概念。

(二)多值中智集的运算规则

1.设 A 为一个多值中智集,则其补集 A^c 可以定义为

$$A^c=\left\{\bigcup_{\eta\in\tilde{F}}\{\varphi),\quad\bigcup_{\delta\in\tilde{I}}\{1-\mu),\quad\bigcup_{\gamma\in\tilde{T}}\{\gamma)\right\}。$$

2.设 $A=\langle\tilde{t}_{A,}\tilde{i}_A,\tilde{f}_A\rangle$,$B=\langle\tilde{t}_{B,}\tilde{i}_B,\tilde{f}_B\rangle$ 为两个多值中智数,则多值中智数的运算规则定义如下:

(1)$A\oplus B=\{\tilde{t}_A\oplus\tilde{t}_B,\tilde{i}_A\otimes\tilde{i}_B,\tilde{f}_A\otimes\tilde{f}_B\}$;

(2)$A\otimes B=\{\tilde{t}_A\otimes\tilde{t}_B,\tilde{i}_A\oplus\tilde{i}_B,\tilde{f}_A\oplus\tilde{f}_B\}$;

(3)$KA=\bigcup_{\tilde{\gamma}\in\tilde{t}_A(x),\tilde{\mu}_A\in\tilde{i}(x),\tilde{\varphi}_A\in\tilde{f}(x)}\{1-(1-\gamma_A)^K,\mu_A^K,\varphi_A^K\}$,$K>0$;

(4)$A^K=\bigcup_{\tilde{\gamma}\in\tilde{t}_A(x),\tilde{\mu}_A\in\tilde{i}(x),\tilde{\varphi}_A\in\tilde{f}(x)}\{\gamma_A^K,1-(1-\mu_A)^K,1-(1-\varphi_A)^K\}$,$K>0$。

例 6-1　设 $A=\langle\{0.6\},\{0.1,0.2\},\{0.2\}\rangle$,$B=\langle\{0.5\},\{0.3\},\{0.2,0.3\}\rangle$ 为两个多值中智数,令 $K=2$,则

(1)$2A=\langle\{0.84\},\{0.01,0.04\},\{0.04\}\rangle$;

(2) $A^2=\langle\{0.36\},\{0.19,0.36\},\{0.36\}\rangle$;

(3) $A\oplus B=\langle\{0.80\},\{0.03,0.06\},\{0.04,0.06\}\rangle$;

(4) $A\otimes B=\langle\{0.30\},\{0.37,0.44\},\{0.36,0.44\}\rangle$。

3.设 $A=\langle\tilde{t}_{A,}\tilde{i}_{A,}\tilde{f}_A\rangle$, $B=\langle\tilde{t}_{B,}\tilde{i}_{B,}\tilde{f}_B\rangle$, $C=\langle\tilde{t}_{C,}\tilde{i}_{C,}\tilde{f}_C\rangle$为三个多值中智数,则以下等式成立:

(1) $A\oplus B=B\oplus A$;

(2) $A\otimes B=B\otimes A$;

(3) $K(A\oplus B)=KA\oplus KB, K>0$;

(4) $(A\otimes B)^K=A^K\otimes B^K, K>0$;

(5) $K_1A\oplus K_2A=(K_1+K_2)A, K_1>0, K_2>0$;

(6) $A^{K_1}\otimes A^{K_2}=A^{K_1+K_2}, K_1>0, K_2>0$;

(7) $(A\oplus B)\oplus C=A\oplus(B\oplus C)$;

(8) $(A\otimes B)\otimes C=A\otimes(B\otimes C)$。

(三)多值中智集的相关函数

1.期望值函数

设 $A=\langle\tilde{t}_A,\tilde{i}_A,\tilde{f}_A\rangle$为一个多值中智数,则其期望值

$$E(A)=\frac{1}{l_{\tilde{t}_A}.l_{\tilde{i}_A}.l_{\tilde{f}_A}}\sum_{\gamma_A\in\tilde{t}_A,\mu_A\in\tilde{i}_A,\varphi_A\in\tilde{f}_A,}\frac{\gamma_A+1-\mu_A+1-\varphi_A}{3},$$

其中 $\gamma_A\in\tilde{t}_A,\mu_A\in\tilde{i}_A,\varphi_A\in\tilde{f}_A$; $l_{\tilde{t}_A},l_{\tilde{i}_A},l_{\tilde{f}_A}$分别表示$\tilde{t}_{A,}\tilde{i}_A$和$\tilde{f}_A$中元素的个数。

2.得分函数与精度函数

设 $s(A)$为 $A=\langle\tilde{t}_{A,}\tilde{i}_{A,}\tilde{f}_A\rangle$的得分函数,$\alpha(A)$为 $A=\langle\tilde{t}_{A,}\tilde{i}_{A,}f_A\rangle$的精度函数,则

$$E(A)=\frac{1}{l_{\tilde{t}_A}\cdot l_{\tilde{i}_A}\cdot l_{\tilde{f}_A}}\sum_{\gamma_A\in\tilde{t}_A,\mu_A\in\tilde{i}_A,\varphi_A\in\tilde{f}_A,}\frac{\gamma_A+1-\mu_A+1-\varphi_A}{3}。$$

设 A 和 B 为两个多值中智数,则其比较方法可以定义为:

(1)若 $s(A)>s(B)$或者 $s(A)=s(B)$且 $\alpha(A)>\alpha(B)$,则 $A>B$;

(2)若 $s(A)=s(B)$且 $\alpha(A)=\alpha(B)$,则 $A\sim B$;

(3)若 $s(A)<s(B)$或者 $s(A)=s(B)$且 $\alpha(A)<\alpha(B)$,则 $A<B$。

3.距离函数

设 $A=\langle\tilde{t}_A(x_i),\tilde{i}_A(x_i),\tilde{f}_A(x_i)\rangle$ 和 $B=\langle\tilde{t}_B(x_i),\tilde{i}_B(x_i),\tilde{f}_B(x_i)\rangle$ 为两个多值中智数,则两个多值中智数 A 和 B 之间的标准化汉明距离定义如下:

$$d(A,B)=\frac{1}{3n}\sum_{j=1}^{n}|\tilde{t}_A(x_j)-\tilde{t}_B(x_j)|+|\tilde{i}_A(x_j)-\tilde{i}_B(x_j)|+|\tilde{f}_A(x_j)-\tilde{f}_B(x_j)|$$

$$=\frac{1}{3n}\sum_{j=1}^{n}\left(\left|\frac{1}{l}\sum_{k=1}^{l}|\tilde{\gamma}_{Aj\sigma(k)}-\tilde{\gamma}_{Bj\sigma(k)}|\right|+\left|\frac{1}{l}\sum_{k=1}^{l}|\tilde{\delta}_{Aj\sigma(k)}-\tilde{\delta}_{Bj\sigma(k)}|\right|+\left|\frac{1}{l}\sum_{k=1}^{l}|\tilde{\eta}_{Aj\sigma(k)}-\tilde{\eta}_{Bj\sigma(k)}|\right|\right),$$

其中,l 表示函数 $\tilde{t}(x),\tilde{i}(x),\tilde{f}(x)$ 中元素的个数,通常令 $l=\max\{l(A),l(B)\}$。为了方便计算,我们需要将元素少的函数进行扩展,直到两个多值中智数函数中元素的个数相同,最好的扩展方法就是在函数中多次添加相同的值。事实上,我们可以在函数中添加任何值来实现扩展。根据决策者的风险偏好,对于该值的选择,乐观主义者期望理想的结果,可能会添加最大值,而悲观主义者预期不利的结果,可能会添加最小值。

例如,令 $A=\{\{0.4,0.5\},\{0.2\},\{0.3\}\}$ 和 $B=\{\{0.4,0.5,0.6\},\{0.2,0.3\},\{0.3\}\}$ 为两个多值中智数,为了方便计算,需要对多值中智数 A 进行扩展,使之与多值中智数 B 中各函数具有相同的元素数量,乐观主义者会扩展 $A=\{\{0.4,0.5,0.5\},\{0.2,0.2\},\{0.3\}\}$,而悲观主义者会将 A 扩展为 $A=\{\{0.4,0.4,0.5\},\{0.2,0.2\},\{0.3\}\}$。虽然我们通过添加不同的值来扩展多值中智数 A,结果可能不同,但这是合理的,因为决策者的风险偏好可以直接影响最终决策。

设 $A=\langle\tilde{t}_A(x_i),\tilde{i}_A(x_i),\tilde{f}_A(x_i)\rangle$,$B=\langle\tilde{t}_B(x_i),\tilde{i}_B(x_i),\tilde{f}_B(x_i)\rangle$ 和 $C=\langle\tilde{t}_C(x_i),\tilde{i}_C(x_i),\tilde{f}_C(x_i)\rangle$ 为 3 个多值中智数,则 3 个多值中智数标准化汉明距离满足以下 3 个性质:

(1)$d(A,A)=0$;

(2)$d(A,B)=d(B,A)$;

(3)若 $A<B<C$,则 $d(A,C)\geqslant d(A,B)$,且 $d(A,C)\geqslant d(B,C)$。

设 $A=\langle \tilde{t}_A(x_i),\tilde{i}_A(x_i),\tilde{f}_A(x_i)\rangle$ 和 $B=\langle \tilde{t}_B(x_i),\tilde{i}_B(x_i),\tilde{f}_B(x_i)\rangle$ 为两个多值中智数，则两个多值中智数 A 和 B 之间的标准化欧几里得距离定义如下：

$$D(A,B)=\sqrt{\frac{1}{3n}\sum_{j=1}^{n}((\tilde{t}_A(x_j)-\tilde{t}_B(x_j))^2+(\tilde{i}_A(x_j)-\tilde{i}_B(x_j))^2+(\tilde{f}_A(x_j)-\tilde{f}_B(x_j))^2)}$$

$$\sqrt{\frac{1}{3n}\sum_{j=1}^{n}\left(\frac{1}{l}\sum_{k=1}^{l}(\tilde{\gamma}_{Aj\sigma(k)}-\tilde{\gamma}_{Bj\sigma(k)})^2+\frac{1}{l}\sum_{k=1}^{l}(\tilde{\delta}_{Aj\sigma(k)}-\tilde{\delta}_{Bj\sigma(k)})^2+\frac{1}{l}\sum_{k=1}^{l}(\tilde{\eta}_{Aj\sigma(k)}-\tilde{\eta}_{Bj\sigma(k)})^2\right)}$$ 。

第三节　新型中智集

在使用中智集理论解决问题的过程中，学者们发现使用多值中智集对信息的判断不够准确，例如在学生对老师的教学水平进行评价的过程中，即便可以使用很好、好、一般的标准进行判断，但是学生并不能对这些标准有一个清晰的认知，无法完全掌握这些标准。面对这种情况，学者们对中智集理论进行了扩展，引入了多值直觉中智集的概念，这是一种新型中智集。学者们可以通过多值直觉中智集来弥补多值中智集理论和模糊集理论的不足。

一、多值直觉中智集的概念及性质

设 X 是一个非空集合，x 为 X 中的任一元素，令 $P([0,1]^2)$ 为 $[0,1]^2$ 上的互不相同的二元数组的子集的集合，则定义在 X 上的多值直觉中智集可表示为：

$A=\{\langle x,T_A(x),I_A(x),F_A(x)\rangle \mid x\in X\}$，

$T:X\rightarrow P([0,1]^2)$，$x\rightarrow\{(a_A^{\alpha}(x),b_A^{\alpha}(x))\}$，

$I:X\rightarrow P([0,1]^2)$，$x\rightarrow\{(c_A^{\beta}(x),d_A^{\beta}(x))\}$，

$F:X\rightarrow P([0,1]^2)$，$x\rightarrow\{(e_A^{\gamma}(x),f_A^{\gamma}(x))\}$。

它们是三个直觉模糊数的集合，分别表示 x 属于 A 的真实的直觉模糊度，

x 属于 A 的不确定的直觉模糊度和 x 属于 A 的失真的直觉模糊度。这里，多值直觉中智集的三个隶属度函数取值为多个值，而每个取值又由直觉模糊数表示。

对任意 $u:\{a_A^{\alpha}(x),b_A^{\alpha}(x)\}\in T(x),\delta:\{c_A^{\beta}(x),d_A^{\beta}(x)\}\in I(x),\varphi:\{e_A^{\gamma}(x),f_A^{\gamma}(x)\}\in F(x)$ 并且有

$$0\leqslant C_A^i(x),C_A^i(x)\leqslant 1;0\leqslant \sup a_A^{\alpha}(x)+\sup c_A^{\beta}(x)+\sup e_A^{\gamma}(x)\leqslant 3;$$

$$0\leqslant \sup b_A^{\alpha}(x)+\sup d_A^{\beta}(x)+\sup f_A^{\gamma}(x)\leqslant 3;$$

μ,δ,φ 表示中智集的三个隶属度函数中的元素，a,b,c,d,e,f 表示每个元素的直觉模糊数。当 $i=\alpha,\beta,\gamma$ 和 $C=a,c,e$ 且 $D=b,d,f$，令 $\pi_A(x)=\{\pi_A^i(x)=1-C_A^i(x)-D_A^i(x)\}$ 为 x 在 A 中的犹豫度，这同样表示 x 在 A 中的直觉指数。特殊地，当 X 仅含有一个元素时，则称 $A=\{T_A(x),I_A(x),F_A(x)$ 为多值直觉中智元，记作 $A=\{T,I,F\}$。

例 6-2　两个学生对教师的教学水平进行评价，其中一位学生认为教师的教学水平是很好的等级有 50%的把握，20%没把握。判断教师的教学水平是很好的等级有 60%的把握，20%没把握。判断教师的教学水平是一般的等级有 40%的把握，40%没把握。另外一位学生认为教师的教学水平是很好的等级有 70%的把握，10%没把握。判断教师的教学水平是很好的等级有 50%的把握，40%没把握。判断教师的教学水平是一般的等级有 60%的把握，30%没把握。则这位教师的教学水平的评价结果由多值直觉中智元表示如下：

$\langle(0.5,0.2),(0.7,0.1),(0.6,0.2),(0.5,0.4),(0.4,0.4),(0.5,0.4)\rangle$。

所有单值直觉中智集都是多值直觉中智集。多值直觉中智集和单值犹豫直觉中智集在概念上的区别不大，如果 $T(x),I(x),F(x)$ 中各元素都只有一个直觉模糊数，那么多值直觉中智集就会出现一种特殊的情况，其本身会转变成单值直觉中智集；如果 $T(x)$ 是空集，又会变成另一种特殊情况，即转变成双重犹豫直觉模糊集；如果当 $I(x)$ 和 $F(x)$ 都是空集时，就会表示为犹豫直觉模糊集的概念。同样的，多值直觉中智集是一种特殊的犹豫中智集。多值中智集和犹豫中智集会通过变换条件与多值直觉中智集发生相互转变，如果对每个 x 都有 $a_A^{\alpha}(x)=b_A^{\alpha}(x),c_A^{\beta}(x)=d_A^{\beta}(x),e_A^{\gamma}(x)=f_A^{\gamma}(x)$，那么多值直觉中智集会转变为多值中智集或犹豫中智集。

二、多值直觉中智集的运算规则

基于多值直觉中智集的定义和已有的中智集的运算，下面给出多值直觉中智集的基本运算。设 $A=\{T_A,I_A,F_A\}$，$B=\{T_B,I_B,F_B\}$ 为两个多值直觉中智元，其中 T_j,I_j,F_j 中的元素为：$u:\{a_A^{\alpha}(x),b_A^{\alpha}(x)\}\in T(x)$，$\delta:\{c_A^{\beta}(x),d_A^{\beta}(x)\}\in I(x)$，$\varphi:\{e_A^{\gamma}(x),f_A^{\gamma}(x)\}\in F(x)$，即 μ,δ,φ 有 α,β,φ 个元素。

（一）多值直觉中智集之间的包含关系

1.包含关系

A 是 B 的子集：$A\subseteq B$ 的充分必要条件为 $a_A^{\alpha}(x)\leqslant a_B^{\alpha}(x)$，$b_A^{\alpha}(x)\leqslant b_B^{\alpha}(x)$，$c_A^{\beta}(x)\geqslant c_B^{\beta}(x)$，$d_A^{\beta}(x)\geqslant d_B^{\beta}(x)$，$e_A^{\gamma}(x)\geqslant e_B^{\gamma}(x)$，$f_A^{\gamma}(x)\geqslant f_B^{\gamma}(x)$。

2.相等关系

A 和 B 相等：$A=B\Leftrightarrow A\subseteq B$ 且 $B\subseteq A$。

（二）多值直觉中智集之间的交集和并集

设 $A=\{T_A,I_A,F_A\}$，$B=\{T_B,I_B,F_B\}$ 为两个多值直觉中智元，其中 T_j,I_j,F_j 中的元素为

$u:\{a_A^{\alpha}(x),b_A^{\alpha}(x)\}\in T(x)$，$\delta:\{c_A^{\beta}(x),d_A^{\beta}(x)\}\in I(x)$，$\varphi:\{e_A^{\gamma}(x),f_A^{\gamma}(x)\}\in F(x)$，即 μ,δ,φ 有 α,β,φ 个元素。则 A 和 B 之间的并与交定义为：

$A\cup B=\{T\in(T_A\cup T_B)\mid T\geqslant\max\{T_A^+,T_B^+\},I\in(I_A\cap I_B)\mid I\leqslant\min\{I_A^+,I_B^+\},F\in(F_A\cap F_B)\mid F\leqslant\min\{F_A^+,F_B^+\}\}$，

$A\cap B=\{T\in(T_A\cup T_B)\mid T\leqslant\min\{T_A^+,T_B^+\},I\in(I_A\cup I_B)\mid I\geqslant\max\{I_A^+,I_B^+\},F\in(F_A\cup F_B)\mid F\geqslant\max\{F_A^+,F_B^+\}\}$。

其中 $0\leqslant\mu^++\delta^++\varphi^+\leqslant 3$，$\mu^+\in\tilde{\mu}^+(x)=\cup_{\mu\in T(x)}\max\{\mu\}$，$\delta^+\in\tilde{\delta}^+(x)=\cup_{\delta\in I(x)}\max\{\delta\}$，

$$\varphi^+\in\tilde{\varphi}^+(x)=\bigcup_{\varphi\in F(x)}\max\{\varphi\}。$$

（三）多值直觉中智集的运算

设 $A=\{T_A,I_A,F_A\}$，$B=\{T_B,I_B,F_B\}$ 为两个多值直觉中智元，其中 T_j,I_j,F_j 中的元素为：$u:\{a_A^{\alpha}(x),b_A^{\alpha}(x)\}\in T(x)$，$\delta:\{c_A^{\beta}(x),d_A^{\beta}(x)\}\in I(x)$，$\varphi:\{e_A^{\gamma}(x),$

$f_A^\gamma(x)\}\in F(x)$，即 μ,δ,φ 有 α,β,φ 个元素，$\lambda>0$ 且为常数。则定义运算如下：

(1) $A\oplus B=\{T_A\oplus T_B, I_A\otimes I_B, F_A\otimes F_B\}=\cup\{\{\mu_A\oplus\mu_B\},\{\delta_A\otimes\delta_B\},\{\varphi_A\otimes\varphi_B\}\}$，

$=\cup\{\{a_A^\alpha+a_B^\alpha-a_A^\alpha a_B^\alpha\},\{c_A^\beta c_B^\beta, d_A^\beta+d_B^\beta-d_A^\beta d_B^\beta\},\{e_A^\gamma e_B^\gamma, f_A^\gamma+f_B^\gamma-f_A^\gamma f_B^\gamma\}\}$。

(2) $A\otimes B=\{T_A\otimes T_B, I_A\oplus I_B, F_A\oplus F_B\}=\cup\{\{\mu_A\otimes\mu_B\},\{\delta_A\oplus\delta_B\},\{\varphi_A\oplus\varphi_B\}\}$，

$=\cup\{\{a_A^\alpha a_B^\alpha, b_A^\alpha+b_B^\alpha-b_A^\alpha b_B^\alpha\},\{c_A^\beta+c_B^\beta-c_A^\beta c_B^\beta, d_A^\beta d_B^\beta\},\{e_A^\gamma+e_B^\gamma-e_A^\gamma e_B^\gamma, f_A^\gamma f_B^\gamma\}\}$。

(3) $\lambda A=\cup\{\{\lambda\mu_A\},\{\lambda\ \delta_A\},\{\lambda\ \varphi_A\}\}$，

$=\cup\{\{1-(1-a_A^\alpha)^\lambda,(b_A^\alpha)^\lambda\},\{(c_A^\beta)^\lambda,1-(1-d_A^\beta)^\lambda\},\{(e_A^\gamma)^\lambda,1-(1-f_A^\gamma)^\lambda\}\}$。

(4) $(A)^\lambda=\cup\{\{\mu_A^\lambda\},\{\delta_A^\lambda\},\{\varphi_A^\lambda\}\}$，

$=\cup\{\{(a_A^\alpha)^\lambda,1-(1-b_A^\alpha)^\lambda\},\{1-(1-c_A^\beta)^\lambda,(d_A^\beta)^\lambda\},\{1-(1-e_A^\gamma)^\lambda,(f_A^\gamma)^\lambda\}\}$。

(5) $A^c=\cup\{\{\varphi\},\{1-\delta\},\{\mu\}\}$，

$=\cup\{\{e_A^\gamma(x), f_A^\gamma(x)\},\{1-c_A^\beta(x),1-d_A^\beta(x)\},\{a_A^\alpha(x), b_A^\alpha(x)\}\}$。

(四)多值直觉中智集的相关函数

1.多值直觉中智集相关函数的定义

对于多值直觉中智元 $A=\{\langle x;T_A(x),I_A(x),F_A(x)\rangle\mid x\in X\}$，其中 T_j,I_j,F_j 中的元素为 $u:\{a_A^\alpha(x),b_A^\alpha(x)\}\in T(x)$，$\delta:\{c_A^\beta(x),d_A^\beta(x)\}\in I(x)$，$\varphi:\{e_A^\gamma(x),f_A^\gamma(x)\}\in F(x)$，则其积分函数 $s(A)$，精确函数 $a(A)$ 和确定函数 $c(A)$，定义如下：

$$(1)\ s(A)=\frac{1}{3}\left(\frac{1}{l}\sum_{i=1}^{n}\mu_i+\frac{1}{m}\sum_{i=1}^{m}(1-\delta_i)+\frac{1}{n}\sum_{i=1}^{n}(1-\varphi_i)\right)$$

$$=\left(\frac{1}{3}\left(\frac{1}{l}\sum_{i=1}^{l}a_i^\alpha+\frac{1}{m}\sum_{i=1}^{m}(1-c_i^\beta)+\frac{1}{n}\sum_{i=1}^{n}(1-e_i^\gamma)\right)-\frac{1}{3}\left(\frac{1}{l}\sum_{i=1}^{l}b_i^\alpha+\frac{1}{m}\sum_{i=1}^{m}(1-d_i^\beta)+\frac{1}{n}\sum_{i=1}^{n}(1-f_i^\gamma)\right)\right);$$

$$(2)\ a(A)=\frac{1}{l}\sum_{i=1}^{n}\mu_i-\frac{1}{n}\sum_{i=1}^{n}(1-\varphi_i)$$

$$=\left(\frac{1}{l}\sum_{i=1}^{l}a_i^\alpha-\frac{1}{n}\sum_{i=1}^{n}(1-e_i^\gamma)\right)-\left(\frac{1}{l}\sum_{i=1}^{l}b_i^\alpha-\frac{1}{n}\sum_{i=1}^{n}(1-f_i^\gamma)\right);$$

$$(3)\ c(A)=\frac{1}{l}\sum_{i=1}^{l}\mu_i=\left(\frac{1}{l}\sum_{i=1}^{l}a_i^\alpha\right)-\left(\frac{1}{l}\sum_{i=1}^{l}b_i^\alpha\right)。$$

其中,l,m,n 分别表示 $T(x),I(x),F(x)$ 中元素的个数。

积分函数反映了多值直觉中智元可能值的分布和可能值的大小,精确函数反映了多值直觉中智元真实值的相对真实程度,确定函数反映了真实值的相对确定程度。

2. 多值直觉中智集的比较法则

基于积分函数,精确函数和确定函数的定义,下面给出两个多值直觉中智元的比较法则。

对于多值直觉中智元$A=\{\langle x;T_A(x),I_A(x),F_A(x)\rangle \mid x_A\in X\}$ 和 $B=\{\langle x;T_B(x),I_B(x),F_B(x)\rangle \mid x_B\in X\}$,其中$T_j,I_j,F_j$ 中的元素为 $u:\{a_j^{\alpha}(x),b_j^{\alpha}(x)\}\in T(x)$,$\delta:\{c_j^{\beta}(x),d_j^{\beta}(x)\}\in I(x)$,$\varphi:\{e_j^{\gamma}(x),f_j^{\gamma}(x)\}\in F(x)$,$j=A,B$,则这两个元之间的比较法则为:

(1)若 $s(A)>s(B)$,则 A 优于 B,记作 $A>B$;

(2)若 $s(A)=s(B)$,$a(A)>a(B)$,则 A 优于 B,记作 $A>B$;

(3)若 $s(A)=s(B)$,$a(A)=a(B)$,$c(A)>c(B)$,则 A 优于 B,记作 $A>B$;

(4)若 $s(A)=s(B)$,$a(A)=a(B)$,$c(A)=c(B)$,则 A 等价于 B,记作 $A\sim B$。

第四节　基于单值中智集与可拓学的智慧物流配送评价研究

“数字地球”正随着高新技术的不断发展逐步向“智慧地球”转变,物联网技术的进步给各行各业的发展带来了机遇,智慧物流率先在生鲜农产品行业中得到应用。生鲜农产品智慧物流配送是在“智慧物流”的基础上将生鲜农产品配送与物联网技术相结合的产物,是对生鲜农产品物流作业各环节进行数据处理和分析的物流配送管理系统。借助物联网的特征和优势,企业能够在生鲜农产品流通过程中提高信息决策的及时性和准确性,同时在生鲜农产品的供应及追踪方面也能够不断适应外界环境的变化，大大提高生鲜农产品配送的集约化和开放性，使资源的利用更加充分，服务水平更加高效，且以顾客导向为服务宗旨也能使多方受益。发展生鲜农产品智慧物流配送，是生鲜农产品物流业未来发展的趋势和竞争的制高点。

本节通过运用基于单值中智集的TOPSIS（优劣解距离）方法，对西南地区集仓储、运输、订单处理、信息加工为一体的综合性物流配送服务商进行评价和决策研究，选出具有代表性的企业，运用可拓学构建关联函数进行多级可拓评价。此处选取X物流企业等4家企业，通过专家对企业进行调查得出，企业对某一标准C_j的调查结果$d_{ij}=\langle t,i,f\rangle$为中智集，其中$t$为可接受程度、$i$为犹豫程度、$f$为不可接受程度（$t,i,f\in\,]0^-,1^+[$）。

根据以上内容有如下决策矩阵，$\langle t,i,f\rangle$（$t,i,f\in\,]0^-,1^+[$），其中T为真实程度（可接受程度），I为不确定程度（犹豫程度），F为失真程度（不可接受程度）。每一个组合代表了一个企业在C_j情况下可能出现的情况集，而现在就是要从A_j所代表的4个企业中选出最具有代表性的一个企业（表6-1）。

表6-1　基于单值中智集的矩阵

	C_1	C_2	C_3	C_4
$\boldsymbol{A}_1$	⟨0,40,40,5⟩	⟨0,50,60,7⟩	⟨0,40,50,6⟩	⟨0,40,50,6⟩
$\boldsymbol{A}_2$	⟨0,50,60,3⟩	⟨0,30,50,7⟩	⟨0,60,70,4⟩	⟨0,70,50,4⟩
$\boldsymbol{A}_3$	⟨0,50,70,4⟩	⟨0,40,60,3⟩	⟨0,30,50,6⟩	⟨0,50,50,6⟩
$\boldsymbol{A}_4$	⟨0,70,50,3⟩	⟨0,50,60,3⟩	⟨0,70,60,3⟩	⟨0,50,70,6⟩

一、基于单值中智集的TOPSIS方法

设一个评价问题，有m个评价对象分别为$\{A_1,A_2,\cdots,A_m\}$，n个评价属性分别为$\{C_1,C_2,\cdots,C_n\}$，属性权重为$\{\omega_1,\omega_2,\cdots,\omega_n\}$，并且完全未知，评价者给出的评价矩阵$\boldsymbol{D}=[d_{ij}]_{m\times n}$，其中$d_{ij}$为单值中智模糊数。

(一)TOPSIS 方法的操作步骤

1.计算属性权重

单值中智集决策问题属性权重的计算采用熵权法。对于决策矩阵 $\boldsymbol{D}=[d_{ij}]_{m\times n}$中的任意元素 $d_{ij}=\langle T_{ij},I_{ij},F_{ij}\rangle$,其熵可由公式计算得出,即$E(a_{ij})=1-(T_{ij}+F_{ij})\cdot|I_{ij}+I_{ij}^{c}|$,其中 $I_{ij}^{c}=1-I_{ij}$。则属性 C_j 的熵为 $E_j=\dfrac{1}{m}\sum\limits_{i=1}^{m}E(d_{ij})$,因而属性 C_j 的权重为 $\omega_j=\dfrac{1-E_j}{\sum\limits_{j=1}^{n}1-E_j}$。 ①

2.计算正理想解 A^{*} 和负理想解 A^{-*}

设 $A^{*}=(d_1^{*},d_2^{*},\cdots,d_n^{*})$,其中 $d_j=\max\limits_{i}\{d_{ij}\}$,这里运用记分函数区分 d_{ij}的大小。

设 $A^{-*}=(d_1^{-*},d_2^{-*},\cdots,d_n^{-*})$,其中 $d_j^{-*}=\min\limits_{i}\{d_{ij}\}$,这里运用记分函数区分 d_{ij}的大小。

3.计算各方案到正理想解 A^{*} 与负理想解 A^{-*} 的距离

计算各方案 $A_i(i=1,,2,\cdots,n)$ 到正理想解 A^{*} 与负理想解 A^{-*} 的距离。备选方案 A_i 到正理想解 A^{*} 的距离为:

$$d_i^{*}=\sqrt{\sum_{j=1}^{n}[\omega_j q_j(d_{ij}-d_i^{*})]^2},\ i=1,2,\cdots,n。 \quad ②$$

备选方案 A_i 到负理想解 A^{-*} 的距离为:

$$d_i^{-*}=\sqrt{\sum_{j=1}^{n}[\omega_j q_j(d_{ij}-d_j^{*})]^2},\ i=1,2,\cdots,n。 \quad ③$$

4.计算各方案的综合距离

$$G_i=\frac{d_i^{*}}{(d_i^{*}+d_i^{-*})},\ i=1,2,\cdots,n。 \quad ④$$

(二)TOPSIS 方法的实际运算

1.熵权法计算属性权重

根据步骤 1 中的公式计算得出:

属性 C_j 的熵：$E_1=0.825, E_2=0.865, E_3=0.85, E_4=0.89$；

属性 C_j 的权重：$\omega_1=0.307, \omega_2=0.237, \omega_3=0.263, \omega_4=0.193$。

2.计算正理想解 A^* 和负理想解 A^{-*}

由记分函数公式计算得表 6-2。

表 6-2 记分函数矩阵

	C_1	C_2	C_3	C_4
A_1	−0.167	−0.267	−0.233	−0.233
A_2	−0.133	−0.3	−0.167	−0.067
A_3	−0.2	−0.167	−0.267	−0.2
A_4	−0.333	−0.133	−0.067	−0.267

由上表可得出正理想解 A^* 和负理想解 A^{-*}：

$A^*=(\langle 0.70.50.3\rangle, \langle 0.50.60.3\rangle, \langle 0.70.60.3\rangle, \langle 0.70.50.4\rangle)$

$A^{-*}=(\langle 0.50.70.4\rangle, \langle 0.30.50.7\rangle, \langle 0.30.50.6\rangle, \langle 0.50.70.6\rangle)$

3.计算各方案到正理想解及负理想解的距离

由公式得出各方案 A_i 到正理想解 A^* 的距离：

$d(A_1,A^*)=0.059\ 1, d(A_2,A^*)=0.030\ 4, d(A_3,A^*)=0.051\ 9, d(A_4,A^*)=0.013\ 4$。

由公式得出各方案 A_i 到负理想解 A^{-*} 的距离：

$d(A_1,A^{-*})=0.007\ 9$, $d(A_2,A^{-*})=0.028\ 4$, $d(A_3,A^{-*})=0.016\ 0$, $d(A_4,A^{-*})=0.062\ 4$。

4.计算各方案的综合距离

由公式计算得

$G(A_1)=0.882, G(A_2)=0.517, G(A_3)=0.764, G(A_4)=0.177$。

5.对各方案的综合距离排序

对 $G(A_i)$ 由大到小进行排序。$G(A_1)>G(A_3)>G(A_2)>G(A_4)$，可以看出 $G(A_1)$ 最大，所以选择企业 A_1 为研究企业。

二、评价指标权重的确定

由于所构建的评价指标中包含难以准确计量的定性指标，而层次分析法在进行多目标的定性指标与定量指标结合分析时有较大的优势，同时评价体系中的评价对象、指标与层次分析法需要构建的层次结构模型相吻合，因此本节运用层次分析法的原理来确定各评价指标的权重，将顾客视角下的生鲜农产品智慧物流配送评价作为层次分析的总目标层 A，将智能仓储系统 C_1、智能订单处理系统 C_2、智慧信息管理系统 C_3、智慧运输系统 C_4 作为一级子目标层；自动分拣能力、车辆线路追踪监控等 17 个指标 C_{ij} 作为二级子目标层，通过对企业的 8 名专家按照 1—9 的标度，对各指标的相对重要性进行评价并不断汇总意见、统一意见，最终确定各级指标的比较值并建立判断矩阵，求出各矩阵的最大特征值及对应的特征向量，并进行一致性检验。

A	C_1	C_2	C_3	C_4
C_1	1	1/3	1/2	3
C_2	3	1	2	5
C_3	2	1/2	1	4
C_4	1/3	1/5	1/4	1

C_1	C_{11}	C_{12}	C_{13}	C_{14}	C_{15}
C_{11}	1	1	7	4	5
C_{12}	1	1	9	3	4
C_{13}	1/7	1/9	1	1/5	1/3
C_{14}	1/4	1/3	5	1	7
C_{15}	1/5	1/4	3	1/7	1

C_2	C_{21}	C_{22}	C_{23}	C_{24}	C_{25}
C_{21}	1	3	1	1/3	1
C_{22}	1/3	1	1/2	1/2	1/3
C_{23}	1	2	1	1/3	1
C_{24}	3	2	3	1	2
C_{25}	1	3	1	1/2	1

C_3	C_{31}	C_{32}	C_{33}	C_{34}	C_{35}
C_{31}	1	1/2	1/3	1/4	3
C_{32}	2	1	1/2	1/2	2
C_{33}	3	2	1	1/3	3
C_{34}	4	2	3	1	4
C_{35}	1/3	1/2	1/3	1/4	1

C_4	C_{41}	C_{42}
C_{41}	1	1/3
C_{42}	3	1

图 6-3　判断矩阵

表 6-3 生鲜农产品智慧物流配送评价指标权重

目标层	一级子目标层及权重	二级子目标层及权重
生鲜农产品智慧物流配送评价 A	智能仓储系统 C_1 0.169 7	自动分拣能力 C_{11}(0.373 5)
		智能化库存盘点 C_{12}(0.354 6)
		RFID 手持机管理 C_{13}(0.035 3)
		自动出入库货量 C_{14}(0.172 2)
		数据挖掘及预测 C_{15}(0.064 4)
	智能订单处理系统 C_2 0.472 4	紧急订单处理能力 C_{21}(0.180 4)
		支付方式 C_{22}(0.088 1)
		智能取货 C_{23}(0.166 4)
		服务人员的业务水平 C_{24}(0.369 4)
		配送的智能提醒 C_{25}(0.195 7)
	智慧信息管理系统 C_3 0.285 4	路况提醒 C_{31}(0.109 8)
		GPS 交通工具调度 C_{32}(0.166 5)
		门户网站的在线信息交流 C_{33}(0.238 2)
		货物到达控制 C_{34}(0.414 7)
		物流信息的实时更新 C_{35}(0.070 8)
	智慧运输系统 C_4 0.072 5	电子地图的使用 C_{41}(0.250 0)
		车辆线路追踪监控 C_{42}(0.750 0)

三、可拓综合评价法

(一)可拓综合评价方法的含义

在进行顾客视角下的生鲜农产品智慧物流配送评价时,其涉及的影响因素往往是可变的,随着评价主体和评价目标的改变,其在确立评价指标时也会发生改变。即使是同一企业,由于其所在的城市不同也会导致评价的因素发生变化,并且由于事物都是处于变化发展状态之中的,评价指标也要进行适当的变更。此外，传统方法在确定评价等级的对应值时，往往采用整数赋值，不够精确，也容易受人为因素影响，其数值的大小会影响最终的评价结果。针对以上问题，本节采用可拓综合评价方法进行顾客视角下生鲜农产品智慧物流配送的评价。

可拓综合评价方法能够根据事物特征的增加、减少或改变进行拓展研究，其动态可变性符合顾客视角下评价指标的变化，并且可以通过建立评价指标与评价等级的关联函数进行关联度的计算，从而确定评价等级，避免了评价等级主观赋值的影响，保证了评价的客观性和全面性。

（二）可拓综合评价方法的操作步骤

1. 确定经典域和节域

依据物元的概念，可以建立顾客视角下的生鲜农产品智慧物流配送综合评价模型。设生鲜农产品智慧物流配送综合评价的指标共 m 个，即 $c_1, c_2, \cdots, c_m$，以此指标作为基础，把生鲜农产品智慧物流配送评价指标分成 n 个等级，用以下定性、定量综合评价物元模型（即为经典域 $\boldsymbol{Q}_j$）对它们进行描述。$Q_j=(U_j, C, V_j)$，其中 U_j 为第 j 级，C 为等级评价指标，V_j 为评价指标的量值范围即为经典域。节域 $\boldsymbol{Q}_u$ 可表示为：$Q_u=(U, C, V_u)$，其中 U 为等级的全体，V_u 为 U 关于 C 所取的量值范围，即 U 的节域。

2. 确定待评价物元

对于待评对象，把实际得到的数据或分析结果用物元 $\boldsymbol{Q}_i$ 表示如下：

$$\boldsymbol{Q}_i=\begin{pmatrix} N & c_{i1} & c_{i2} \\ & c_{i1} & c_{i2} \\ & \cdots & \cdots \\ & c_{ip} & v_{ip} \end{pmatrix}。$$

式中：N 表示待评价生鲜农产品智慧物流配送企业等级；

c_{ip} 为 N 关于 v_{ip} 的量值，即对评价对象分析所得的具体数据，其中，$p=1,2,\cdots,p$，p 为二级指标个数。

3. 建立关联函数

在可拓学中，用可拓集合表示事物具有某种性质的程度。生鲜农产品智慧物流配送综合评价物元模型建立后,为了评价该企业的物流配送状况,需计算待评物元与物元模型的经典域的“接近度”。在实际计算时,“接近度”需根据指标的特点选择不同的计算方法,本节选择使用可拓理论中的初等关联函数法。令

$$\rho(v_{ik},V_j)=\left|v_{ik}-\frac{a_{ji}+b_{ji}}{2}\right|-\frac{1}{2}(b_{ji}-a_{ji}),$$

$$\rho(v_{ik},V_u)=\left|v_{ik}-\frac{a_{ui}+b_{ui}}{2}\right|-\frac{1}{2}(b_{ui}-a_{ui})$$

分别表示点 v_{ik} 与区间 V_j、V_u 的“接近度”。比如,$\rho(v_{ik},V_j)\geqslant 0$ 表示 v_{ik} 不在区间 V_j 内,$\rho(v_{ik},V_u)\leqslant 0$ 表示 v_{ik} 在区间 V_u 内,且不同的负值说明 v_{ik} 在区间 V_u 内的不同位置。

确定待评对象的二级指标关于评价等级 $j(j=1,2,\cdots,m)$ 的关联度为

$$k_j(c_{jk})=\begin{cases}\dfrac{\rho(v_{ik},V_j)}{\rho(v_{ik},V_u)-\rho(v_{ik},V_j)},\rho(v_{ik},V_u)\neq\rho(v_{ik},V_j),\\ -\rho(v_{ik},V_j)-1,\rho(v_{ik},V_u)=\rho(v_{ik},V_j),\end{cases}$$

其中,$k_j(c_{jk})$ 为第 i 个一级指标中第 k 个二级指标关于评价等级 $j(j=1,2,\cdots,m)$ 的关联度。

$k_j(c_{jk})\geqslant 0$ 表示 v_{ik} 属于 V_j,$k_j(c_{jk})$ 越大,说明 v_{ik} 属于 V_j 的属性越多;$k_j(c_{jk})\leqslant 0$ 表示 v_{ik} 不属于 V_j;$k_j(c_{jk})$ 越大,说明 v_{ik} 离区间 V_j 的属性越远。

4.多级可拓评价

(1)一级评价。根据各二级指标的权重行向量 $w_i=(w_{ik})$ 乘以各评价等级的关联度矩阵 $\boldsymbol{K}(C_{ik})=(k_j(c_{ik}))$,可以得出各一级指标针对各评价等级的关联度矩阵 $\boldsymbol{K}(b_i)$;

(2)二级评价。根据各一级指标的权重行向量 $w_i=(w_{ik})$ 乘以各评价等级的关联度矩阵 $\boldsymbol{K}(B)=(k_j(b_i))$ 可以得出待评对象针对各评价等级的关联度矩阵 $\boldsymbol{K}(N)$;

(3)确定评价等级。若满足 $k_{j0}(N)=\max k_j(N)$,并且 $j=1,2,\cdots,m$,则称待评价对象 N 属于等级 j。

四、物流企业生鲜农产品智慧物流配送评价分析

(一)X物流企业发展现状

X企业是西南地区集仓储、运输、订单处理、信息加工为一体的综合性物流配送服务商。为了提高该企业在西南地区配送的时效性,并为顾客提供方便快捷的物流配送服务,其在西南地区建立大型配送中心并积极参与生鲜农产品智慧物流配送建设,引入自动分拣、智能盘点和集成信息数据等先进技术设备。通过对该企业的实地调研,将可量化的指标进行定量统计,不可量化的指标采用访谈的形式进行打分,得出该企业的实际测量值如下表6-4所示。

表6-4　X企业生鲜农产品智慧物流配送的指标数值

一级指标	二级指标	实际指标值	统一指标值
智能仓储系统 C_1	自动分拣能力 C_{11}	75%	75
	智能化库存盘点 C_{12}	30%	30
	RFID手持机管理 C_{13}	95%	95
	自动出入库货量 C_{14}	72%	72
	数据挖掘及预测 C_{15}	82%	82
智能订单处理系统 C_2	紧急订单处理能力 C_{21}	98%	98
	支付方式 C_{22}	94%	94
	智能取货 C_{23}	48%	48
	服务人员的业务水平 C_{24}	85%	85
	配送的智能提醒 C_{25}	82%	82
智慧信息管理系统 C_3	路况提醒 C_{31}	73%	73
	GPS交通工具调度 C_{32}	76%	76
	门户网站的在线信息交流 C_{33}	92%	92
	货物到达控制 C_{34}	90%	90
	物流信息的实时更新 C_{35}	95%	95

续表

一级指标	二级指标	实际指标值	统一指标值
智慧运输系统 C_4	电子地图的使用 C_{41}	70%	70
	车辆线路追踪监控 C_{42}	93%	93

(二)X 企业生鲜农产品智慧物流配送评价步骤

1.建立待评价物元并确定经典域及节域

本节拟将企业生鲜农产品智慧物流配送的评价分为五个等级:

$U=\{u_1,u_2,u_3,u_4,u_5\}$ = {优,良,中,一般,差} 对应 {80~100,60~80,40~60,20~40,0~20},物元 $\boldsymbol{Q}=(R,c,v)$ 是可拓学中描述事物的基本元,四个一级评价指标的物元分别为:

$$\boldsymbol{Q}_1=\begin{pmatrix} R_1 & c_{11} & 75 \\ & c_{12} & 30 \\ & c_{13} & 95 \\ & c_{14} & 72 \\ & c_{15} & 82 \end{pmatrix},\quad \boldsymbol{Q}_2=\begin{pmatrix} R_2 & c_{21} & 98 \\ & c_{22} & 94 \\ & c_{23} & 48 \\ & c_{24} & 85 \\ & c_{25} & 82 \end{pmatrix},$$

$$\boldsymbol{Q}_3=\begin{pmatrix} R_3 & c_{31} & 73 \\ & c_{32} & 76 \\ & c_{33} & 92 \\ & c_{34} & 90 \\ & c_{35} & 95 \end{pmatrix},\quad \boldsymbol{Q}_4=\begin{pmatrix} R_4 & c_{41} & 70 \\ & c_{42} & 93 \end{pmatrix}。$$

通过对评价等级的拟定,可以得到对于智能仓储系统及其下属指标的经典域:

$$\boldsymbol{Q}_1(b_1)=\begin{pmatrix} U_1 & c_{11} & <0,20> \\ & c_{12} & <0,20> \\ & \cdots & \cdots \\ & c_{15} & <0,20> \end{pmatrix},\quad \boldsymbol{Q}_2(b_1)=\begin{pmatrix} U_1 & c_{11} & <2.0,40> \\ & c_{12} & <2.0,40> \\ & \cdots & \cdots \\ & c_{15} & <2.0,40> \end{pmatrix},$$

$$Q_3(b_1)=\begin{pmatrix} U_1 & c_{11} & <40,60> \\ & c_{12} & <40,60> \\ & \cdots & \cdots \\ & c_{15} & <40,60> \end{pmatrix},\quad Q_4(b_1)=\begin{pmatrix} U_1 & c_{11} & <60,80> \\ & c_{12} & <60,80> \\ & \cdots & \cdots \\ & c_{15} & <60,80> \end{pmatrix},$$

$$Q_5(b_1)=\begin{pmatrix} U_1 & c_{11} & <80,100> \\ & c_{12} & <80,100> \\ & \cdots & \cdots \\ & c_{15} & <80,100> \end{pmatrix}。$$

节域　$Q(b_1)=\begin{pmatrix} U_1 & c_{11} & <0,100> \\ & c_{12} & <0,100> \\ & \cdots & \cdots \\ & c_{15} & <0,100> \end{pmatrix}$。

同理,可得出智能订单处理系统、智慧信息管理系统、智慧运输系统的经典域和节域。

2. 计算关联度

由上述关联度计算公式可计算各级指标的关联度,经计算,各指标在不同层级的关联度如表 6-5 所示。

表 6-5　各指标在不同层级的关联度统计

	k_1	k_2	k_3	k_4	k_5
c_{11}	-0.167	0.250	-0.375	-0.583	-0.688
c_{12}	-0.625	-0.500	-0.250	-0.500	-0.250
c_{13}	4.000	-0.750	-0.875	-0.917	-0.938
c_{14}	-0.222	0.400	-0.300	-0.533	-0.650
c_{15}	0.125	-0.100	-0.550	-0.700	-0.775
c_{21}	1.000	-0.900	-0.950	-0.967	-0.975
c_{22}	5.000	-0.700	-0.850	-0.900	-0.925
c_{23}	-0.400	-0.200	0.200	-0.143	-0.368
c_{24}	0.500	-0.250	-0.625	-0.750	-0.813

续表

	k_1	k_2	k_3	k_4	k_5
c_{25}	0.125	-0.100	-0.550	-0.700	-0.775
c_{31}	-0.206	0.350	-0.325	-0.550	-0.663
c_{32}	-0.143	0.200	-0.400	-0.600	-0.700
c_{33}	7.000	-0.600	-0.800	-0.867	-0.900
c_{34}	9.000	-0.500	-0.750	-0.833	-0.875
c_{35}	4.000	-0.750	-0.875	-0.917	-0.938
c_{41}	-0.250	0.500	-0.250	-0.500	-0.625
c_{42}	6.000	-0.650	-0.825	-0.883	-0.913

3. 多级可拓评价

(1)一级可拓评价。根据各二级指标的权重行向量 $w_i=(w_{ik})$ 乘以各评价等级的关联度矩阵 $\boldsymbol{K}(C_{ik})=(k_j(c_{ik}))$,可以得出各一级指标针对各评价等级的关联度矩阵 $\boldsymbol{K}(b_i)$,经计算得出

$\boldsymbol{K}(c_1)=[-0.173,-0.048,-0.261,-0.564,-0.540]$,

$\boldsymbol{K}(c_2)=[0.763,-0.369,-0.551,-0.691,-0.770]$,

$\boldsymbol{K}(c_3)=[5.636,-0.331,-0.666,-0.777,-0.833]$,

$\boldsymbol{K}(c_4)=[4.437,-0.362,-0.681,-0.787,-0.841]$。

(2)二级可拓评价。根据各一级指标的权重行向量 $w_i=(w_{ik})$ 乘以各评价等级的关联度矩阵 $\boldsymbol{K}(B)=(k_j(b_i))$,可以得出待评对象针对各评价等级的关联度矩阵 $\boldsymbol{K}(N)$,经计算可得

$\boldsymbol{K}(N)=[2.261,-0.303,-0.544,-0.700,-0.754]$。

(3)确定评价等级。找出最大值 2.261,2.261 处于优等级,所以该企业生鲜农产品智慧物流配送的评价等级为优。

(三)结果分析及建议

从评价结果中可以看出该生鲜农产品物流配送企业的评价等级为优,但其也在生鲜农产品智慧物流配送的不同系统中存在着差异,可以看出该企业在智慧信息管理系统和智慧运输系统中处于优等级,在智能仓储系统方面相

对落后，偏向于良等级，虽然智能订单处理系统处于优等级，但其关联度偏小。相关建议如下：

1. 智能仓储系统改进

（1）在自动分拣能力方面，自动分拣的最大优势在于能够快速高效完成工作，减少货物的搬运次数，降低货损，同时能够降低分拣的错误率。所以对于该企业而言，尽可能地在单个订单的处理方面采用自动分拣，充分发挥自动分拣的优势。据了解，人工分拣也是造成货损的重要原因之一，所以该企业需要加大自动分拣的货物量，以提高该配送企业的分拣能力。

（2）在智能库存盘点方面，该企业目前拥有的智能盘点设备明显不足，需要大量的人员进行定期的盘点，增加了工作量，同时在补货方面也严重制约着本企业智慧物流配送的发展，所以建议企业增加智能库存盘点设备，与计算机系统相结合，实现库存数据的共享，及时发现缺货问题，及时进行补货，以提供配货的及时性，这也是满足顾客需求的重要指标。

2. 智能订单处理系统改进

在智能订单处理系统中，需要改进的是智能取货，目前市场上主要的智能取货方式有 App 取货、智能取货柜取货等。智能取货柜的优势主要在于能够满足顾客的时间需求，顾客能够随时取货，解决了一些上班族的困扰；App 取货的最大优势在于扫码就能直接取货，节省了顾客的时间。该企业在这方面的应用相对较少，所以该企业可以增大对智能取货方式的投入，满足顾客的个性化需求。

重要术语

中智集　单值中智集　区间中智集　多值中智集　新型中智集

复习思考题

1.简述中智集的定义。

2.中智集的运算规则是什么?

3.单值中智集的距离公式是什么?

4.简要分析多值中智集、模糊集与多值直觉中智集的关系。

5.简要分析基于单值中智集的 TOPSIS 方法的步骤有哪些。

参考文献

[1]冯源,危婷.区间中智集交叉熵的研究及其应用[J].模糊系统与数学,2022,36(2):72-77.

[2]Ye J.A multicriteria decision-making method using aggregation operators for simplified neutrosophic sets[J].Journal of Intelligent and Fuzzy Systems,2014,26(5):2459-2466.

[3]杨媛媛.多值直觉中智集的度量研究[D].成都:西南交通大学,2021.

[4]赵润华.中智模糊环境下的绿色供应商选择[D].太原:山西大学,2020.

[5]Peng J J,Wang J Q,Zhang H Y,et al.An outranking approach for multi-criteria decision-making problems with simplified neutrosophic sets[J].Applied Soft Computing,2014,25(25):336-346.

[6]刘广艳.基于几类中智集的多属性决策方法与应用研究[D].湘潭:湖南科技大学,2020.

[7]朱轮,杨波.单值中智信息熵及其多属性决策方法[J].计算机工程与应用,2018,54(15):107-111.

[8]刘胜男.基于中智集的多属性决策方法及其应用[D].太原:山西大学,2018.

[9]柴庆泽,李鹏,狄然,张裕稳.基于单值中智集的 TOPSIS 方法[J].江苏科技大学学报(自然科学版),2018,32(02):262-265.

[10]刘春芳.几类中智集的度量与集成算子的研究[D].哈尔滨:哈尔滨工程大学,2018.

[11]秦晓阳.单值中智集环境下的改进 VIKOR 方法及其应用[D].太原:山西大学,2017.

[12]张丽丽.基于多值中智集的多属性决策方法研究[D].济南:山东财经大学,2017.

[13]刘春芳,罗跃生.区间中智集的熵与相似度及其应用[J].模糊系统与数学,2016,30(3):91-96.

[14]王坚强,李新娥.基于多值中智集的TODIM方法[J].控制与决策,2015,30(6):1139-1142.

[15]Smarandache F.A unifying field in logics.Neutrosophy:neutrosophic probability,set and logic.Rehoboth:American Research Press;1999.

[16]Wang H,Smarandache F,Zhang Y Q,et al.Interval neutrosophic sets and logic:Theory and Applications in Computing[J].Computer Science,2005,65(4):vi,87.

[17]Wang H,Smarandache F,Sunderraman R.Single valued neutrosophic sets[J].Review of the Air Force Academy,2009,10.

[18]Ye J.Vector similarity measures of simplified neutrosophic sets and their application in multicriteria decision making[J].International Journal of Fuzzy Systems,2014,16(2):204-211.

[19]Hwang C L,Yoon K.Multiple attributes decision making methods and applications[M].Berlin:Springer Verlag, 1981.